U0947539

普通高等教育经管类专业“十三五”规划教材

行业会计比较

主　编　尹桂凤　马　媛

副主编　王　敏　姚　嘉

清华大学出版社

北　京

内 容 简 介

本书是根据财政部2006年《企业会计制度》和《企业会计准则》、2013年《企业产品成本核算制度(试行)》，以及自2016年5月1日起，在全国全面实施“营改增”试点的规定，结合当前市场较为活跃的行业生产经营特点，并采用纵向比较方法编撰的会计专业书籍，其内容涵盖商品流通会计、运输业会计、物流管理会计、施工企业会计、房地产开发会计、物业管理会计和旅游企业会计等。本书突出“特殊性、实用性和方便性”，每章前附有教学目的及要求、重难点和授课学时安排，每章后附有复习思考题、会计职业判断能力训练、实践能力实训及答案等，便于教师的教学和学生课后练习及自测。

本书涉及面广、行业特点明显、内容简明扼要、业务处理规范，旨在满足会计职业技能型人才培养的需要，不断提升学生自身的就业核心竞争力和职业岗位胜任能力。

本书可作为高等院校会计、财务管理等专业的专业课或专业选修课教学用书，也可作为在职会计人员的培训或自学用书。

本书封面贴有清华大学出版社防伪标签，无标签者不得销售。
版权所有，侵权必究。侵权举报电话：010-62782989　13701121933

图书在版编目(CIP)数据

行业会计比较 / 尹桂凤，马媛　主编. —北京：清华大学出版社，2017（2019.7重印）
(普通高等教育经管类专业“十三五”规划教材)
ISBN 978-7-302-45669-8

Ⅰ. ①行…　Ⅱ. ①尹…　②马…　Ⅲ. ①部门经济－会计－对比研究－高等学校－教材
Ⅳ. ①F235-03

中国版本图书馆CIP数据核字(2016)第277228号

责任编辑：刘金喜
封面设计：周晓亮
版式设计：思创景点
责任校对：成凤进
责任印制：杨　艳

出版发行：清华大学出版社
网　　址：http://www.tup.com.cn，http://www.wqbook.com
地　　址：北京清华大学学研大厦A座　　邮　　编：100084
社 总 机：010-62770175　　邮　　购：010-62786544
投稿与读者服务：010-62776969，c-service@tup.tsinghua.edu.cn
质 量 反 馈：010-62772015，zhiliang@tup.tsinghua.edu.cn
课 件 下 载：http://www.tup.com.cn，010-62794504
印 装 者：北京鑫海金澳胶印有限公司
经　　销：全国新华书店
开　　本：185mm×260mm　　印　　张：16.75　　字　　数：408千字
版　　次：2017年1月第1版　　印　　次：2019年7月第6次印刷
定　　价：48.00元

产品编号：070767-02

前　言

未来，各行业的会计岗位均要求学生能广泛地汲取各方面的知识，完成对各行业会计的融会贯通；不断提升自身的就业核心竞争力和职业岗位胜任能力，以满足社会各界、各行业对职业技能型会计专门人才的需求。为此，为高校学生开设“行业会计比较”课程，乃事半功倍之事。

本书是依据国家财政部 2006 年《企业会计准则》《企业会计制度》和 2013 年颁布的《企业产品成本核算制度(试行)》，以及自 2016 年 5 月 1 日起，在全国全面实施“营改增”试点的规定等，结合当前市场较为活跃的行业生产经营特点，并采用纵向比较方法编撰的会计专业书籍，旨在满足职业技能型会计人才培养和用人单位的需要。本书涉及面广、行业特点明显、内容简明扼要、业务处理规范，在内容构思上突出以下特点。

一、行业的常见性

在编写过程中，结合人们对生活需求顺序和程度的不同，即“吃穿、居住、娱乐”等生活需求，且按照各行业会计处理方法相近或相同的特点，阐述了商品流通企业、运输企业、物流管理企业、施工企业、房地产开发企业、物业管理企业和旅游企业等常见行业企业的会计核算内容及方法。

二、业务的特殊性

在编写过程中，着力突出各行业企业生产经营特点，进而由生产经营特点决定其会计核算特点的阐述，以便反映各行业会计在存货、成本费用、营业收入及结算等业务核算方面的特殊性。

三、教材的实用性

在编写过程中，深入实际调研，收集整理实务资料，力争理实一体，较系统地阐述各行业企业会计的实际业务，突出教材的实用性。

四、习练的方便性

本教材每章前附有学习目的及要求、重难点以及授课学时安排，每章后附有复习思考题，会计职业判断能力、实践能力实训等，教材最后附有练习题答案方便了教师的教学和学生课后练习及自测，进而提高学生的会计实务处理能力。

本书由尹桂凤拟定编写大纲和统稿，并编写第一、四、七章，以及各章“营改增”相关内容；马媛编写第二、三章；王敏编写第五、六章；姚嘉编写第八章及各章后的习题及答案。

本教材可作为本科院校会计、财务管理专业教学用书，也可作为在职会计人员的培训或自学用书。

本教材在编写过程中，阅读并借鉴了许多前辈的成果，得到了会计界同行的大力协助，在此表示诚挚的感谢。希望本书能够对拓展学生知识面、扩大就业途径有所帮助。由于编者水平有限，错误之处在所难免，敬请广大师生批评指正。

本书 PPT 教学课件可通过 http://www.tupwk.com.cn/downpage 下载。

服务邮箱：wkservice@vip.163.com。

编　者

2016 年 6 月

目　录

第一章

行业会计比较概述

【教学目的及要求】

了解我国行业划分及管理特点，明确建立行业会计比较的意义、内容及方法。

【本章重点及难点】

明确建立行业会计比较的意义，重点掌握行业会计化的内容及方法。

【本章教学时数】

4 学时。

第一节　行业与行业会计

一、我国行业的划分

随着经济的不断发展，社会分工越来越细。在社会经济活动中，人们都是以各种相同或不同的职业求得生存。久而久之，人们因地理、技能、其他社会环境等诸多原因而相对固定，并随着社会的进步、经济的快速发展和人类的繁衍而逐渐形成一个个行业。所以，在我国行业应当泛指所有社会的不同活动的总和，可理解为职业的类别，既包括构成国民经济的物质生产部门，也包括构成国民经济的非物质生产部门。

我国的行业划分，主要是人们在实践中由习惯所形成，其分类迄今为止没有一个明确的划分标准，并仍处在变动状态之中。在理论界，有的学者是将行业按劳动形态划分的，即脑力劳动和体力劳动；有的学者则是按产业层次划分的，即第一产业、第二产业和第三产业。在现阶段，我国一般将行业划分为工业企业、农业企业、商品流通企业、运输企业、邮电通信企业、物流管理企业、施工企业、房地产开发企业、物业管理企业、旅游企业和金融企业等。

通常人们认为，行业的划分应当以国民经济的各个生产部门及各个环节为依据，具体可分为国民经济各个物质生产部门(即第一产业和第二产业)，以及可使国民经济顺利运行、社会物质生产部门的劳动成果得以实现的第三产业。

(一) 经济部门行业的划分

经济部门主要指企业。我国企业按大的行业划分，一般可分为以下几类。

1. 工业企业：从事工业性产品(或劳务)生产经营的企业。具体包括采掘工业企业和加工工业企业。其是国民经济中的主导产业之一，担负着国民经济各部门需要的各种技术装配的生产制造，为社会生产和人民生活需要提供各种物资，是国民经济生产的物质技术基础。其主要特点是：大规模采用机器和机器体系进行生产，并系统地将科学技术应用于生产；劳动分工精细，协作关系极为复杂和严密；生产过程具有高度的比例性、均衡性、适应性和连续性；生产社会化程度高，有广泛、密切的外部联系。

2. 商品流通企业：专门负责组织各类商品流通的企业。包括商、粮、贸等企业。它在国民经济中发挥着十分重要的作用，是联系生产、分配和消费的桥梁与纽带，只有正确地组织商品的流通才能不断地满足社会生产和人民生活的需要。商品流通企业的特点是：在商品经营中运用机器设备等为商品流转服务；大范围的信息传递、严密的经营管理是其存在和取得经济效益的重要基础。同时还具有对劳动力有较强的吸纳的能力，具有就业机器功能；进入与退出障碍低，竞争激烈；行业集中度较低，规模经济性不明显等特点。

3. 物流管理企业：从事物流活动的经济组织。是独立于生产领域之外，专门从事与商品流通有关的各种经济活动的企业。它以物流为主体功能，同时必然伴随有商流、资金流和信息流，包括仓储业、运输业、批发商业和外贸行业。现代物流企业的特点是：物流过程一体化、物流技术专业化、物流管理信息化、物流服务社会化和物流活动国际化等。

4. 运输企业：利用运输工具专门从事运输生产或直接为运输生产服务的企业。包括铁路、公路、水上、民航等运输企业。运输企业是社会再生产的前提和条件。其特点是：运输生产过程只对劳动对象改变空间位置，即发生物理位移；没有新的物质产品生成；其生产过程具有流动性、分散性，并且是只消耗劳动工具，不消耗劳动对象。

5. 邮电通信企业：通过邮政和电信传递信息、办理通信业务的企业。它是国民经济的一个重要物质生产部门，它可以将社会生产、分配、交换和消费有机地联系起来，特别是在当今信息社会中，邮电企业的作用更加重要和突显。从广义上讲，它属于运输企业范畴。邮电通信企业的特点是：其产品不具有实物形态，向消费者提供的是一种特殊服务。其质量是通过服务质量和信息质量来考核评价的。

6. 建筑安装企业：即施工企业，指从事土木建筑和设备安装工程施工的企业。它是国民经济中重要的支柱产业之一，它所提供的产品都是国民经济各部门和人民生活的重要物质基础。建筑安装企业的特点是：必须按建设单位的设计要求组织施工生产，其提供的产品均有指定的用途和目的；企业施工生产具有流动性、规模大、价值高，生产周期较长和受自然条件影响较大等特点。

7. 房地产开发企业：指从事房地产开发、经营、管理和服务的企业。它是国民经济中一个重要的支柱产业，它为人们的政治、经济、文化和生活提供了一定的空间地域。没有房地产开发就没有良好的城市建设。其特点是：一方面，房地产业具有发展不平稳、易受经济波动影响、开发周期长、资金投入多、变现难度大、风险高等特点；另一方面，房地产开发企业又同时具有社会责任重、受政府政策影响程度高、与相关行业联动性强等诸多特点。

8. 物业管理企业：也称物业管理公司，是指受物业所有人的委托，依据物业管理合同，对物业的房屋建筑及公共设备、市政公用设施、绿化、卫生、交通、治安和环境容貌等管理项目进行维护、修缮和整治，并向物业所有人和使用人提供综合性有偿服务的企业。其主要职能是通过对物业的管理和提供的多种服务，确保物业正常使用，为业主和物业使用人创造一个舒适、方便、安全的工作和居住环境。物业管理企业本身并不制造实物产品，它主要是通过日常性的公共服务、延伸性的专项服务、随机性的特约服务、委托性的代办服务和创收性的经营服务等项目，尽可能地实现物业的保值和增值。其物业管理服务，具有社会化、专业化和市场化等特性。

9. 旅游企业：指以旅游资源为凭借对象，以服务设施为条件，通过组织许多旅行游览活动向游客出售劳务的服务性企业。它需要通过交通、工业、商业、手工业等相关行业的密切配合才能顺利发展。具有投资少、利润多、收效快的特点，素有“绿色无烟工业”之称。是发展经济的一个重要手段，可加强我国与世界各国的友好往来，为国家多创外汇收入，扩大国内就业范围。

10. 金融企业：专门经营货币和信用业务的企业。主要包括商业银行和非银行金融机构。按其特点可分为：中央银行、商业银行和非银行金融机构。它的主要职能是充当信用中介，把社会各方面的闲置货币资金及居民手中的货币收入汇集起来，并有偿提供给企业使用。金融企业在不断发展的市场经济中具有举足轻重的作用。其特点是：主要通过有偿转让资金使用权获取经营利润，即存贷款利息差额，企业经营风险较大。

11. 农业企业：从事农、林、牧、渔、采集等生产经营活动的企业。它是我国国民经济的基础。其特点是：利用植物、动物的生长过程获取产品；其自然生产过程与社会再生产过程紧密相连，生产周期长、受自然条件影响大。

（二）非经济部门行业的划分

我国非经济部门包括两大部分：一是为提高科学文化水平和国民整体素质服务的部分，主要包括教育、文化、广播电视事业、科学研究事业、卫生、体育和社会福利事业等；二是为公共需要服务的部分，包括国家机关、政党机关、社会团体、军队警察等。

以上各大行业在国民经济发展中各自发挥着它们的职能作用，在企业管理方面，这些行业既有共性，也有个性。一般的管理理论、原则、基本制度和方法，对不同行业和不同类型企业来说，都是普遍适用的，但在具体的管理实践中，不同行业又存在各自的特点，主要表现在不同行业在生产技术上和经营活动上的差别，即：从生产活动上看，不同行业其产品的用途及生产流程各不相同；从经营活动上看，有些行业企业从事生产领域活动，如工业、建筑业及农业等，有些行业企业从事流通领域的活动，如运输、商业、物资、外贸等。即各行业只有遵循其自身的特点建立一套与之相适应的管理制度、方式和办法，才能促进各行业经济乃至整个国民经济的健康发展。

二、行业会计和我国的会计制度

行业会计是指存在于某一行业，并在行业中得以公认、对该行业内会计核算乃至财务管理具有约束力的会计。行业会计是各行业活动的特殊业务在共性会计上的反映。

各行业会计既有其共性也有其个性。会计作为一种管理活动，均须以基本会计准则作为共同的基本规范，但由于不同行业有着不同的生产技术特点和经营管理特点，所以各行业会计所要反映和监督的具体内容不同，其业务的核算应结合各行业的特点以及各行业经济活动中的特殊业务来进行。

我国现行会计体系按行业划分，可分为企业会计和非企业会计两大系统。

(一) 企业会计

企业会计指从事各种生产经营活动的企业所运用的会计，如工业企业会计、商品流通企业会计、施工企业会计、房地产开发企业会计、旅游企业会计、运输企业会计、金融企业会计等，其核算均须遵循《企业会计准则》和国家统一的《企业会计制度》的规定。这些企业会计在核算和管理上有许多共性，但由于其经济活动的不同，客观上存在着各自行业的特殊业务。所以，我国以往的企业会计制度是分行业的会计制度。

虽然改革后的行业会计制度与以往的制度相比有了十分显著的变化，但是仍然有很大的行业痕迹。各行业会计，即使在会计账户设置、报表格式上基本一致，但是，我们必须承认：我国现阶段还没有使行业会计制度完全趋于一致，否则，会计制度就不可能保留现在的行业状况；具体讲，我国的行业会计制度只是完成了形式上的统一，在具体内容上还存在很多明显不同之处，这也需要我们在比较过程中不断总结、不断认识。

另外，如前所述，即使所有企业采用国家统一的《企业会计制度》或《企业会计准则》的具体准则，但行业经营管理的特征不能随着制度、准则的统一而消失。因此，无论是现在的《企业会计制度(不含金融保险企业)》《金融企业会计制度》和《小企业会计制度》，还是2006年2月颁布实施的《企业会计准则》，即38个具体准则和1个基本准则，以及2014年修订的5个会计准则，发布的2个新准则及1个补充规定，内容包括财务报表列表、职工薪酬、长期股权投资、在其他主体中权益的披露、公允价值计量、合营安排等，在实际执行过程中还都体现着各行业本身的特征。

就此而论，会计信息的社会化是市场经济对企业统一会计信息的要求，其表现为企业之间的会计信息一致、可比；但是，行业经营管理的特征又要求会计信息在社会一致性的前提下充分反映各行业之间的特征。这样的矛盾使我们认识到：会计信息的一致性体现在企业的对外会计报告方面，在这方面确实要求会计求同存异，尽可能趋于一致；而利用会计进行企业价值管理，对企业进行有效控制，则需要保留会计的行业特征。因此，仍需要会计在立足于行业的基础上反映和监督本单位经济活动。我们的行业会计比较就是建立在这样的原则之上的。

按照这样的原则，我们进行的行业会计比较，就是要在现有的行业会计制度的基础上再进一步细分各行业会计制度之间的差别，分析其成因，从而为我国现有的会计制度、准则体系的进一步深化改革提供依据；为学好、用好统一的《企业会计制度》，扎实地掌握和贯彻具体会计准则打下良好的基础。同时，着眼于行业经营管理对会计信息的要求，我们还要利用行业会计比较，找出相同会计制度在不同行业之间的不同表现，以及各行业企业在经营管理中的相同之处，为利用会计信息搞好行业之间的管理创造条件。

相对于会计专业学生来说，进行行业会计比较的学习是非常重要的，也是非常必要的。因为未来的会计业务要求学生能广泛地汲取各方面的知识，提高就业核心竞争力，以适应社会各界对高层次会计人才的需求；既然行业会计存在于社会，我们就应该充分地认识和掌握它，要通过行业会计比较实现对其共性会计的深入理解，完成对各行业会计的融会贯通。会计的高等教育是为社会培养有全面会计知识的专门人才的摇篮，因此，为在校学生开设行业会计比较课程，应该是事半功倍的事情。

(二) 非企业会计

非企业会计主要指政府及非营利性组织会计。目前执行的会计制度主要有《财政总预算会计制度》《行政单位会计制度》(2014)和《事业单位会计制度》(2013)，以及《民间非营利组织会计制度》等；同时，考虑到不同行业的事业单位业务活动具有较大区别，将行业众多的事业单位会计进行了不同层次的划分，除事业单位通用的会计制度外，还针对业务活动特点比较突出的事业单位，制定了具体的分行业会计制度。

三、行业会计间的联系与区别

(一) 行业会计间的联系

行业会计间的联系即各行业会计的共性部分。其主要内容包括以下两大方面。

1. 各行业的会计实务都以基本会计准则、统一会计制度作为规范。主要表现在：会计核算都遵循会计核算一般原则、会计要素的命名和划分大体相同，及会计报表的名称、格式、内容及编制方法基本相同。

2. 各行业会计中，共同性业务的会计处理基本相同。主要表现在：会计账户设置和核算方法上的基本一致。共同性业务的会计处理主要包括货币资金的核算、应收款项的核算、交易性金融资产的核算、长期股权投资的核算、固定资产与无形资产的核算、长短期负债的核算、所有者权益的核算、利润形成与分配的核算等。

（二）行业会计间的区别

虽然在《企业会计准则》和国家统一会计制度的制约下，各行业间的会计核算已基本趋同，但由于各行业间生产经营活动的特点不同，各行业会计在核算和管理上也存在其特殊性的部分，即各行业会计的个性部分，其主要内容包括以下四个方面。

1. 存货的核算。存货是比较能够反映行业企业生产经营特点的内容的，因为不同行业的企业为其从事正常的生产经营活动而储存的存货具有不同的目的作用和特点。

(1) 从企业持有存货的目的作用来看，制造业主要是从事各种产品的生产，因此其存货既有用于生产中可供耗用的原材料，又有处于生产过程各阶段的半成品、在产品，还有已完成生产制造过程，待发、待售的产成品等存货。商品流通企业主要从事各种商品经营，没有生产制造过程，所以其存货主要是购入、销售各种商品存货，以及满足自身需求的材料物资。交通运输业主要从事公路、铁路、民航等运输活动，其存货主要有各种燃料及修理交通运输工具的备品配件等。房地产业是以土地和建筑物为经营对象，主要从事房地产开发、建设、经营、管理等多种经济活动，其存货主要有可供开发用的各种物资、设备、未完工或开发完的土地、建筑物、房屋等存货。

(2) 从各行业持有存货的时间周期、是否受自然条件、环境影响等方面看，也表现出不同的特点，如施工企业、房地产开发企业、农业企业等表现比较明显。

所以各行业存货的核算在盘存制度、计价方法、信息披露等各方面也有较大的不同。

2. 收入的核算。由于不同行业的经营范围和经营内容千差万别，就使得其收入的取得形式多种多样，不仅不同类别收入的确认、计量方法不尽相同，即使是同一类收入，由于不同行业的具体内容不同，其确认、计量方面也存在较大差异。

制造业和商品流通业：主要组成部分是销售商品收入，应按《企业会计准则——收入》和《企业会计制度》所规定的收入确认的五个条件予以确认；但在进行收入核算时，由于各行业经营活动的特点不同，使得各行业在确认收入的具体时机并不完全相同，制造业一般采用销售法确认销售收入，商品零售业一般采用收现法确认销售收入。

对于提供劳务取得的收入，虽然普遍存在于各行各业，但由于不同行业提供劳务的具体内容和收入获取方式存在较大差异，因而其核算程序、方法以及账户的设置等都有较大的不同。

制造业一般采用销售法确认劳务收入，因其不属于主营业务，所以需通过“其他业务收入”账户核算；建筑施工企业收入一般订有建造合同，其业务收入采用完成合同法或完工百分比法确认，并作为其主营业务，需通过“主营业务收入”账户核算。

3. 成本费用的核算。成本是指企业为生产产品、提供劳务而发生的各项资金耗费。费用是指企业为销售商品、提供劳务等日常活动所发生的经济利益的总流出。由于各行业向社会提供的产品和劳务不同，因而其成本费用的内容构成也不尽相同。如制造业的成本费用一般体现为：为生产产品所耗用的直接材料费、直接人工费和制造费用，以及与生产产品有关的期间费用等。商品流通企业的成本费用一般体现为：为所售商品的采购(进价)成本和进货费用等。施工企业的成本费用一般体现为：为建造不动产所耗用的直接材料费、直接人工费、机械使用费、其他直接费和施工间接费用等。物流企业的成本费用一般体现为：包装成本、装卸搬运成本、材料采购成本、运输成本、加工及配送成本等。综上可见，不同行业中的主要成本费用因其经营业务的不同而有所区别，其费用的归集方法、成本计算与结转的方法也各具特点。

4. 结算业务的核算。从会计处理角度看，各行业会计处理基本一致，但从各行业经营管理的特点上看，行业间的差异还是比较大的。如：商品零售业、餐饮业其收入主要是以现金结算为主；施工企业应收应付内部往来结算较多，工程价款大多采用按月结算、分段结算等独特方法；旅游业则是先收款后服务，其收入的实现意味着负债的减少。

特别是随着信息技术的快速发展，电子商务已得到广泛应用，在很多领域都使用了信用卡、电子钱包以及网上购物等购销活动。它们不仅与人们的日常生活相联系，而且也与具有行业特征的各企业业务相联系，共同构成了一些行业企业的新型结算方式。

第二节　行业会计比较的内容及方法

一、行业会计比较的内容

行业会计比较是指对现行几大行业会计制度的结构、内容及各行业会计核算方法等进行的比较，找出它们的异同点，进而达到认识各行业会计核算的特点，通晓整个会计核算体系、提高不同行业特殊业务会计信息的相关性和可比性。行业会计比较的内容主要包括以下三个方面。

(一) 行业会计核算对象的比较

会计对象是会计反映和监督的内容。由于各行业企业经济活动、业务范围、生产经营特点各有不同，所以各行业企业会计反映和监督的内容也不尽相同。要正确进行会计核算，首先必须准确确定各行业企业会计核算对象。只有这样，才能及时准确地提供该单位的会计信息资料。如：商品流通企业因其批发与零售业务活动有较大差异，所以会计核算对象就应按批发和零售分别设置，进而导致其会计核算方法也存在较大差异。再如，旅游业目前基本上提供的都是一条龙服务，这就要求我们的旅游业要有与之相配套的部门或单位相配合完成旅游服务。旅游业除组团旅游外，有条件的旅行社还提供游客客房、餐饮、售货、娱乐及其他业务等。因此，为了分别提供各类业务的会计信息，就形成了会计核算对象的多样性，进而需要分门别类地进行会计核算。

（二）行业会计特殊业务的比较

行业间的经营管理上的差异必然会反映到行业会计核算中来。由于这些特殊业务的客观存在，使得各行业会计在实际操作中必然会存在这样或那样的不同。如：商品流通企业中的零售业的售价金额核算就是由零售业内部控制的“实物负责制”决定的；施工企业劳务收入核算采用完工百分比法还是完成合同法，则取决于按月结算办法的工程还是实行竣工后一次结算办法的工程；餐饮业只核算总成本不计算单位成本，只计算原材料成本不计算全部成本，取决于菜肴和食品的花色品种繁多、数量零星且整个生产、销售、服务过程都集中在较短的时间内完成的特殊业务活动。此外，交通运输业的轮胎核算、房地产业的开发成本的核算等，也都是其本行业特殊业务在行业会计核算中的反映。通过对不同行业特殊业务核算的比较，真正把握这些特殊业务的会计处理，才能更好地掌握不同行业会计的特征，这是我们进行行业会计比较的基础。

（三）行业会计相关业务的比较

国民经济各个部门是一个有机联系的整体，各行业之间都存在着相互依存的关系。在会计核算方面，也存在着各行业会计之间对相关经济业务处理的问题。如：制造业的生产成本核算是商品流通企业材料采购成本的基础；农产品成本的核算是相关企业进行成本核算的基础；施工企业的工程价款是房地产开发企业开发成本的重要组成部分，但两者并不相等，因为房地产开发企业的开发成本中还包括土地开发成本和配套设施成本等。

综上所述，了解所购进商品或原料的成本构成，对于本企业的成本核算是大有益处的。通过对不同行业相关业务的比较，可以掌握不同行业、不同阶段成本计算的区别和联系，这对于一些从事多种经营、跨行业的联合体尤为重要。

通过行业会计比较，可以加深对各行业会计的共性和个性的认识，有利于有效地输出和利用会计信息；可以明确会计信息在不同行业的表达内容和表达方式的异同，在统一信息的基础上强化企业内部财务管理，对于从事多元化经营的企业集团非常重要；可以明确不同行业会计间的异同，对于政府职能部门加强宏观经济调控的有效性具有重要意义；同时也是我国会计理论与实践相结合研究的需要。

二、行业会计比较的方法

(一) 横向比较法

横向比较法是指将同一会计要素在不同行业企业会计间进行比较，研究其在会计核算上的共性和个性，并对其个性部分分别进行阐述的做法。如：将会计六大要素之一的资产(或负债、所有者权益、收入、费用、利润)要素，分别在各行业企业会计中加以比较，找出不同点，并指出相应核算及管理的具体方法。

横向比较法便于对各行业相同业务会计处理的异同之处进行分析，研究其产生的原因，进而探讨解决问题的方法。

(二) 纵向比较法

纵向比较法是指将其他各行业会计分别与工业企业会计进行比较，找出每一行业企业会计与制造业会计的共性和个性部分内容，并对其特性部分内容加以阐述的做法。

纵向比较法有利于全面系统地掌握各个行业会计核算的方法，明确不同行业会计核算的特点。

本书在采用上述方法的基础上，将各行业会计核算中的共性部分作为已知的知识不再做介绍。从第二章起，每章介绍一个行业会计内容，虽然每章的题目是某某行业会计，但每章并非全面、详细地介绍相关行业企业会计核算的内容和方法，在此仅是就各行业企业会计核算的个性部分内容加以具体阐述，重点介绍各行业特殊业务的会计核算方法。

本书采用的是纵向比较法。

【复习思考题】

1. 行业的划分有几种？我国现行的做法是什么？
2. 什么是行业会计？各行业会计间有哪些联系和区别？
3. 行业会计比较的内容包括哪些？
4. 行业会计比较的方法有哪些？缺点如何？

【会计职业判断能力训练】

一、填空题

1. 商品流通企业，指专门负责组织__________的企业。
2. 交通运输业，指利用运输工具专门从事________或直接为_______服务的企业。
3. 金融企业，指专门经营_______的企业。

4. 商品流通企业的会计核算对象分为________两种类型。
5. 建筑安装业，指从事________的企业。

二、多项选择题

1. 行业会计分为(　　)两大系统。
   A. 企业会计　B. 流通企业会计　C. 银行会计　D. 非企业会计
2. 行业会计的比较方法，大都采用的方法有(　　)。
   A. 趋势分析法　B. 环比分析法　C. 横向比较法　D. 纵向比较法

第二章

商品流通企业会计

【教学目的及要求】

通过本章学习，全面了解商品流通企业会计的基本理论和实务；掌握商品批发、零售企业购进、销售和储存的特点，以及主要经济业务的核算方法；并能熟练运用有关账户对商品流通企业会计的基本业务进行准确的账务处理。

【本章重点及难点】

进价核算法和售价核算法在商品流通企业会计中的具体应用及其核算的不同；与其他行业会计比，商品流通企业会计在核算程序及方法上的特点。

【本章教学时数】

8 学时。

第一节　商品流通企业会计概述

商品流通企业是指专门以商品流通活动作为主营业务，经过购、销、存三个环节，通过多次的购销活动，将商品从生产者手中转移到消费者手中，并可进行自主经营、自负盈亏、独立核算的法人实体。由于其在商品流转中所处的地位和发挥的作用不同，商品流通企业通常分为批发企业和零售企业两种组织形式。

批发企业是整个商品流通的起点或中间环节，是指从事为进一步转售或生产加工而进行大宗商品买卖活动的企业。批发商品流通具有商品进销量大、交易次数不多、经营品种繁多；商品储存量大、保管地点分散；商品购销对象面广、购销方式多样等特点。

零售企业是商品流转的终端，是指将商品最终出售给消费者，以满足消费者个人的物质和文化生活需要的企业。即从批发企业或生产企业购进商品，销售给个人消费者或企事业单位等主要用于非生产性消费的商品流通企业。其所从事的商品购销活动具有商品品种多、交易量少、次数多，交易方式单一等特点。

一、商品流通企业的经营特点

与工业企业等其他行业企业的经营活动相比较，商品流通企业有三个特点：一是经营活动的主要内容是商品购销；二是商品资产在企业全部资产中占有较大的比例，是企业资产管理的重点；三是企业营运中资金活动的轨迹是“货币—商品—货币”。

商品经营是指商品流通企业进行商品买卖的购销活动，即商品流通企业从生产者手中集中组织商品，然后向消费者转移的过程。在市场经济条件下，商品的范畴极为广泛，但商品流通企业经营的商品有其特定的含义，它是指为了卖出而买进的商品。商品经营的特点如下：

(1) 在商品经营活动中必须实现商品实物的转移，即商品所有权的转移。

(2) 在商品经营活动中必须进行货币的收付活动。

(3) 以商品销售为目的。

综上，商品经营活动的三个条件，缺一不可。①只有货币收付活动，而无商品实物的转移，不属于商品经营活动，如旅游、修理等服务性行业的经营活动；②只有商品实物转移而无货币收付行为，也不属于商品经营活动，如接受捐赠物品；③既有货币收付行为又进行商品实物的转移，而不作为商品销售，也不属于商品经营范畴，如购买的低值易耗品等。

二、商品流通企业会计核算的特点

(一) 核算内容以商品流转为核心

商品购进、销售和储存构成商品流通企业的主要业务内容，其中，商品购进是商品流转的起点，商品销售是商品流转的终点，商品储存是商品购进和商品销售的中间环节，也是商品流转的重要环节，它是企业购进的商品在销售以前在企业停留的状态。商品流通企业通过买卖活动实现商品的大流通，以满足社会和居民的各方需求。

商品流通企业通过商品购进、销售、调拨、储存(包括运输)等经营业务实现商品流转，其中购进和销售是完成商品流通的关键业务，调拨、储存、运输等活动都是围绕商品购销而展开。

商品流转核算中的货款结算，应根据购货渠道不同采用不同的结算方式，即：从本地购进商品一般采用送货制、提货制，货款采用同城结算方式；从外地购进商品一般采用发货制和异地结算方式。

由于商品流通企业会计同属于企业会计范畴，其内容有相当部分与一般企业会计相同，如：货币资金核算、结算业务核算、企业投资核算、固定资产核算、包装物、低值易耗品和材料物资核算、无形资产、递延资产和其他资产核算、负债核算、费用和税金核算、利润形成与分配核算、会计报表、终止与结算等。所以在这里只介绍、研究商品流通企业会计核算的特殊内容及其特点，即商品流转的核算。

(二) 商品流转核算及交接方式的特殊性

根据不同类型商品流通企业的经营特点和管理要求，对商品流转的核算可以采用“进价核算”和“售价核算”两种。这两种方法又都可分为进价金额核算和数量进价金额核算两种。

1. 进价核算法。是以库存商品的进价来反映和监控商品购进、销售及结存情况的核算方法。这种方法又可进一步分为进价金额核算和数量进价核算两种。

(1) 进价金额核算法，是指库存商品只按进价进行核算的一种方法。其主要特点如下。

① 库存商品总账和明细账都按进价记账，只记金额，不记数量。平时，商品销售后，只计销售收入，不计算结转已售商品销售成本。

② 商品损溢和价格变动，平时不作账务处理。

③ 月末或每一批次通过盘点查明实存数量，用最后一次进价计算库存商品结存金额；倒挤出已售商品进价成本并据以转账。

该种方法手续简便、工作量小，但手续不严密，平时不能掌控库存变动情况，一般适用于经营鱼、肉、菜、果等鲜活商品的零售企业。因为鲜活商品易于腐烂变质(损耗量大)，数量难以掌握，所以不宜进行数量核算；同时，其售价要随着商品的新鲜程度随时调整，售价也不易控制，所以，宜于采用“进价记账，盘存计销”的进价核算法。

(2) 数量进价金额核算法，是指库存商品总账按进价核算的同时，对库存商品明细账既要进行进价金额核算，又要进行实物数量核算的方法。其主要特点如下。

① 库存商品总账、类目账、明细账统一实行进价金额核算。

② 总账、类目账反映库存商品的进价金额，明细账反映各种库存商品的实物数量和进价金额。

该方法的优点是能从数量和金额两方面全面反映每种商品的增减变动及结存情况，有利于加强商品管理，安排购销业务；但每笔业务都要填制进销货凭证，按品种逐笔登记库存商品明细账，所以业务工作量较大。主要适用于大中型批发企业、农副产品收购企业和一些具备条件(经营贵重商品且品种少)的零售企业。(因为这些企业经营商品的品种少、数量大且手续凭证健全)另外，也适用于经营粮食、煤炭等商品的零售企业。

2. 售价核算法。是以库存商品的售价来反映和监控商品购进、销售及结存情况的核算方法。这种方法又可进一步分为售价金额核算和数量售价金额核算两种。

(1) 售价金额核算法，又称“售价记账，实物负责制”，即按实物负责人和售价对库存商品的增减变动及结存情况进行核算的一种方法。其主要特点如下。

① 库存商品明细账按经营商品的实物负责人进行分户登记，不记数量，只记售价金额。

② 应按全部商品或实物负责人开设“商品进销差价”账户，核算商品的售价与进价之间的差额。

该方法的优点是能把为数众多的按商品品名分户的库存商品明细账简化为少量的实物负责人分户的商品明细账，简化了核算手续，减轻了营业员的工作量；但不便于对库存商品实物的具体管理。主要适用于经营一般工业品的零售企业以及从事图书发行的企业(由于他们经营的商品品种繁多，进价不一致，库存数量不大，销售次数频繁，每次销售额较小，销售对象主要是广大消费者，一般不需要填制销货凭证，多采用“一手钱，一手货”的商品销售方式)。

(2) 数量售价金额核算法，是指按照商品品名同时登记商品进、销、存的数量和售价的一种核算方法。其主要特点如下。

① 库存商品总账、类目账一律采用售价核算，而库存商品明细账，则需同时进行数量核算和售价金额核算。

② 需设置“商品进销差价”账户，用以调整库存商品账户记载的售价金额，以便计算出已销售商品的进价成本。

适用范围：适用于经营贵重商品的零售企业(由于其经营的商品品种单位价值大，销售手续凭证等也很健全)，以及基层批发企业(因为业务部门、仓库和财会部门在同一场所，开单、收款、发货等手续可在同一天进行)。

3. 存货购进交接方式。商品流通企业存货购进的交接方式，主要有发货制、提货制和送货制三种。

(1) 发货制，是指供应单位根据合同规定，将商品委托运输部门运到购货单位所在地的车站、码头或仓库的一种交接方式。在发货制下，商品的运杂费通常由销货单位垫付，并将运单寄给购货单位，由购货单位承担运费。

(2) 送货制，是指供应单位根据合同规定，将商品委托运输部门运到购货单位指定的仓库或某一地点的一种交接方式。在送货制下，送货过程中发生的运输费用和商品损耗等一般由购货单位承担。

(3) 提货制，是指购货单位到供货单位指定的仓库或其他地点提取商品的一种交接方式。在提货制下，提货过程发生的运输费用和商品损耗等费用一般由购货单位承担。

通常情况下，同城商品购销业务采用送货制或提货制，异地商品购销业务采用发货制。

(三) 商品销售方式的多样性

商品流通企业因其销售地点、商品交接方式和货款结算的方式不同，所以商品的销售方式也不同。主要有：采用托收承付或委托收款方式销售、现款销售、委(受)托代销商品销售、直运商品销售、分期收款销售等。

第二节　批发企业商品流转的核算

由于批发企业经营大宗商品买卖，其购销量和库存量较大，购销对象一般为生产企业和零售企业。为反映和控制批发企业商品经营活动，发挥其在商品流通过程中的“蓄水池”和“调节器”作用，批发企业应根据其经营特点和管理上的要求，按照购进商品的进价并结合实物数量同时进行金额核算和数量核算，以便随时掌握控制各种商品存货的购进、销售及结存的数量和金额。所以，批发企业商品流转的核算，一般采用数量进价金额核算。

一、批发企业商品购进的核算

(一) 商品购进的核算范围

商品购进是指商品流通企业为了销售或加工后销售，通过货币结算而取得商品所有权的交易行为。商品购进是商品经营的起点，也是进行商品销售的物资前提。商品流通企业进行商品购进核算时必须具备以下三个条件。

1. 商品购进必须通过货币结算。不通过货币结算而收入的商品，不能作为商品购进核算。如：收回委托加工商品、商品溢余、销货退回。接受外单位捐赠的样品等。

2. 商品购进必须是以销售为目的。商品流通企业通过货币购进商品，如果是为了自用，而不是进行销售，也不属于商品购进核算范围。如：企业购进的办公用品、低值易耗品等。

3. 商品购进必须进行商品所有权的转移。商品流通企业接受其他单位委托代销、代管商品，企业在商品销售后收取手续费、保管费，由于没有取得商品所有权，所以不能作为商品购进核算。

商品购进的三个条件相互联系，缺少任何一个都不能作为商品购进核算。通常商品可从以下渠道购进：从工业、手工业等生产单位和个人购进商品；从农业生产单位和个人购进商品；从国外进口商品；从其他商业部门购进商品。

(二) 商品采购成本及构成

按照2006年《企业会计制度》规定：“各种存货都应按取得时的实际成本核算。”根据国家财政部2013年颁布的《企业产品成本核算制度(试行)》第41条规定：批发零售企业发生的进货成本、相关税金直接计入成本核算对象成本；发生的采购费，可以结合经营管理特点，按照合理的方法分配计入成本核算对象成本。采购费金额较小的，可以在发生时直接计入当期销售费用。也就是说，商品采购成本一般是以商品购买价款、相关税金，采购过程中发生的进货费用(运输、装卸、保险费以及其他归属于采购成本的费用)来确定。其中进货费用，可以先进行归集(待摊进货费用)，期末根据所购商品的存、销情况分别进行分摊，对于已售商品的进货费用，计入当期损益(主营业务成本)；对于未售商品的进货费用，计入期末存货成本。企业采购商品的进货费用金额较小的，也可在发生时直接计入当期损益(销售费用)。而各种商品存货实际成本的构成内容，又因商品购进渠道不同而应分别加以确定。

1. 国内购进用于国内销售和用于出口的商品，以进货原价及进货费用作为其采购成本。

2. 企业从国外直接进口的商品，其采购成本，包括进口商品的国外进价、应分摊的外汇价差和进口环节的各项税金。其中：进口商品的国外进价，一律以到岸价格(CIF)为基础。如对外合同以离岸价格(FOB)成交的，商品离开对方口岸后，应由买方负责的运杂费、保险费、佣金等费用，计入商品的进价。

3. 企业委托其他单位代理进口的商品，其采购成本为实际支付给代理单位的全部价款。

4. 企业收购农副产品，其采购成本包括支付的收购价款、税金等。企业入账时，应按收购农副产品买价的10%计算抵扣增值税进项税。

(三) 商品购进的总分类核算

在数量进价金额核算法下，商品购进业务应通过“在途物资”和“库存商品”账户进行核算。

1.“在途物资”账户是用来核算企业为供应或销售从外部购进的商品进货原价及进货费用情况的账户。其借方登记材料采购成本数；贷方登记验收入库材料采购成本数；余额在借方表示企业在途商品进货原价及进货费用。该账户可按供货单位、商品类别等设置明细账。

2.“库存商品”账户是用来核算企业存放在仓库、门市部和寄存在外库的商品，委托其他单位代管、代销的商品和陈列展览的商品等。其借方登记由“在途物资”转入的购进商品成本(或售价金额)；贷方登记已售商品的销售成本。其余额在借方，表示企业各种库存商品的采购成本(或售价金额)。该账户应按商品种类、名称、规格和存放地点等设置明细账。

3. 商品购进业务核算方法。商品按购进渠道不同可分为同城商品购进和异地商品购进两种情况。

(1) 同城商品购进的核算。同城商品购进，是指批发企业根据事先制定的进货计划向当地的生产企业或同城的批发企业购进商品。同城商品购进一般采用送货制和提货制两种商品交接方式；货款的结算通常采用支票、商业汇票等结算方式。

如果采用送货制，业务部门应根据供货单位开具的增值税专用发票，与购货合同核对相符后，填制收货单，并将增值税专用发票和收货单送交财会部门，经财会人员审核无误付款后，编制记账凭证，借记“在途物资”、“应交税费”账户；贷记“银行存款”账户。仓储部门根据收货单验收商品后，将收货单送交财会部门，经审核无误后，借记“库存商品”账户；贷记“在途物资”账户。

如果采用提货制，当业务部门收到供货单位开具的增值税专用发票，与购货合同核对相符后，填制收货单，随即将增值税专用发票和收货单送交储运部门提货，同时送交财会部门，经审核无误据以付款。储运部门提回商品验收入库后，将收货单送交财会部门，经审核无误后，借记“库存商品”账户；贷记“在途物资”账户。

【例2-1】 某批发企业购进彩电一批，进价成本100 000元，购进过程中发生运费1000元。应交增值税17 000元，款项均由银行存款支付，商品验收入库。按现行有关规定，运费可按11%抵扣增值税进项税。

财会部门根据增值税专用发票结算货款时：

借：在途物资　　100 890
　　应交税费——应交增值税(进项税)　　17 110
　　贷：银行存款　　118 000

该批商品验收入库后，财会部门根据收货单结转商品采购成本：

借：库存商品　　100 890
　　贷：在途物资　　100 890

(2) 异地商品购进的核算。异地商品购进，是指商品流通企业向外地供货单位购进商品的业务。一般采用发货制商品交接方式和托收承付、委托付款、银行汇票等货款结算方式。

采用委托收款和托收承付结算方式时由于商品发运与货款结算完成时间不一致，往往形成“单到货未到”或“货到单未到”的情况，所以会计核算过程一般分为接收商品和结算货款两部分：

① 单货同到。对于发票账单与材料同时到达的采购业务，企业在支付货款开出商业承兑汇票，商品验收入库后，应根据发票账单、收料单和结算凭证，按商品的实际成本入账。借记“库存商品”账户，按专用发票上注明的增值税款，借记“应交税费——应交增值税(进项税额)”账户(一般纳税人，下同)，按实际支付的款项，贷记“银行存款”等账户。

② 单到货未到。财会部门接到银行转来的付款通知后，应将发票、相关的单证与供货合同相核对，经核对无误后，再按照规定期限办理结算，并根据发票和银行结算凭证等，应作：

借：在途物资
　　应交税费——应交增值税(进项税)
　　贷：银行存款

对于供货方所垫付的运费等，根据发运账单，应作：

借：在途物资

贷：银行存款

业务部门：收到运输部门转来的提货通知后，填制“进货单”一式数联，留存一联，其余各联交仓库，仓库根据随货同到的“发票”(正本)和“进货单”，验收商品并在进货单上加盖验收章后，交财会部门据以作账，应作：

借：库存商品

贷：在途物资

③ 货到单未到。如果在月末，托收凭证仍未到达企业，可按合同或发货单上的金额暂估入账，下月初用红字冲销，待托收凭证到达并支付货款后，再按钱货两清业务进行处理。

业务部门收到提货单后的业务手续与上面相同。月末，财会部门根据发货单、代垫运费单据等，应作：

借：库存商品

贷：应付账款——暂估入账

下月初，用红字冲销时，应作：

借：库存商品(红字)

贷：应付账款——暂估入账(红字)

待收到付款通知、代垫运费单据及其他有关单证时，应作：

借：库存商品

应交税费——应交增值税(进项税)

贷：银行存款

(3) 预付款商品购进的核算。企业采用预付款方式购进商品时，按预付金额借记“预付账款”(或“应付账款”)账户，贷记“银行存款”账户，待商品入库时，借记“库存商品”“应交税费——应交增值税(进项税额)”账户，贷记“预付账款”账户。差额多退(少补)时，借(或贷)记“银行存款”账户，贷(或借)记“预付账款”账户。

(4) 商品购进中异常业务的核算。批发企业在商品购进中发生的异常业务，主要包括以下内容，其会计处理办法与工业企业基本相同。

① 购进商品退补价的核算。批发企业在购进商品后发生的商品退补价情况，主要有两种：一是因供货方疏忽导致的错开单价或金额计算错误；另一是因供货方发出的是已按暂定价格核算入账的适销商品。这两种情况都需调整商品货款，因此发生了商品退补价业务。在商品发生退补价的业务时，应由供货方填制更正发票交给购货方，经购货方业务部门审核后交给财会部门，经财会部门审核无误后，据以进行商品退补价的核算。

② 购进商品发生短缺和溢余的核算。当企业购进商品发生短缺或溢余时，应在查明原因前，将其短缺或溢余的部分记入“待处理财产损溢”账户，待查明原因和报经批准后，再根据不同情况分别进行处理：属于自然短缺或溢余的，一般应增加或冲减企业的采购成本；如果是供货单位多发的商品，可与供货方协商，据实际情况或退回或购进；如果应由

运输部门或责任人赔偿的，则应作为“其他应收款”处理；如由本企业承担损失的，报经批准后，应作为“营业外支出”处理。

③ 购进商品发生拒付货款和拒收商品的核算。企业购进商品支付款项可以采用两种方式，一是验单付款，二是验货付款。当企业采用的是验单付款方式从外地购进商品，发现银行转来的托收凭证及其所附的增值税专用发票、运费发票等与双方签订的购货合同有不符之处，应当在银行规定的付款期限内填制“拒付理由书”，说明理由拒付部分或全部货款。

④ 购进商品发生退货的核算。批发企业对购进的商品，采用抽查方式验收入库后，在复查时发现商品的品种、规格、质量、数量等方面与双方签订的合同不符，这时，批发企业应立即与供货单位取得联系，双方协商后可对其购进的商品进行调换、补缺或退货的处理。

(四) 商品购进的明细分类核算

批发企业商品购进的明细分类核算，主要采用平行登记法和抽单核对法。

1. 平行登记法，又称为平行记账法或横线记账法。就是采用多栏式账页，将同一批次购进的商品，对于支付货款和商品验收入库，都分别计入账页同一行次的“借方栏”和“贷方栏”。在途物资多栏式明细账的格式，如表 2-1 所示。

表 2-1 在途物资多栏式明细账

批次	供货单位	借方					贷方					核对
		2016 年		凭证号	摘要	金额	2016 年		凭证号	摘要	金额	
		月	日				月	日				
1	东风公司	4	3	4	支付U盘款	5 000	4	6	1	U盘入库	5 000	
2	红太公司	4	7	5	支付音箱款	10 000	4	9	2	音箱入库	4 000	
							4	16	3	音箱入库	6 000	
3	大华公司	4	10	6	支付文具款	4 000	4	17	4	文具入库	3 000	
							4	23	5	文具入库	1 000	
4	恒杰公司	4	20	7	支付牙具款	2 600	4	30	6	牙具入库	2 600	

2. 抽单核对法。在该方法下，不需设置“在途物资”明细分类账，而是充分利用自制的“收货单”的结算联和入库联来代替“在途物资”明细分类账的一种简化的核算方法。

企业在购进商品时，财会部门根据业务部门转来的收货单(结算联)支付货款后，在收货单(结算联)上加盖付款日期的戳记，以代替“在途物资”明细分类账借方发生额的记录，根据储运部门转来的收货单(入库联)作商品入库的核算后，在收货单(入库联)上加盖入库日期的戳记，以代替“在途物资”明细分类账贷方发生额的记录。

在收货单中，表示“在途物资”明细分类账借方发生额和贷方发生额的两套凭证应采用专门的账夹(或账箱)分别存放。每日通过核对后，将供货单位名称、凭证号数、商品的数量和金额均相符的收货单结算联和收货单入库联从专门的账夹(或账箱)中抽出，表示这批购进的业务已经钱、货两清，予以转销，并将抽出的凭证按抽取日期分别装订成册，同其他会计账簿一样归入会计档案。期末结账时，检查账夹(或账箱)，用尚存的收货单结算联汇总的金额，表示“在途物资”明细分类账的借方余额；用尚存的收货单入库联汇总的金额，表示“在途物资”明细分类账的贷方余额。

采用抽单核对法，一定要严格遵守凭证传递的程序，加强凭证的管理和对账工作，以防止凭证散乱丢失，造成核算工作的紊乱。

二、批发企业商品储存的核算

商品储存是指商品流通企业已经购进但尚未销售的商品。主要包括库存存货(是指已经验收合格并已经入库的各种存货，如库存商品)、在途存货(是指货款已经支付，正在运输途中的存货及已经运达企业，但尚未验收入库的存货，如各种在途物资)、加工中的存货(是指企业正在加工或委托外单位加工中的存货)以及发出存货(是指企业对外销售已经发出，但尚不能确认收入的存货，如分期收款发出商品、委托代销商品等，以及暂时存放在外单位的存货，如展览用的存货等)。为了加强对商品储存的管理，批发企业的财会部门必须及时关注库存商品数量和价格的变化，要及时地进行财产清查，并对其进行核算。

由于批发商品储存以库存商品的数量最大、占用资金最多，因此，组织好库存商品的核算，是批发商品流转核算的一个重要方面。其有关商品储存的会计处理与工业企业存货核算相同。

(一) 库存商品账户的设置及登记

批发企业库存商品的核算是通过设置“库存商品”总账、类目账和明细账来进行的，它是用来核算企业全部的库存商品(包括寄存外库的商品)的账户。账户间是层层衔接、逐级控制的。

1.“库存商品”类目账的设置及登记。类目账是在“库存商品”总账与其所属的明细账之间，按商品大类设置的二级账户，各类目账受控于库存商品总账，同时又控制该大类商品所属的各明细账。这样设置有利于核对账目和缩小差错查找范围；通过类目账集中商品销售成本，简化计算工作、减少工作量；同时还可分类提供商品购、销、存的动态资料，为企业领导经营决策提供依据。

库存商品类目账，一般根据进、销货凭证按商品大类进行汇总登记。其格式一般采用三栏式，如果大类商品所属各类的实物计量单位相同，也可采用数量金额式。

2.“库存商品”明细账的设置及登记。采用进价核算的企业，库存商品明细账既要反映商品的实存数量，又要反映商品的进价金额，以全面掌控库存商品的增减变动情况。

在会计实务中，对于库存商品的核算，既要结合企业经营特点和管理上的要求，又要保护商品安全和简化手续。为此，批发企业库存商品明细账的设置方法有以下三种形式。

(1) 三账一卡，三部门(即业务、财会、仓库三部门)各设一套库存商品明细账。业务部门设置商品调拨账，目的在于掌握库存商品的“可调库存”数，凭以办理商品的购销和调拨的开单工作；财会部门设置数量金额式的商品明细账，通过会计库存，掌握和考核商品资金的变动情况，计算商品销售成本，控制业务部门的调拨账和仓库部门的保管账；仓库部门设置商品保管账，通过登记商品数量，掌握商品“保管库存”，凭以保管商品、办理发货和安排仓位。同时仓库还要在商品堆放处设置商品保管卡片，以便随时掌握各类商品的实存数量。

(2) 两账合一，即业务部门的调拨账和财会部门的明细账合并，设在业务部门。既登记数量，又登记金额。仓库部门仍设置商品保管账和商品保管卡片，两账之间需不定期核对，做到账账、账实相符。

(3) 三账合一，即财会部门的商品明细账、业务部门的商品调拨账和仓库部门的商品保管账合并设置一套账，既登记数量又登记金额。该方法适用于“批仓合一”或“前店后仓”，业务开单、仓库发货、财会记账等业务能在同一天完成的小型批发企业。

(二) 商品削价的核算

批发企业因市场物价变动及企业经营活动的需要，时常发生的商品削价等价格调整。商品削价有残损变质商品削价和冷背呆滞商品削价两种。

企业对于因残损变质造成的商品削价应及时查明商品残损变质的程度和数量，以及形成的原因和责任；对于因经营管理不善、信息失灵、盲目采购等造成的冷背呆滞商品削价应及时进行处理。

对于上述商品削价，有关部门应先填制“商品削价报告单”，然后按规定的审批程序，报经有关职能部门批准后再进行相应的账务处理。

批发企业应在期末对其商品进行定期或不定期的清查。在清查过程中如果发现存在残损变质商品或冷背呆滞商品等情况，应运用成本与可变现净值孰低法对其商品进行计价，对其可变现净值低于其成本的差额，计入存货跌价准备。计提时，由于批发企业经营的商品品种较少，因此可以选择按单个商品项目计提的方法为宜，其具体计提存货跌价准备的账务处理方法与工业企业相同。

三、批发企业商品销售的核算

批发商品销售是商品流通企业通过货币结算将本单位的商品销售给批发企业、零售企业和生产企业。商品销售按销售地点不同，可分为国内商品销售和国外商品销售；国内商品销售又可分为同城商品销售和异地商品销售；按销售方式不同，可分为仓库商品销售和直运商品销售。其主要经济业务是销售商品，收回货币。一般有发出商品同时收回货款；发出商品，办妥结算手续，取得收款权利；发出商品，货款未收以及收回应收货款等情况。

(一) 商品销售的范围

商品销售是指商品流通企业为供应市场需求，以货币为媒介，出售本企业经营的商品，并取得货款或取得索取货款权利的交易行为。作为商品销售的交易行为必须具备以下三个条件：

1. 销售的必须是企业本身经营的商品。
2. 出售后必须失去商品所有权，即付出商品。
3. 出售后必须通过货币结算。

凡不通过货币结算而付出的商品，不属于商品销售的范围。如商品发出、位移、短缺和赠送及购进商品的退货等。

(二) 商品销售实现的标志

销售收入的实现，原则上应以产品的所有权已转移，收到价款或取得收取货款的凭证为准。由于发货的方式不同，货款结算的方式不同，所以销售成立的标志也有一定差别。

1. 托收承付和委托收款结算方式下，在发出商品办妥手续时，即以取得收取货款凭证作为销售收入的实现。

2. 交款提货结算方式下，如货款收到，发票、账单等有关单据交给对方，不管产品是否发出，均应作为销售收入实现。

3. 在委托代销商品的情况下，应在代销单位已售出商品后，并收到代销清单时，作为销售收入的实现。

4. 预收货款结算方式下，在商品发出时作为销售收入的实现。

5. 分期收款销售方式下，可按合同约定的收款日期作为销售收入的实现。

(三) 商品销售的核算方法

在数量进价金额核算法下，商品销售业务应通过“主营业务收入”“主营业务成本”“销售折扣与折让”“营业税金及附加”“应交税费”“预收账款”“受托代销商品”账户进行核算。上述会计账户的用途、性质和核算内容与工业企业基本相同。

1. 批发企业同城、异地商品销售的核算。同城商品销售，一般采用“送货制”或“提货制”的商品交接方式；在选定的商品交接方式下，其货款的结算一般采用支票、商业汇票等结算方式。异地商品销售，一般采用“发货制”的商品交接方式，在“发货制”的商品交接方式下，其货款的结算一般采用托收承付或委托收款的结算方式。

2. 代销业务的核算。代销商品是指委托方和受托方签订协议，委托方将商品交付给受托方，受托方代委托方销售商品，委托方按协议价收取所代销货款的一种销售方式。当委托方和受托方签订协议后，可按双方的约定有以下两种不同的代销方式：

(1) 视同买断销售方式。在这种销售方式下，代销商品的实际售价可由受托方自定，实际售价与协议价之间的差额归受托方所有。

(2) 收取手续费销售方式。在这种代销方式下，受托方通常按照委托方规定的价格销售，不得自行改变售价，但受托方要根据所代销的商品数量向委托方收取一定的手续费。对受托方来讲，收取的手续费，实际上是一种劳务收入。委托方应在收到受托方交付的商品代销清单时确认销售商品收入；受托方则在商品销售后按应收取的手续费确认收入。

3. 销售折扣的核算。批发企业在进行商品销售时，为了扩大销售而给予购买者一定的优惠，这种优惠被称作“商业折扣”。在这种销售方式下，销售方按照折扣后的售价作为收入，不反映折扣额。另外，债权人为鼓励债务人在规定的期限内付款，而向债务人提供的债务减让被称作“现金折扣”。它是企业为尽快回笼资金而发生的理财费用。现金折扣在实际发生时，计入财务费用。

4. 销售折让的核算。销售折让是指企业因售出商品的质量不合格等原因在售价上给予的减让。销售折让可能发生在企业确认收入之前，也可能发生在企业确认收入之后。发生在收入确认之前的销售折让，其处理相当于商业折扣，按扣除折扣后的净额确认销售收入即可，不需作账务处理；发生在收入确认之后的销售折让，应在实际发生时，冲减发生当期的收入，发生销售折让时，如按规定允许扣减当期销项税额，应同时用红字冲减“应交税费——应交增值税(销项税额)”。

5. 销售退回的核算。销售退回是指企业售出的商品，由于质量、品种不符合要求等原因而发生的退货。发生的销售退回，不论是当年销售的，还是以前年度销售的，都应冲减退回当月的销售收入，同时冲减退回当月的销售成本，如果该项销售已经发生现金折扣或销售折让的，应在退回当月一并调整。

6. 购货单位拒付货款和拒收商品的核算。批发企业在异地销售商品时，由于购销双方所处地域不同，货物一般由运输部门运输，到达企业的时间往往不能由销售方控制，结算款项的方式也由购销双方协商解决。一般有验单付款和验货付款两种。

当企业采用验单付款方式时，如果发现收到的托收凭证所附的增值税专用发票与合同所列的不符，就会拒付货款和拒收商品；当购货单位采用验货付款方式时，如果发现所收到的商品数量、质量、品种、规格与合同不符时，也会拒付货款和拒收商品。销货方在实际业务处理中对少发货物的情况，通常可以采用两种方法，一是补发商品，即在商品发运后，收到购货单位货款、增值税税款及垫付的运费后，借记“银行存款”账户，贷记“应收账款”账户；二是不补发商品，企业填制增值税专用发票，作销货退回处理。

在数量进价金额核算法下，上述批发企业商品销售的核算方法与工业企业产品销售核算方法基本相同。

7. 直运商品销售业务的核算。所谓直运商品销售是指批发企业购进商品后，不经过本企业仓库储存，直接从供货单位发运给购货单位的一种销售方式。开展直运商品销售可减少商品进出本企业仓库的中转环节，节约流通费用，加速商品的流转。

直运商品销售涉及供货单位、购货单位和批发企业三方，且三方企业不在同一地点，因此，批发企业的直运商品销售还可分为两种方式，即采购员驻厂自办业务和委托供货方代办业务。其核算特点：

(1) 销售与购进一起进行，即批发企业一方面向供货方结算购进货款，另一方面根据采购员寄回的直运商品收发货单向购货方收取销货款。

(2) 由于商品不通过本企业仓库，所以不进行“库存商品”的核算。可直接通过“在途物资”账户进行核算。

(3) 商品购销业务同时发生，所以可以随购销活动随时结转已售商品销售成本。

由于批发企业收到银行转来的供货方结算进货款单据与收到采购员寄来的“直运商品收发货单”的时间不一致，所以在会计核算上会出现三种不同的情况。

(1) 先付进货款，后办托收货款。根据业务顺序可作账：

借：在途物资
　　应交税费——应交增值税(进项税)
　　应收账款——某购货单位(运费)
　　贷：银行存款

借：应收账款——某购货单位
　　贷：主营业务收入
　　　　应交税费——应交增值税(销项税)
　　　　应收账款——某购货单位(运费)

同时结转商品销售成本：

借：主营业务成本
　　贷：在途物资

收到银行转来的向购货单位托收的货款及代垫运费的收账通知时，作如下处理：

借：银行存款
　　贷：应收账款——某购货单位

(2) 先办托收货款，后付进货款。该情况下，其账务处理与前述第一种情况正好相反。

(3) 支付进货款与托收销货款同时办妥。采购员寄来的“直运商品收发货单”与供货单位通过银行转来的结算凭证同时到达，因此支付进货款与托收销货款可同时办理，其核算方法为：

办理托收货款时，

借：应收账款——某购货单位

　　贷：主营业务收入

　　　　银行存款(代垫运费)

　　　　应交税费——应交增值税(销项税)

支付进货货款时，

借：主营业务成本

　　应交税费——应交增值税(进项税)

　　贷：银行存款

对上述支付进货款业务处理的会计分录，也可分解为两笔，即：

第一笔，支付进货款时，

借：在途物资

　　应交税费——应交增值税(进项税)

　　贷：银行存款

第二笔，结转销售成本时，

借：主营业务成本

　　贷：在途物资

【例 2-2】从甲地东方服装企业购进 40 号衬衣 1000 件，进货单价 50 元/件，商品直运乙地万达物业管理公司，单位售价 55 元，为其代垫运杂费 200 元。两地购销单位均为增值税一般纳税人。驻厂采购员填制“直运商品收发货单”如表 2-2 所示。

表 2-2　直运商品收发货单

代货单位：东方服装　　　　购货单位：万达物业公司

开单日期：2016 年 6 月 25 日

合同 X 字第　　号　　　　合同 X 字第　　号

金额单位：元

货号	品名规格	单位	数量	销售单价	销售金额	销项税额	购进单价	金额	进项税额
40	衬衣	件	1000	55	55 000	9 350	50	50 000	8 500

车船次：　　　　备注：

主管：　　　　会计：　　　　复核：　　　　制单：

根据银行转来的东方服装企业的托收承付凭证、专用发票和代垫运单等承付货款，作如下处理：

借：在途物资——东方服装 50 000
　　应交税费——应交增值税(进项税) 8 500
　　应收账款——万达物业管理公司 200
　　贷：银行存款 58 700

根据采购员寄回的“直运商品收发货单”等向乙地万达物业管理公司办理托收货款手续，作如下处理：

借：应收账款——万达物业管理公司 64 550
　　贷：主营业务收入 55 000
　　　　应交税费——应交增值税(销项税) 9 350
　　　　应收账款——万达物业管理公司 200

同时结转直运商品销售成本，作如下处理：

借：主营业务成本 50 000
　　贷：在途物资 50 000

收到银行转来的向购货单位托收的货款及代垫运费的收账通知时，作如下处理：

借：银行存款 64 550
　　贷：应收账款——万达物业管理公司 64 550

8. 商品销售中异常业务的核算。通常包括商品销售退回、商品销售退补价、购货单位拒付货款和拒收商品等。其核算方法可比照工业企业相应业务的核算。

四、批发商品销售成本的计算和结转

商品流通企业在商品销售后，一方面要核算取得的商品销售收入，另一方面还需要计算并结转商品销售成本。从理论上讲，商品销售成本应包括已销售商品的实际成本，也就是说，商品销售成本应包括已销售商品的购入价，以及其在流通领域中继续追加的费用，如运费、保管费、包装费等。但在实际工作中，为了简化核算手续，一般商业企业的商品销售成本只局限于已销售商品的进价成本，而其在流通领域中继续追加的费用，则作为经营费用处理。

计算商品销售成本是一项重要而繁重的工作，它直接关系到期末库存商品的价值及企业的经营成果是否正确。因此，就有必要根据各企业的特点，采用适当的方法，正确地计算商品销售成本。一旦确定了计算商品销售成本的方法后，在同一会计年度内不得随意变更。计算商品销售成本的方法，主要有个别计价法(分批实际进价法)、加权平均法、移动加权平均法、先进先出法和毛利率推算法等。具体业务处理可比照工业企业的处理方法来进行。

按照商品销售成本结转的时间分，有逐日结转和定期结转两种。逐日结转是逐日计算出商品销售成本后，逐日从“库存商品”账户上转销，故又称随销随转。这种方法能随时反映库存商品的结存金额，但工作量较大。定期结转是在期末集中计算出商品销售成本后，从“库存商品”账户上一次转销，故又称月末一次结转。这种方法，工作量较小，但不能随时反映库存商品的结存金额。

第三节　零售企业商品流转的核算

零售企业是连接商品生产企业、批发企业和消费者的桥梁，它处于商品流通过程的最终环节。零售企业经营的特点是经营品种多，规格复杂；交易次数频繁，而且成效数量零星，成交时间短，交易对象主要是广大消费者，销售时多数商品采用“一手交钱，一手交货”的现金交易方式，一般不需要填制销货凭证。零售企业商品经营的诸多特点决定了零售商品核算难以进行数量核算，为简化核算工作，一般适宜采用售价金额核算法反映零售库存商品进、销、存情况，即实行“售价记账，实物负责制”。

这种方法的优点是把大量按各种不同品种开设的库存商品明细账归并为按实物负责人来分户的少量的明细账，从而简化了核算工作。售价金额核算法满足了这种管理体制的需要，有利于加强商品零售企业的销售毛利控制，因而得到广泛的应用。

售价金额核算法在实务中的运用，主要表现在如下方面：

1. 实行实物负责制。划分实物负责小组，建立岗位责任制，对商品的购进、销售、调拨、调价、削价、溢缺等建立相关的手续制度。

2. 建立会计二级核算体系。划分二级核算单位，按实物负责小组设置库存商品和商品进销差价明细分类账，按售价金额核算商品的进、销、存情况。

3. 执行规范的商品盘点制度。定期进行商品全面盘点、账实核对，如遇实物负责人调动、商品调价应进行临时盘点。

4.“库存商品”账户的金额是否为含税售价的金额，决定于企业是一般纳税人还是小规模纳税人。如为简化核算，所有实行售价法核算的零售企业，其库存商品入账价值均可采用含税售价入账；月末，再将按含税售价反映的“主营业务收入”账户调整不含税商品销售收入。

综上，在会计核算上与批发企业类似，零售企业也应设置“在途物资”账户、“库存商品”账户，但同时还需设置“商品进销差价”账户。

“商品进销差价”账户为资产类账户，也是“库存商品”账户的抵减账户，用来核算商品流通企业采用售价金额核算时商品售价与进价之间的差额。其贷方登记购进商品和溢余商品的进销差；借方登记月末分摊的进销差价和损失商品的进销差价，余额表示期末结存的各种库存商品进销差价。本账户应按商品类别或实物负责人设置明细账。

一、零售企业商品购进的核算

零售企业为了满足各层次消费者对商品多样化的需要，应做好商品预测和市场分析工作，有计划地从批发企业和生产企业购进商品。对于商品购进的交接方式，同城购进一般采用“提货制”或“送货制”，异地购进一般采用“发货制”。

同城商品购进的业务程序一般是：由零售企业的采购员到供货方挑选商品，确定所购商品后，可以转账支票、商业汇票、银行本票等结算方式办理结算，支付货款和增值税额。如果采取“提货制”，采购员可自提商品，索取购货发票(发票联和抵扣联)交与业务部门，由其核对购货发票上开列的购进单价是否正确，经核定无误后在发票联上加盖价格核讫章，并根据购货发票上列明的商品货号、品名、规格、等级、数量等项目与实物进行核对，核对相符后验收入库，由业务部门在购货发票上签收后，转交财会部门入账。零售企业也可根据管理上的需要，由业务部门另行填制“收货单”一式数联，其中一联连同供货单位的购货发票一并送交财会部门。如果采取“送货制”，则由采购员去供货单位储运部门办理送货手续。其核价和验收手续与“提货制”基本相同，不再重述。

财会部门根据采购员交来的结算凭证和核价人员送来的购货发票(发票联)，复核无误后，按其所列明的货款借记“在途物资”账户；按其所列明的增值税额，借记“应交税费”账户；按价税合计贷记“银行存款”“应付票据”“其他货币资金”等账户。根据实物负责小组送来的商品验收入库凭证复核无误后，按售价金额借记“库存商品”账户，按进价金额贷记“在途物资”账户；按售价金额与进价金额之间的差额，贷记“商品进销差价”账户。

(一) 商品现购的核算

由于零售企业的进货渠道和货款结算方式等不同，零售商品现购的核算相应地分为“单货同到”“单到货未到”和“货到单未到”几种情况。

商品流通企业的库存商品采用售价法进行核算，同样会出现以下三种情况。

1. 单货同到。财会部门根据商品结算凭证作账，按进价及进货费用，作如下处理：

借：在途物资——××

　　应交税费——应交增值税(进项税)

　　贷：银行存款

根据商品进货单以售价结转商品入库，应作如下处理：

借：库存商品

　　贷：商品进销差价

　　　　在途物资——××

【例 2-3】某百货公司从纺织品批发部购进衬衣 400 件，进价每件 48 元，共计 19 200 元。售价每件 53 元，共计 21 200 元。增值税税率为 17%。商品由针棉组验收，以银行存款支付货款。

支付货款时，应作如下处理：

借：在途物资——纺织品批发部　　19 200
　　应交税费——应交增值税(进项税)　　3 264
　　贷：银行存款　　22 464

同时，按售价结转商品入库时，应作如下处理：

借：库存商品——针棉组　　21 200
　　贷：商品进销差价　　2 000
　　　　在途物资——纺织品批发部　　19 200

2. 单到货未到。这种方法的特点是支付货款时，先按商品进价记账，待商品到达后再按售价结转入库成本。

【例 2-4】仍以上例资料为例，货款已付，商品未到。

根据账单等支付货款时，应作如下处理：

借：在途物资——纺织品批发部　　19 200
　　应交税费——应交增值税(进项税)　　3 264
　　贷：银行存款　　22 464

待收到商品时，再按售价结转商品入库，应作如下处理：

借：库存商品——针棉组　　21 200
　　贷：商品进销差价　　2 000
　　　　在途物资——纺织品批发部　　19 200

3. 货到单未到。该种情况下，处理方法有两个：一是企业可暂不作账，待结算凭证到达企业后，同时做商品采购和入库的账务处理；二是月末结算凭证仍未到达企业，该企业财会部门应按应付给供货方的款项先暂估入账，并于下月初用红字冲销，待企业以后收到结算凭证时，再按正常商品采购、入库进行账务处理。

【例 2-5】仍以上例资料为例，收到商品，货款未付，月末结算凭证仍未到达企业。

月末，按收到商品的进价成本暂估入账，应作如下处理：

借：库存商品——针棉组　　22 464
　　贷：应付账款——暂估入账　　22 464

下月初，红字冲账，应作如下处理：

借：库存商品——针棉组　　22 464
　　贷：应付账款——暂估入账　　22 464

待企业收到结算凭证，支付货款时，应作如下正常商品采购、入库账务处理：

借：在途物资——纺织品批发部　　19 200
　　应交税费——应交增值税(进项税)　　3 264
　　贷：银行存款　　22 464

借：库存商品——针棉组　　21 200
　　贷：商品进销差价　　2 000
　　　　在途物资——纺织品批发部　　19 200

(二) 赊购商品的核算

零售企业由于赊购商品而导致应付而未付的款项，或由此而签发的商业汇票，应通过“应付账款”“应付票据”等账户核算。

【例 2-6】仍以上例资料为例，企业收到商品，签发期限为 3 个月、面值为 22 464 元的商业汇票一张。

根据签发的商业汇票等，作如下处理：

借：在途物资——纺织品批发部　　19 200
　　应交税费——应交增值税(进项税)　　3 264
　　贷：应付票据——某百货公司　　22 464

同时，按售价结转商品入库，应作如下处理：

借：库存商品——针棉组　　21 200
　　贷：商品进销差价　　2 000
　　　　在途物资——纺织品批发部　　19 200

待 3 个月后商业汇票到期，支付票款时，应作如下处理：

借：应付票据——某百货公司　　22 464
　　贷：银行存款　　22 464

(三) 零售企业商品购进中其他业务的核算

1. 购进商品退补价的核算。零售商店购进商品后，由于销货方计价错误，或商品等级、规格型号与合同不一致，供货方会重新开发票来更正其开错的价款，这时，购货企业也应作相应的账务处理。

更正商品货款的情况有以下两种：一是只更正进货价格，二是既更正进货价格也更正零售价格。

(1) 只更正购进价格的核算。当供货单位开来更正发票时，由于只更正购进价格，没有影响到商品的零售价格，因此，核算时应调整“商品进销差价”账户，而不能调整“库存商品”账户。若是供货单位退还货款，应根据其红字专用发票冲减商品采购额和进项税额。用红字借记“在途物资”账户和“应交税费”账户；贷记“应付账款”账户；同时还要增加商品的进销差价，用红字借记“商品进销差价”账户；贷记“在途物资”账户。若是供货单位补收货款，则应根据专用发票增加商品采购额和进项税额，借记“在途物资”账户和“应交税费”账户；贷记“应付账款”账户，同时还要减少商品的进销差价，借记“商品进销差价”账户；贷记“在途物资”账户。

【例 2-7】光明商厦日前从上海五金公司购进钢丝钳 1000 把，每把购进单价 9.6 元，零售单价 12.5 元，商品已由五金柜组验收入库，现收到供货单位更正专用发票，钢丝钳每把批发单价应为 9.4 元，应退货款 200 元，增值税额 34 元。

冲减商品采购额和进项税额，应作如下处理：

借：在途物资——上海五金公司　200
　应交税费——应交增值税(进项税额)　34
　　贷：应付账款——上海五金公司　234

同时调整商品进销差价，作分录如下：

借：商品进销差价——五金柜组　200
　　贷：在途物资——上海五金公司　200

(2) 购进价格和零售价格同时更正的核算。当供货单位由于商品品种、等级搞错等原因而开错价格，事后开来更正发票需要更正批发价和零售价，如因更正价格而使供货单位应退还贷款时，应根据更正专用发票冲减商品采购额和进项税额，其核算方法与只更正购进价格的核算方法相同，同时，还要冲减库存商品的售价金额和进价成本，应用红字接更正后售价金额与原入账售价金额的差额借记“库存商品”账户；按应退货款的数额，贷记“在途物资”账户；并按照更正后进销差价与原入账进销差价的差额，贷记“商品进销差价”账户。如因更正价格而供货单位应补收货款时，应根据其开来的更正发票增加商品采购额和进项税额，其核算方法与更正购进价格的核算方法相同，同时还要增加库存商品的售价金额和进价成本。接更正后售价金额与原入账售价金额的差额借记“库存商品”账户；按补收货款数额贷记“在途物资”账户；按更正后进销差价与原进销差价的差额贷记“商品进销差价”账户。

【例 2-8】中兴商厦日前从上海百货公司购进尼龙自开伞 400 把，每把购进单价 15 元，零售单价 20 元，商品已由百货柜验收入库，现收到供货单位更正专用发票，每把尼龙自开伞购进单价为 14 元，零售单价为 18.8 元，应退货款 400 元，增值税额 68 元。假设该购货款未付。冲减商品采购额和进项税额，作分录如下：

借：在途物资——上海百货公司　400
　应交税金——应交增值税(进项税额)　68
　　贷：应付账款——上海百货公司　468

同时冲减库存商品的售价金额和进价成本，作分录如下；

借：库存商品——百货柜　480
　　贷：在途物资——上海百货公司　400
　　　商品进销差价——百货柜　80

2. 进货退回的核算。零售企业对购进的商品，验收入库后发现商品的品种、规格、质量、数量等方面与双方签订的合同不符，应及时与供货单位联系，经其同意后，由供货单位开出退货的红字专用发票，办理退货手续，然后将商品退还供货单位，作进货退出处理。

3. 购进商品溢余或短缺的核算。零售企业在验收商品过程中，如果发现商品溢余或短缺，应及时与供应商取得联系，征求对方同意补发商品或将对方多发的商品退还。在具体核算时，应视具体情况处理，如购货发生在同城，不用在会计上反映溢余或短缺，待供货方处理后，再进行处理。如购货发生在异地，此时发生了溢余或短缺，由企业验收部门填制“商品购进短缺溢余报告单”，并根据报告单将溢余或短缺的商品予以反映，待查明原因后，企业可比照批发企业账务处理相同的方法进行处理。

二、零售企业商品储存的核算

商品储存、商品购进和商品销售是相互联系、相互制约的三个环节。零售企业为了使商品流转正常进行，满足市场的需求，就需要保持适当的商品储存。由于采用售价金额核算，因此平时应特别加强对库存商品的管理和监督，以保护企业财产的安全与完整。

商品储存的核算，包括商品的调价、削价、内部调拨、盘点溢缺以及库存商品和商品进销差价明细核算等内容。

（一）商品调价的核算

商品调价是商品流通企业根据国家物价政策或市场情况，对某些正常商品的价格进行适当地调高或调低。

由于售价金额核算的企业平时不核算商品的数量，因此，在规定调价日期的前一天营业结束后，由核价人员、财会人员会同营业柜组对调价商品进行盘点，按照实际库存数量由营业柜组填制“商品调价差额调整单”一式数联，其中一联送交财会部门。财会部门复核无误后，将调价差额全部体现在商品经营损益内。发生调高售价金额时，借记“库存商品”账户，贷记“商品进销差价”账户；发生调低售价金额时，则作反向处理。

（二）商品削价的核算

商品削价是对库存中呆滞、冷背、残损、变质的商品所做的一次性降价出售。零售企业由于盲目采购造成商品呆滞积压或运输不慎、保存不妥等因素，而发生了商品残损变质等情况，影响了商品内在与外观的质量。为了减少商品损失，应根据商品呆滞积压情况或残损变质的程度，按照规定的审批权限，报经批准后进行削价处理。

残损变质商品削价时，一般由有关营业柜组盘点数量后，填制“商品削价报告单”一式数联，报经有关领导批准后，进行削价处理。

商品削价后的新售价高于原进价时，将削价减值的金额借记“商品进销差价”账户；贷记“库存商品”账户，其削价损失体现在商品经营损益内。商品削价后的新售价低于原进价时，除了要冲转原商品进销差价外，还要将其低于原进价的部分以存货跌价准备金进行弥补。

【例 2-9】某商店削价处理羊毛衫 100 件，原进价每件 50 元，原售价 65 元，现因存量过多，削价为 45 元，作会计分录如下：

借：商品进销差价　　　　　　　　1 500

　　存货跌价准备　　　　　　　　　500

　　贷：库存商品——羊毛衫　　　　　　2 000

(三) 商品内部调拨的核算

商品内部调拨是指零售企业在同一独立核算单位内部各实物负责小组之间的商品转移。具体表现为各营业柜组或门市部之间为了调剂商品余缺所发生的商品转移，或设有专职仓库保管员，对在库商品单独进行核算和管理的企业，当营业柜组或门市部向仓库提取商品时，所发生的商品调拨转移。

商品内部调拨不作为商品销售处理，也不进行结算，而只是转移各实物负责小组所承担的经济责任。在调拨商品时，一般由调出部门填制商品内部调拨单一式数联，调出部门在各联上签章后，连同商品一并转交调入部门。调入部门验收无误后，在调入部门处签章，表示商品已收讫，然后调入与调出部门各留存一联，作为商品转移的依据，另一联转交财会部门入账。商品内部调拨，在核算时借记调入部门库存商品的明细分类账户，贷记调出部门库存商品的明细分类账户，“库存商品”账户的总额保持不变。采取分柜组差价率推算法分摊已销商品进销差价的企业，还要相应调整“商品进销差价”账户。

(四) 商品盘点短缺和溢余的核算

零售企业对库存商品采取售价金额核算时，库存商品明细分类账一般按营业柜组或门市部设置，平时只反映和掌握各营业柜组或门市部商品进、销、存的售价金额，而不反映和掌握各种商品的结存数量。因此，为了解和控制各种商品的实存数量，企业必须进行商品盘点。通过商品盘点，可以确定各种商品的实存数量，逐项计算出各种商品的售价金额及售价总金额，同时与当天“库存商品”账户余额进行核对，确保账实相符。

商品盘点发生账实不符，营业柜组或门市部应填制“商品盘点短缺溢余报告单”一式数联，其中一联报送领导审批，另一联送交财会部门作为记账的依据。

商品盘点短缺或溢余是以商品的售价金额来反映的，在“商品盘点短缺溢余报告单”中，还需要将其调整为进价金额。财会部门在商品短缺或溢余的原因尚未查明前，应将短缺或溢余的商品的进价金额先转入“待处理财产损溢”账户，以确保账实相符，等原因查明后，再根据具体情况转入各有关账户。对于商品短缺，如属自然损耗，应转入“销售费用”账户；如属责任事故，则应根据领导的批复，若由企业负担，转入“营业外支出”账户；若由当事人负责赔偿，则转入“其他应收款”账户。对于商品溢余，如属供货单位多发商品，应作为商品购进补付货款，如属自然升溢，则应冲减“销售费用”账户。

(五) 库存商品和商品进销差价的明细分类核算

实行售价金额核算的零售企业，库存商品明细分类账是按营业柜组或门市部设置的，在账户中反映按售价计算的总金额，用以控制各营业柜组或门市部的库存商品数额。采取分柜组差价率推算法调整商品销售成本的企业，还必须按营业柜组或门市部设置“商品进销差价”明细账户，由于“商品进销差价”是“库存商品”账户的抵减账户，在发生经济业务时，这两个账户往往同时发生变动，为了便于记账，可以将“库存商品”与“商品进销差价”账户的明细账合在一起，设置“库存商品和商品进销差价联合明细分类账”。

各营业柜组或门市部为了掌握本部门商品进、销、存的动态和销售计划的完成情况，便于向财会部门报账，每天营业结束后，应根据商品经营的各种原始凭证，编制“商品进销存日报表”一式数联，营业柜组或门市部自留一联，一联连同有关的原始凭证一并送交财会部门。财会部门复核无误后，据以入账。

由于“商品进销存日报表”反映的是各营业柜组或门市部库存商品每天的收发变动和结存情况，其反映的内容与库存商品明细分类账核算的内容是一致的。因此，可以将该表分营业柜组或门市部按时间顺序装订成册，代替库存商品明细分类账，以简化核算手续。

三、零售企业商品销售的核算

零售企业商品销售的过程是商品从流通领域进入消费领域的过程，也是商品价值实现的过程，这一过程是实现社会再生产的前提。其核算除少量业务采用转账结算外，主要是现金结算。这主要是由零售企业经营品种多，一般是“钱货两清”，不开“发货票”的经营特点决定的，零售企业的商品一般按营业组或门市部组织销售。商品销售的业务程序，应根据企业的规模、经营特点以及经营管理的需要而定。

零售企业销售商品应设置“主营业务收入”“主营业务成本”两个主要账户，零售商品销售后，还要及时计算结转商品销售成本及税费，确定商品销售损益。

(一) 商品销售的业务程序与核算

零售企业的商品销售业务，一般按营业柜组或门市部组织进行。商品销售的业务程序，根据企业的规模、经营商品的特点以及经营管理的需要而有所不同。

零售企业的商品销售收入，除少数企事业单位采取转账结算外，主要是现金结算。现金收款的方式有分散收款和集中收款两种。分散收款，是指营业员直接收款，除了企事业单位外，一般不填制销售凭证，手续简便，交易迅速，但销货与收款由营业员一人经手，容易发生差错与弊端。集中收款是指设立收款台，由营业员填制销货凭证，消费者据以向收款台交款，然后由消费者凭盖有收款台“现金收讫”印章的销货凭证向营业员领取商品；

或者由营业员收款后连同填制的销货凭证由内部传递给收款台，收款员收款盖章后退回销货凭证，营业员据以向消费者交付商品。采用集中收款，每日营业结束后，营业员应根据销货凭证计算出销货总金额，并与收款台实收金额进行核对，以检查收款是否正确，这种方式钱货分管，职责分明，因此不易发生差错，但手续烦琐。

不论采用哪一种收款方式，销货款均应在当天解缴。解缴的方式有分散解缴和集中解缴两种。若采取分散收款的，由各营业柜组或门市部安排专人负责解缴；若采取集中收款的，则由收款员负责解缴。为简化核算手续，财会部门平时应在“主营业务收入”账户中反映含税的销售收入，待月末再将其调整为不含税的销售收入。

(二) 商品销售成本的调整

营业柜组或门市部交来销货款，意味其实物责任的减少，同时也意味着库存商品的减少和商品销售成本的增加。由于零售商品品种多且进价不一，平时结转销售成本比较困难，所以为了满足管理和核算上的要求，暂以售价进行结转，待月末再按一定的方法，将以售价入账的“主营业务成本”调整为进价成本。具体调整方法有综合差价率法、分柜组差价率推算法和实际进销差价计算法等。

1. 综合差价率法。是零售企业按全部商品的存销比例，计算本期销售商品应摊进销差价的一种方法。其计算公式如下：

综合差价率＝结转前商品进销差价账户余额÷(期末库存商品账户余额＋期末受托代销商品账户余额＋本期主营业务收入)×100%

本期已销商品进销差价＝本期主营业务收入×综合差价率

【例 2-10】浦江商厦 12 月 31 日结转前，有关账户的资料如下：

商品进销差价账户余额　　198 608

库存商品账户余额　　338 800

受托代销商品账户余额　　56 000

主营业务收入账户余额　　396 200

用综合差价率推算法计算并结转已销商品进销差价：

综合差价率＝198 608÷(338 800＋56 000＋396 200)×100%＝25.11%

本期已销商品进销差价＝396 200×25.11%＝99 485.82(元)

根据计算的结果，作分录如下：

借：商品进销差价　　99 485.82

　　贷：主营业务成本　　99 485.82

2. 分柜组差价率法。是按各营业柜组或门市部的商品存销比例，推算本期销售商品应摊进销差价的一种方法。这种方法要求按营业柜组分别进行计算，其计算方法与综合差价率法相同，财会部门可编制“已销商品进销差价计算表”进行计算。

3. 实际进销差价计算法。是先计算出期末商品的进销差价，进而计算已销商品进销差价的一种方法。其具体做法是：期末由各营业柜组或门市部通过商品盘点，编制“库存商品盘存表”和“受托代销商品盘存表”，根据各种商品的实存数量，分别乘以销售单价和购进单价，计算出期末库存商品的售价金额和进价金额及期末受托代销商品的售价金额和进价金额。“库存商品盘存表”和“受托代销商品盘存表”一式数联，其中一联送交财会部门，复核无误后，据以编制“商品盘存汇总表”。期末商品进销差价、已销商品进销差价的计算公式如下：

期末商品进销差价＝期末库存商品售价金额－期末库存商品进价金额＋期末受托代销商品售价金额－期末受托代销商品进价金额

已销商品进销差价＝调账前进销差价账户余额－期末商品进销差价

(三) 商品销售收入的调整

由于零售企业平时通过“主营业务收入”账户核算的商品销售收入是含税的销售收入，因此在月末就需要将其含税的销售收入进行调整，使“主营业务收入”账户能够反映企业真实的销售收入。含税商品销售收入可按下列公式予以调整：

销售额＝含税商品销售收入÷(1＋增值税率或征收率)

需要说明的是：由于经营鲜活商品的零售企业，其商品易腐烂变质、损耗大，需随进随销，不能长期保管，零售价格要根据鲜活程度和等级不同随时调整，所以不易采用售价金额法核算。为了简化会计核算，一般采用“进价金额核算，盘存计销”的核算方法，其销售成本的结转也有其特殊性。

其会计具体核算内容如下：

1. “库存商品”明细账按实物负责人设户。

2. 购进时，“库存商品”总账和明细账均以进价金额入账。

3. 销售时，按实际售价入账；平时不需结转已售商品成本和库存商品成本。

4. 商品一般损耗和变价不调整账面，自然体现在经营损益中，但重大损耗要进行账务处理。

5. 月末盘点，用最后进价计算出期末库存商品总进价，然后用倒挤的方法求出已售商品进价总额，一次结转已销售商品成本。其计算公式如下：

本期销售商品进价总额＝期初库存商品总额＋本期进货总额－期末库存商品总额

【例 2-11】某副食品商店水产组购进鲜鱼一批，计 5 000 元，以银行存款支付。

借：库存商品——水产组　　　　5 000

　　贷：银行存款　　　　　　　　5 000

营业员按规定的售价和规定的变价权力范围，确定销售价格，每天营业结束，将实现的销货款 5 500 元交财会部门存入银行。

借：银行存款　　　　　　　　　　　　5 500

　　贷：主营业务收入——水产组　　　　5 500

月末，定期或分批采用最后进价法，计算销售商品的进价成本。假设最后一次进货单价盘点期末“库存商品”为 500 元，期初余额为 300 元。则有：

本期销售成本＝300＋5 000－500＝4 800(元)

已销商品毛利额＝5 500－4 800＝700(元)

已销商品毛利率＝700÷5500×100%＝12.73%

借：主营业务成本　　　　　　　　　　4 800

　　贷：库存商品——水产组　　　　　　4 800

另外，在专业性较高的零售企业，特别是经营贵重、大件商品的零售企业，只经营一类或几类商品，商品的品种较综合性零售企业要少得多。因此这种零售企业，在商品销售过程中，需要填制销售凭证，在核算与管理上，不仅需要反映和控制商品的售价金额，还需要反映和控制商品的实物数量，根据这些特点，采用数量售价金额核算较为适宜。

【复习思考题】

1. 商品流通企业会计核算有哪些特点？
2. 商品流转的核算方法有哪些，其优缺点及适用范围是什么？
3. 简述批发企业商品流转核算的特点及其核算方法。
4. 简述批发企业直运商品销售的特点及核算方法。
5. 简述“商品进销差价”账户的用途、性质及核算内容。
6. 零售企业为什么要调整已售商品销售成本，如何调整？

【会计职业判断能力训练】

一、填空题

1. 商品流通企业的组织形式按其在商品流转中所处的地位和作用不同，分为_______和______两种类型。

2. 商品流转业务主要包括________、________和__________三个环节。

3. 商品流通企业根据各自的经营特点和管理的需要，对商品流转的核算采用了各种不同的方法，归纳起来主要分为___________和__________两种。

4. 鲜活商品不宜采用售价金额核算，一般采用_____________、___________的核算方法。

5. 零售商品削价后的新售价高于原进价时，将削价减值的金额借记_____________账户，贷记 ___________账户，其削价损失体现在商品经营损益内。

二、单项选择题

1. 批发企业购进商品时，运输途中的自然损耗应列支为(　　)。

A. 由供货单位补发商品或作进货退出处理　B. 销售费用

C. 其他应收款　D. 营业外支出

2. “商品进销差价”账户是资产类账户，它是(　　)的抵减账户。

A. “商品采购”　B. “库存商品”

C. “主营业务收入”　D. “受托代销商品”

3. 进价金额核算法适用于(　　)。

A. 商品批发企业　B. 农副产品收购企业

C. 专业性零售企业　D. 经营鲜活商品的零售企业

4. 企业取得的购货折扣应(　　)。

A. 列入“营业外收入”账户　B. 冲减“财务费用”账户

C. 归入小金库不入账　D. 冲减商品采购成本

5. 采用售价金额核算法的企业在商品销售的同时，将库存商品按售价金额转入“主营业务成本”账户是为了(　　)。

A. 及时反映各营业柜组经营商品的库存额

B. 明确各营业柜组的经济责任

C. 月末计算和结转已销商品的进销差价

D. 简化核算工作

三、多项选择题

1. 同城商品销售的交接方式一般采用“送货制”或“提货制”，贷款的结算方式一般采用(　　)。

A. 转账支票　B. 商业汇票　C. 银行本票　D. 现金

2. “在途物资”账户用以核算企业购入商品的采购成本，它包括(　　)。

A. 商品的货款　B. 应计入成本的进货费用

C. 采购商品的运杂费　D. 采购商品的税费

3. 采用售价金额核算，月末需要调整的账户有(　　)。

A. “库存商品”　B. “商品进销差价”

C. “主营业务收入”　D. “主营业务成本”

四、判断题

1. 购进专供本单位自用的商品属于商品购进的范围。(　　)

2. 为收取手续费替其他单位代销的商品不属于商品销售的范围。(　　)

3. 进价金额核算，是指库存商品总分类账和明细分类账除均按商品进价金额反映外，同时明细分类账还必须反映商品实物数量的一种核算方法。(　　)

4. “代销商品物资”账户与其他账户发生对应关系，只进行单式记录。(　　)

5. 直运商品销售，可不通过“库存商品”账户，而是直接通过“在途物资”账户核算。(　　)

【会计职业实践能力训练】

一、批发企业商品购进核算

吉安鞋帽公司 2016 年 6 月份发生下列经济业务：

1. 1 日，业务部门转来吉安制帽厂开来的增值税专用发票，开列童帽 375 箱，每箱 300 元，合计货款 112 500 元、增值税税额 19 125 元，并收到自行填制的收货单(结算联)467 号，经审核无误，当即签发转账支票付讫。

2. 3 日，向吉安运动鞋厂订购 26 码运动鞋 5 000 双，每双 37.5 元，合同规定先预付货款的 30%，15 天后交货时，再支付货款的 70%。当日签发转账支票，预付吉安运动鞋厂运动鞋的货款 56 250 元。

3. 4 日，储运部门转来收货单(入库联)467 号，向吉安制帽厂购进的 375 箱童帽，每箱 300 元，已全部验收入库，结转童帽的采购成本。

4. 4 日，转来厦门运动鞋厂的托收凭证，附来增值税专用发票(发票联)555 号，开列 23 码运动鞋 2 000 双，每双 30 元，556 号增值税专用发票(发票联)，开列 25 码运动鞋 3 000 双，每双 36 元，合计货款 168 000 元、增值税税额 28 560 元、运费 330 元，并收到自行填制的收货单(结算联)470 号、471 号，经审核无误，当即承付。

5. 18 日，业务部门转来吉安运动鞋厂开来的增值税专用发票，开列 26 码运动鞋 5 000 双，每双 37.5 元，合计货款 187 500 元，增值税税额 31 875 元，并收到自行填制的收货单(结算联)472 号，今扣除已预付的 30%货款后，签发转账支票，付清其余 70%的货款及全部增值税税额。

要求：编制相应的会计分录。

二、批发企业商品进货退出及购进商品退补价的核算

吉安交电公司 2016 年 6 月份发生下列经济业务：

1. 7 日，开箱复验商品，发现入库的华生牌台扇中有 30 台质量不符合要求，每台 160 元，与吉安电扇厂联系后同意退货，收到其退货的红字增值税专用发票，应退货款 4 800 元，增值税税额 816 元，并收到业务部门转来的进货退出单(结算联)011 号。

2. 8 日，储运部门转来进货退出单(出库联)011 号，将 30 台质量不符合要求的华生牌电扇退还吉安电扇厂，并收到对方退还货款及增值税税额的转账支票 5 616 元，存入银行。

3. 22 日，储运部门转来收货单(入库联)235 号，向光辉灯具厂购进书写台灯 100 箱，每箱 205 元，已全部验收入库，结转台灯的采购成本。

4. 24 日，业务部门转来光辉灯具厂的更正增值税专用发票 248 号，更正本月 22 日发票错误，列明书写台灯每箱应为 202 元，应退货款 300 元，增值税税额 51 元。

5. 26 日，收到光辉灯具厂转账支票一张，金额 351 元，系支付的退货款及增值税税额，转账支票已存入银行。

6. 29 日，业务部门转来吉安自行车厂的增值税专用发票，开列 28 式永久牌自行车 100 辆，每辆 270 元，合计货款 27 000 元，增值税税额 4 590 元，并收到自行填制的收货单(结算联)236 号，款项尚未支付。

7. 30 日，业务部门转来吉安自行车厂的更正增值税专用发票 370 号，更正本月 29 日发票错误，列明 28 式永久牌自行车每辆应为 272 元，补收货款 200 元，增值税税额 34 元，经审核无误，今连同前欠款项一并以转账支票付讫。

要求：编制相应的会计分录。

三、批发企业直运商品销售的核算

吉安百货公司 2016 年 7 月份发生下列经济业务：

1. 8 日，银行转来杭州造纸厂的托收凭证及增值税专用发票(发票联)101 号，开列白板纸 200 令，每令 250 元，合计货款 50 000 元，增值税税额 8 500 元，该商品已直接由铁路运给广州百货公司，杭州至广州的运费 250 元由吉安百货公司代垫，经审核与合同相符，当即承付。

2. 10 日，收到本公司驻杭州造纸厂采购员寄来的增值税专用发票(记账联)280 号，商品已发往广州，该批白板纸的销售单价为 351 元，合计货款 70 200 元，增值税税额 11 934 元，垫付运费 250 元，已向银行办妥托收手续。

3. 16 日，银行转来购货单位承付货款的收账通知，其中天津百货公司 54 720 元，青岛百货公司 42 360 元。

4. 23 日，银行转来杭州造纸厂的托收凭证及增值税专用发票(发票联)142 号，开列白板纸 250 令，每令 220 元，合计货款 55 000 元，增值税税额 9 350 元，该商品已直接发往西安百货公司，杭州至西安的运费 400 元由吉安百货公司代垫，经审核与合同相符，当即承付，根据合同规定运费由本企业负担 10%，购货方负担 90%。

要求：编制相应的会计分录。

四、零售企业主营业务收入和主营业务成本的调整

1. 广源商厦 2016 年 3 月 29 日有关账户余额(单位：元)如下：

“库存商品”账户余额	329 600	“受托代销商品”账户余额	61 400
其中：百货组	123 400	其中：百货组	25 400
服装组	88 500	服装组	36 000
食品组	117 700		
“主营业务收入”账户余额	374 000	“主营业务成本”账户余额	374 000
其中：百货组	139 600	其中：百货组	139 600

服装组	121 200	服装组	121 200
食品组	113 200	食品组	113 200

“商品进销差价”账户余额 192 030

其中：百货组 69 620

服装组 61 868

食品组 60 542

2. 各柜组商品的增值税税率为 17%。

3. 年末各营业柜组编制商品盘存表，分别计算出实际结存商品(包括受托代销商品)的购进金额，百货柜为 112 752 元，服装柜为 93 045 元，食品柜为 86 918 元。

要求：根据资料 1 分别用综合差价率法和分柜组差价率法调整主营业务成本。

根据资料 1、3 用实际进销差价计算法调整主营业务成本。

根据资料 1、2 调整本月份主营业务收入。

第三章

运输企业会计

【教学目的及要求】

了解运输企业及特点、收入与成本等的构成；明确运输企业各种收入与成本核算，以及各类成本的计算；掌握运输企业经营活动各环节的会计核算方法。

【本章重点及难点】

掌握运输企业经营活动各环节的会计核算方法。

【本章教学时数】

6 学时。

第一节　运输企业会计概述

一、运输企业业务范围及生产经营特点

运输企业是指利用运输工具专门从事运输生产或直接为运输生产服务的企业。其经营活动的结果，使劳动对象发生空间位移。所以说，运输企业是联结社会生产消费领域的桥梁和纽带，是国民经济发展的先行者。从其运输方式看，一般可分为：铁路运输企业、公路运输企业、水上运输企业、民用航空运输企业和管道运输企业。从广义上讲，邮政企业也属于运输企业范畴(根据 2008 年 3 月 11 日披露的国务院机构改革方案国家邮政局改由交通运输部管理)。在众多的运输企业中，汽车运输企业除具有一般运输企业的经营特点外，还有其特殊性，所以本章主要以公路(汽车)运输企业及提供的装卸服务等为例，阐述运输企业会计核算，即其个性部分内容的核算。

(一) 运输企业生产经营的一般特点

与工业企业相比，运输企业的生产经营有以下几个特点：

1. 生产经营的过程不同。运输企业生产地点流动分散，跨地区、结算工作量大。除车站、港口装卸场地固定外，整个运输生产过程始终是在一个广阔的空间内流动进行着。它

通过沿线的各单位、各工种持续不断地分工协作来完成，是一个停靠点多、运行线路多(长)、涉及面广、多环节、多工种的联合生产过程。而工业企业一般是在一个固定的空间内从事生产经营活动，其生产组织结构相对简单。

2. 提供的劳动产品不同。运输企业提供的产品与工业企业通常提供的实物产品不同，它不创造实物产品，只提供没有实物形态的产品——劳务，包括货物运输劳务和旅客运输劳务。运输劳务作为货物和人的位移，其效用是与运输业的生产过程紧密结合的，而且只能在运输生产过程中被消费掉。因此，运输业的生产和消费在时间上、空间上都是结合在一起的，即生产过程和销售过程(劳务消费过程)是同时进行的，生产过程结束，销售过程也就随之实现，既不能储存产品，也不能转让销售产品。

3. 对劳动对象影响不同。工业企业在生产过程中通过对劳动对象的加工制作，不断地创造出新的物质产品，而运输企业的劳动对象是被运送的货物和旅客，其在运输生产过程中不能改变劳动对象的属性和形态，只能使其改变空间位置，而不产生新的实物形态的产品。其在运营过程中主要消耗的是劳动工具(运输设备与修理工具等)和燃料。

4. 资产构成内容差异大。运输企业是专门利用运输工具从事运营活动的，其实物资产的构成内容及占比与工业企业具有较大差异。一般情况下，交通运输企业的固定资产比重大，流动资产占用少，且流动资产中燃料、修理用备品备件、轮胎等所占比重大，较少有原材料。

5. 产业内部的弱替代性。运输业通常涉及铁路运输、公路运输、水上运输、民用航空运输和管道运输五种运输方式，这五种运输方式组成了国家的综合运输。在这五种运输方式之间存在着既不是完全异功能的协同关系，也不是完全同功能的竞争关系，而是在某些区间为同功能，某些区间又为异功能的弱可替代关系。反映到综合运输系统中，相互之间有时呈现竞争性，有时又表现为协同性。因此，这五种运输方式往往是各领风骚数十年。

(二) 汽车运输企业生产经营的特点

汽车运输是整个交通运输的一个重要部分。汽车运输除与其他运输具有上述共同点外，还有不同于其他运输的显著特点。具体体现在服务上的灵活性：

1. 在空间上，可以实现到门运输。

2. 在时间上，可以实现及时运输。

3. 在运货批量上，起运的批量为最小。

4. 运行条件比较容易实现，汽车运输可以在不同等级的公路上运行，甚至在等级外的公路乃至乡村便道都可以进行。

上述交通运输企业生产经营的特点决定了其会计核算的特点。

二、运输企业会计核算的特点

与工业企业相比，运输企业会计核算主要有以下特点：

(一) 存货核算特殊性

存货核算特殊性主要表现在存货的构成及核算上。工业企业的存货，主要是原材料和库存商品等，以满足生产耗费和销售；而运输企业则很少有原材料，没有产成品；其存货主要有燃料、备品配件及轮胎(指汽车运输业)等，而且在存货会计核算上运输企业也有其特殊性。

(二) 成本结转直接性

运输企业的运输生产成本直接通过损益类账户归集，成本类账户中不设置“运输生产成本”账户。将其视为期间的产品销售成本，直接在“主营业务成本—运输支出”等损益类账户中核算。

(三) 基本业务核算特殊性

运输营运过程是生产过程和销售过程统一的过程，即运输企业生产的完成也就是销售的实现。所以，运输企业与工业企业的不同之处就在于：没有与生产过程相分离的产品销售过程。企业在运输生产过程中，经过核收费用和装卸费等结算过程，即可获得更多的货币资金。因而运输企业会计在基本业务中不需要组织产成品销售的核算。

(四) 收入结算复杂性

收入结算复杂性主要表现在运输企业的各种运输方式多样性(如：直达运输、江海河联运、水陆联运等)；运输货物的种类较多、复杂、运量大小不等；运输距离长短不一，有省内外、国内外之分；运输收入通常一次性由运地或目的地核收，由此产生了在参与运输的各部门、各企业、各地区，以至各个国家之间进行结算与清算的大量工作；运输企业内部、各部门和单位之间因进行相互协作提供服务，也会产生各种内部结算工作，这些运输企业内、外的结算工作量大、发生频繁、涉及环节多、内容复杂，所以运输企业收入结算也很复杂。

(五) 计量单位特殊性

运输生产计量单位是货物与旅客周转量。其计量取决于两个因素：一是数量，即货物的重量和旅客的人次；二是距离，即位移的公里、海里等。因此，运输企业的计量单位为：人公里、吨公里等。

第二节　运输企业存货的核算

一、存货的分类

运输企业的存货是为运输业务服务而储备的燃料、修理用备品备件和运输途中的用品等。以公路运输企业为例，按存货在运输经营中发挥的作用不同，存货可分为以下类别。

（一）燃料

燃料是指库存和车存的各种液体、气体、固体燃料，以及可作燃料使用的废料。它是运输企业中最重要的存货，并在存货中所占比重最大。

（二）轮胎

轮胎是指汽车运输企业的在库、在用轮胎的内胎、外胎及垫片。它是运输企业的重要部件，在运输经营过程中损耗量大，更换频繁，库存量较大。

（三）材料

材料主要是指企业为维护、保养、维修其所拥有的各种运输设备、装卸机械等储存的各种材料。主要包括：轮胎的内胎、垫片，各种修理用备件、消耗性材料，等等。

（四）低值易耗品

低值易耗品是指企业单位价值较低、使用寿命短、达不到固定资产标准、不作为固定资产核算的各种用具、物品，如：工具、修理用具，随车附属品及管理用具，等等。

在上述存货中，材料和低值易耗品的核算与工业企业的相关核算基本相同，此处不再专门赘述。

二、燃料的核算

（一）燃料的分类

燃料按用途分类，主要有营运用燃料和非营运用燃料两种。

1. 营运用燃料。是指营运车辆在营运中直接耗用的燃料，主要指营运车辆在运行时消耗的燃料，以及装卸车在倾卸货物时消耗的燃料。

2. 非营运用燃料。是指非营运车辆耗用的燃料，以及营运车辆在试用和保修中消耗的燃料。

(二) 燃料的管理与核算

运输企业为核算各种液体、气体、固体燃料，以及可作燃料使用的废料的实际成本或计划成本，应设置“燃料”账户。该账户可设置“燃料—库存”“燃料—车存”两个二级账分别核算不同储存方式下各种燃料增减变动及结存情况。二级账下，还需按各种燃料的种类不同设置明细账组织明细核算。

运输企业燃料购进入库的核算与工业企业相同。这里主要阐述燃料领用的核算。

结合汽车运输企业运营特点，目前，企业对库存燃料的管理，一般采用“满油箱制”和“盘存制”两种管理制度。

1. 满油箱制。是运输企业的一种燃料管理制度，它要求投入运营的车辆，在每次加油时必须充满油箱，月末根据领料凭证计算出车辆耗油的数额，从而考核车辆的耗油情况。

在月初、月末车辆都充满油的情况下，车辆本月耗油的总数就等于本月领油凭证上数字的累计。会计核算时，在满油箱制下只需通过“燃料”总账进行核算。

月末，财会部门根据领油凭证计算出各部门的耗油总额后，账务处理如下：

借：主营业务成本——运输支出——客车(营运部门耗用)

——货车(营运部门耗用)

管理费用(企业管理部门耗用)

其他业务成本(对外销售)

贷：燃料

2. 盘存制。每一个投入运营的车辆都应根据实际需要领料加油，月末经盘存油箱的实存数后，计算出当月实际耗油的数量。其计算公式如下：

当月实际耗油数＝月初车存油数＋本月领用油数－月末车存油数

在会计核算时，企业应在“燃料”账户下设置“库存”和“车存”两个明细账户。领油时，根据领油凭证，账务处理如下：

借：燃料——车存

贷：燃料——库存

月末，根据实际测量油箱的存油数后，计算当月耗油的实际数量，结转耗油成本时：

借：主营业务成本——运输支出——客车(营运部门耗用)

——货车(营运部门耗用)

管理费用(企业管理部门耗用)

其他业务成本(对外销售)

贷：燃料——车存

——库存(对外销售)

三、轮胎的核算

轮胎是运输企业的重要部件，在运营过程中损耗量大，更换频繁，库存量较大。所以应单独设置“轮胎”账户专门用于核算运输企业在库和在用轮胎外胎的成本增减变动及结存情况。轮胎的内胎、垫片因价值较低，视同一般消耗性材料，在“原材料”账户中核算。

轮胎采购入库的核算与工业企业材料核算相同。汽车运输企业领用轮胎时，一般有两种核算方法。

(一) 一次摊销法

一次摊销法，是指在领用轮胎时，将轮胎外胎的成本一次全部计入当期运输支出。该方法与工业企业低值易耗品的摊销方法相同。轮胎的核算可采用实际(或计划)成本核算。领用轮胎时，账务处理如下：

借：主营业务成本

　　贷：轮胎

(二) 按行驶公里数预提法

按行驶公里数预提法，是指将轮胎的外胎价值按轮胎行驶的公里数逐月预提轮胎费用计入各月主营业务成本的做法。该方法与工业企业的“工作量法”相类似。

按计划成本领用新轮胎时，作如下处理：

借：预提费用——预提轮胎费

　　贷：轮胎

按实际行驶公里数，预提轮胎费用时，作如下处理：

借：主营业务成本——运输支出

　　贷：预提费用——预提轮胎费

汽车运输企业，无论采用哪种核算方式，都应加强在用轮胎的管理，核定车队周转轮胎数量定额，定期盘点，实行“以旧换新”制度，建立和健全单胎里程记录。

需要指出的是：随车原装外胎的价值包括在整车原值内，应通过折旧方式计入运输支出成本，但由于新车投入运营后，即按行驶里程预提轮胎费用计入运输成本，因而当车辆报废时，应根据第一套轮胎的胎卡记录，按其实际行驶里程和千公里轮胎费用，计算其已预提计入运输支出的预提轮胎费，并予以冲回，编制的会计分录如下：

借：预提费用——预提轮胎费

　　贷：主营业务成本——运输支出

第三节 运输企业营运成本的核算

营运成本，是指运输企业开展各类运输业务的运输生产成本。运输企业经营特点决定了企业成本核算的特点。

一、运输企业成本核算的特点

(一) 成本构成不同

与工业企业比，由于运输企业不创造新产品、不消耗劳动对象，所以其运营成本中不含原材料，只包括运输工具及设备的折旧费、修理费、燃料费、营运间接费等。

(二) 成本与完成业务量的关系不同

营运成本与其完成的客、货量无直接关系，主要取决于营运距离的长短。

(三) 成本核算对象不同

成本核算对象复杂，不同类型的企业成本核算对象不同。一般情况下，运输企业以货运、客运为成本核算对象。为了使成本核算资料更加明细，还可以在客运、货运下按不同的车型设置明细账进行明细核算。

(四) 成本计算的量度单位不同

工业企业通常以产品产量，如公斤、千克、件、个、台等实物数量作为成本计算单位；而汽车运输成本核算则以周转量，如千人公里、千吨公里为成本计算单位。

(五) 成本计算期不完全相同

工业企业通常按月计算产品成本，运输企业除一般采用按月计算运输成本外，对于海洋运输的船舶运输企业，为适应管理的要求，通常是以航次等作为成本计算期的。

二、运输企业成本构成与核算程序

运输企业的营运成本是指企业在营运生产过程中实际发生的与运输、装卸、堆存和代理业务等运营生产直接有关的支出。营运成本主要分为运输成本、装卸成本、堆存成本等类别。其中，运输成本是指企业完成一定客运和货运运输周转量所发生的各项营运费用。装卸成本是指企业完成一定装卸操作量所发生的各项营运费用。堆存成本是指企业经营仓库和堆存业务完成一定业务量所发生的各项营运费用。运输企业的期间费用主要包括管理费用和销售费用，其核算与工业企业会计核算相似，此处不再赘述。

（一）汽车运输企业营运成本构成

汽车运输企业没有生产和销售之分，因此也就没有生产成本和销售成本的区分。其营运成本直接在“主营业务成本”账户中核算。根据汽车运输企业的生产耗用特点，汽车运营成本包括以下四个基本内容：

1. 直接材料。是指汽车在运营生产过程中实际消耗的各种燃料、轮胎、材料、润料、低值易耗品、备品备件、专用工器具等支出。

2. 直接人工。是指企业直接从事营运生产活动人员的工资、奖金、津贴、福利费和补贴等。

3. 其他直接费用。是指企业在营运生产过程中发生的固定资产折旧费、行车杂费、车辆牌照和检验费、车辆清洗费、过路费、司机途中住宿费、保险费、差旅费、取暖费、办公费等支出。

4. 营运间接费用。是指基层单位组织与管理汽车运营所发生的车队经费和车站经费等支出。

（二）运输企业成本核算程序

为正确核算运输企业运营成本，需设置“主营业务成本”“其他业务成本”“劳务成本”等总账账户，并在“主营业务成本”总账账户下设置“运输支出”“装卸支出”“堆存支出”“代理业务支出”等二级账户；在“劳务成本”总账账户下设置“辅助营运费用”和“营运间接费用”二级账户。

其中，“主营业务成本——运输支出”二级账户下，可按“客运”“货运”设置明细账户组织明细核算。

同时，运输企业还应按照如下成本核算程序进行成本核算。

1. 根据有关的原始凭证，编制各项运输费用归集分配表，如粉料费用的归集与分配、轮胎费用的归集与分配。

2. 根据各项费用归集与分配计算表编制会计分录。

3. 根据会计分录登记相关总账及所属明细账，如“主营业务成本明细账”“劳务成本明细账”和“其他业务成本明细账”等。

4. 劳务费用的归集与分配，如根据有关各项费用分配表等进行劳务成本的归集与分配。

5. 依据上述企业发生的运输费用，根据费用汇总凭证及费用分配表直接或间接计入“主营业务成本”总账及按其所属的成本计算对象设置的明细账借方的有关成本项目，在此基础上，企业就可按客运、货运及规定的成本项目编制运输企业运营成本计算表。

三、运输企业营运成本的核算方法

运输企业成本核算内容，主要包括汽车运输成本核算、装卸成本核算及堆存成本的核算。在此仅以汽车运输成本核算为例说明运输企业运营成本的核算方法和程序。

汽车运输成本核算对象，可以是客车、货车运输业务；成本核算项目，主要是车辆费用(直接费)和车队车站费用(间接费)两部分。汽车运输过程中发生的直接费用计入“主营业务成本——运输支出”账户；间接费用先计入“劳务成本——运营间接费用”账户，期末分配计入“主营业务成本——运输支出”账户。

(一) 直接材料的归集与分配

1. 燃料费用。汽车运输企业若是采用满油箱制，购车辆当月加油数就是当月耗油数；若是采用盘存制，则有下列计算公式：

当月耗油数＝月初车存数＋本月领用数－月末车存数

【例 3-1】假设长虹汽车运输公司 2016 年 4 月 29 日根据燃料领用凭证和车存燃料盘点表编制燃料耗用汇总分配表，如表 3-1 所示。

表 3-1 长虹汽车运输公司燃料耗用汇总分配表

2016 年 4 月

部 门	月初存油(升)	本月领用(升)	月末存油(升)	本月耗油(升)
客车一队	16 000	12 500	13 500	15 000
客车二队	14 000	14 500	15 500	13 000
货车一队	15 000	20 000	11 000	24 000
货车二队	5 500	15 000	3 500	17 000
保养场	0	500	0	500
公司交通用车	0	1 000	0	1 000
合计	50 500	63 500	43 500	70 500

注：汽油单位实际成本＝3×本月耗用量

根据燃料耗用汇总分配表，编制会计分录如下：

借：主营业务成本——运输支出——客车　　84 000
　　　　　　　　——运输支出——货车　　123 000
　　劳务成本——辅助营运费用　　1 500
　　管理费用　　3 000
　　贷：燃料——车存　　207 000
　　　　　　——库存　　4 500

2. 轮胎费用。运输车辆领用车轮内胎、垫卡及发生轮胎翻新、零星修补费时，按实际发生数直接计入各成本计算对象的成本中。领用外胎时，若采用一次摊销法，则根据“轮胎发出汇总表”将轮胎费用分配到各种业务成本中；若采用按行驶公里数预提费用法，则根据计算的轮胎摊提费用归集并分配成本。

【例 3-2】假设长虹汽车运输公司 2016 年 4 月领用车轮外胎、内胎和垫卡情况如表 3-2 所示。假设企业采用预提法核算轮胎费用，并按实际成本计价。

表 3-2　长虹汽车运输公司轮胎领用汇总表

2016 年 4 月　　单位：元

领用部门	外胎费用	内胎费用	垫卡费用	合计
客车队	5 000	900	300	6 200
货车队	4 000	600	300	4 900
合计	9 000	1 500	600	11 100

根据该表，编制会计分录如下：

(1) 领用外胎时：

借：预提费用——轮胎预提费　　9 000

　贷：轮胎　　9 000

(2) 领用内胎、垫卡时：

借：主营业务成本——运输支出——客车　　1 200

　　　　　　　——运输支出——货车　　900

　贷：轮胎　　2 100

【例 3-3】假设长虹汽车运输公司 2016 年 4 月领用轮胎预提费用如表 3-3 所示。

表 3-3　长虹汽车运输公司领用外胎预提费用计算表

2016 年 4 月

使用部门	实际千车公里	每车装胎(个)	实际千胎公里	千车公里摊提额(元/公里)	摊提额(元)
客车队	200	6	1 200	6	7 200
货车队	250	6	1 500	8	12 000
公司交通队	20	4	80	5	400
合计	470	—	2 780	—	19 600

根据该表，编制会计分录如下：

借：主营业务成本——运输支出——客车　　7 200

　　　　　　　——运输支出——货车　　12 000

　管理费用　　400

　贷：预提费用——轮胎预提费用　　19 600

（二）直接人工费的归集与分配

直接人工是指企业直接从事营运生产活动人员的工资、奖金、津贴、福利费和补贴等。企业直接从事营运生产活动的人员工资可根据工资结算表时行汇总与分配。营运车辆司机及助手的工资应直接计入各成本计算对象的成本。福利费按工资总额的14%计算。

【例3-4】假设长虹汽车运输公司2016年4月工资及福利费如表3-4所示。

表3-4 长虹汽车运输公司工资及福利费汇总表

2016年4月　　单位：元

部门及人员类别	工资总额	福利费总额	合 计
客车队	**44 800**	**6 272**	**51 072**
司机及助手	40 000	5 600	45 600
管理人员	4 800	672	5 472
货车队	**40 000**	**5 600**	**45 600**
司机及助手	36 000	5 040	41 040
管理人员	4 000	560	4 560
保养场	**20 000**	**2 800**	**22 800**
生产工人	16 000	2 240	18 240
管理人员	4 000	560	4 560
基层站点人员	**3 000**	**420**	**3 420**
公司管理人员	**10 000**	**1 400**	**11 400**
合计	117 800	16 492	134 292

根据上表。编制会计分录如下：

借：主营业务成本——运输支出——客车　　51 072
　　　　　　　　——运输支出——货车　　45 600
　　劳务成本——辅助营运费用　　22 800
　　　　　　——营运间接费用　　3 420
　　管理费用　　11 400
　　贷：应付职工薪酬——工资　　117 800
　　　　　　　　　　——福利费　　16 492

（三）其他直接费用的归集与分配

1. 折旧费。汽车运输企业中的营运设备一般按行驶里程计提折旧。其他各类固定资产分别按年限法折旧。

【例3-5】假设长虹汽车运输公司2016年4月固定资产折旧计算表如表3-5所示。

表 3-5 长虹汽车运输公司固定资产折旧计算表

2016 年 4 月　　单位：元

车类型	车辆折旧			其他固定资产折旧	
	行驶公里	千车公里折旧额	折旧额	固定资产各类	折旧额
客车小计：	600 000		36 000	车队固定资产	3 000
其中：金龙	200 000	80	16 000	保养场固定资产	4 500
宇通	400 000	50	20 000	公司行政固定资产	12 000
货车小计：	400 000		30 000		
其中：东风	200 000	73	14 600		
解放	200 000	77	15 400		
合计	1 000 000		66 000	合计	19 500

根据上表，编撰会计分录如下：

借：主营业务成本——运输支出——客车　　36 000
　　　　　　　——运输支出——货车　　30 000
　　劳务成本——辅助营运费用　　4 500
　　　　　　——营运间接费用　　3 000
　　管理费用　　12 000
　　贷：累计折旧　　85 500

2. 保养修理费。由保养场进行的修理发生的费用，作为辅助生产部门发生的费用，通过“劳务成本——辅助营运费用”账户归集与分配。其他情况发生的修理费用直接计入运输成本或管理费用。

【例 3-6】假设长虹汽车运输公司 2016 年 4 月用银行存款支付汽车修理费用如表 3-6 所示。

表 3-6 长虹汽车运输公司汽车修理费用计算表

2016 年 4 月　　单位：元

部门及固定资产类别	维修费用
运营车队	50 000
客车	20 000
货车	30 000
公司交通队——用车	3 000
合计	53 000

根据上表编制会计分录如下：

借：主营业务成本——运输支出——客车　　20 000
　　　　　　　——运输支出——货车　　30 000

管理费用　　　　　　　　　　　　3 000

贷：银行存款　　　　　　　　　　　53 000

3. 其他费用包括水电、过桥过路费、车检费、司机途中住宿费等，这些费用发生后直接计入各类运输成本。

【例 3-7】假设长虹汽车运输公司 2016 年 4 月用银行存款支付其他费用如表 3-7 所示。

表 3-7　长虹汽车运输公司其他费用汇总表

2016 年 4 月　　　　　　　　单位：元

部　　门	其 他 费 用
运营车队	
客车	10 000
货车	30 000
基层车站点	5 000
保养场	25 000
公司行政管理部门	6 000
合计	76 000

根据上表，编制会计分录如下：

借：主营业务成本——运输支出——客车　　10 000

　　　　　　　——运输支出——货车　　30 000

　　劳务成本——辅助营运费用　　　　　25 000

　　　　　——营运间接费用　　　　　　5 000

　　管理费用　　　　　　　　　　　　6 000

　　贷：银行存款　　　　　　　　　　　76 000

(四) 营运间接费用、辅助营运费用的归集与分配

月末，归集“劳务成本——营运间接费用”和“劳务成本——辅助营运费用”账户本月发生额，营运间接费用可按客车、货车人员工资进行分配，辅助营运费用可按各项营运业务修理工时进行分配。

【例 3-8】假设长虹汽车运输公司辅助营运费用分配结果如表 3-8 所示。

表 3-8　长虹汽车运输公司辅助营运费用分配表

2016 年 4 月　　　　单位：元

受益对象	分配标准	分配率	分配金额
客车	1 600		21 520
货车	2 400		32 280
合计	4 000	13.45	53 800

假设客车修理工时为 1600，货车修理工时为 2400。

根据上表编制会计分录如下：

借：主营业务成本——运输支出——客车　　21 520

　　　　　　　　——运输支出——货车　　32 280

　贷：劳务成本——辅助营运费用　　53 800

【例 3-9】假设长虹汽车运输公司营运单位费用分配结果如表 3-9 所示。

表 3-9　长虹汽车运输公司营运间接费用分配表

2016 年 4 月　　　　单位：元

受益对象	分配标准	分配率	分配金额
客车	51 072		6 031.6
货车	45 600		5 388.4
合计	96 672	0.1181	11 420

根据上表编制会计分录如下：

借：主营业务成本——运输支出——客车　　6 031.6

　　　　　　　　——运输支出——货车　　5 388.4

　贷：劳务成本——营运间接费用　　11 420

综上业务，将本月发生的全部业务按客车、货车成本计算对象汇总，即可求得汽车运输成本，其结果如下：

客车运输成本＝84 000＋1 200＋7 200＋51 072＋36 000＋20 000＋10 000＋21 520＋6 031.6

＝237 023.6 元

货车运输成本＝123 000＋900＋12 000＋45 600＋30 000+30 000＋30 000＋32 280＋5 388.4

＝309 168.4 元

汽车营运中的装卸成本、堆存成本也可比照汽车运输成本的计算方法来进行。运输企业除进行成本核算外，还有期间费用的核算，其核算与工业企业相同。

第四节 运输企业营业收入的核算

一、运输企业营业收入构成及特点

(一) 运输企业营业收入构成

运输企业的营业收入是指运输企业在提供与运输有关的各种劳务后，按规定的费率向旅客、货物托运人收取的运费、装卸费、堆存费和杂费等收入。通常按经营业务可分为以下五类。

1. 运输收入。是指企业经营旅客、货物运输业务所取得的各项营业收入，是运输企业最主要的收入。它包括客运收入、货运收入及其他运输收入。

2. 装卸收入。是指企业经营装卸业务所取得的收入。它包括按规定费率向货物托运人收取的人工装卸费；联运货物换装、火车汽车倒装收入及临时出租装卸机械的租金收入。

3. 堆存收入。是指企业经营仓库、堆场业务所取得的收入，如存货场地收取的寄存费。

4. 代理业务收入。是指企业办理联运业务以及为其他运输企业和社会车辆办理各种代理业务收取的手续费收入，如代办运输、转运业务手续费；保险代理业务手续费等。

5. 其他业务收入。是指除以上各项业务收入以外所取得的收入，如车身广告收入、客运服务收入、材料销售收入等。

(二) 运输企业营业收入的特点

运输企业的营业收入与其他企业主营业务收入比，主要有以下两个特点：

1. 劳动报酬的取得通常在劳务提供之前。一般情况下，旅客都是先购票，后乘车旅行；货物的托运人一般是先付托运费，后托运货物。这与其他企业采用的营销方式不同。

2. 收入实现的分散性和收入结算的复杂性。运输收入通常一次性由运地或目的地核收，由此而产生的参与运输的各部门、各企业、各地区，以至各个国家之间进行结算与清算的大量工作。在运输企业的内部，各部门和单位之间因进行相互协作提供服务，也会产生各种内部结算工作。这就使得提供劳务收入的实现比较分散，尤其是实行联运的企业更是如此。由于收入分别由沿线不同地点的车站、港口、代办网点等收取，结算环节多、结算方式多样、各种计费标准不同、运价及费率复杂，因此财会部门在收入结算和核算上工作量大且复杂。

二、汽车运输公司营业收入的核算

(一) 基层站、所营运收入结算的核算

目前，我国的运输企业多采用客运货运兼营的形式，在生产组织设置上一般是在公司之下，设置基层车站或营业所，在基层车站或营业所下设车间或车队。有些运输企业的车站与车间、车队是平行的。基层车站或营业所一般为内部独立核算单位，而车间和车队一般为内部核算单位，只向上级报账而不独立核算。有些车间和车队则是附属于车站或营业所，其一般为内部核算单位。

基层站将所实现的营业收入定期上报，并及时向上级解缴。为了核算运输企业内部往来款，应设置“应收内部单位款”和“应付内部单位款”账户。

【例 3-10】假设长虹汽车运输公司有第一、第二两个中心站为独立核算的基层单位。第一中心站设有长江、北山两个分所。第二中心站设有蓝天、白云两个分所。

假如第一中心站 2016 年 4 月 5 日的营业收入日报表显示客运收入 5 000 元、货运收入 6 000 元，代理 A 企业车辆运输收入 10 000 元，按协议规定扣收 3%的手续费作为代理业务收入列入当日营业收入日报表并入账。

第一中心站根据本月营业收入汇总表，会计部门应作如下会计分录：

借：银行存款(或库存现金) 21 000
　　贷：主营业务收入——运输收入——客运收入 5 000
　　　　　　　　　　——运输收入——货运收入 6 000
　　　　　　　　　　——代理业务收入 300
　　　　应付内部单位款——公司 9 700

将扣收手续费后的余额上交公司，作如下分录：

借：应付内部单位款——公司 9 700
　　贷：银行存款 9 700

【例 3-11】第一中心站根据长江、北山两个分所报来的营业收入日报表，月末汇总确认营业收入。其中，长江分所 24 000 元，包括：客运收入 14 000 元，货运收入 10 000 元；北山分所 13 000 元，包括：客运收入 5 000 元，货运收入 8 000 元。

借：应收内部单位款——长江分所 24 000
　　　　　　　　——北山分所 13 000
　　贷：主营业务收入——运输收入——客运收入 19 000
　　　　　　　　　　——运输收入——货运收入 18 000

【例 3-12】第一中心收到所属分所交来营业收入 37 000 元，其中，长江分所 24 000 元，北山分所 13 000 元。

第一中心收到款项，作如下会计分录：

借：银行存款　　37 000
　　贷：应收内部单位款——长江分所　　24 000
　　　　　　　　　　——北山分所　　13 000

【例 3-13】月末，第一中心编制营业收入月报上报公司转账。本月客运收入 24 000 元，货运收入 24 000 元，代理业务收入 300 元。

借：主营业务收入——运输收入——客运收入　　24 000
　　　　　　　——运输收入——货运收入　　24 000
　　　　　　　——代理业务收入　　300
　　贷：应付内部单位款——公司　　48 300

(二) 运输企业(公司)营业收入的核算

平时，运输公司收到各基层站所结算欠交的营业收入，会计部门应作如下会计分录：

借：银行存款
　　贷：应收内部单位款——第一中心站
　　　　　　　　　　——第二中心站

月末，运输公司将收到的各基层站所上报的营业收入月报汇总，结转公司本月实现的营业收入。公司财会部门根据本月营业收入汇总表，编制会计分录如下：

借：应收内部单位款——第一中心站
　　　　　　　　——第二中心站
　　贷：主营业务收入——运输收入——客运收入
　　　　　　　　　——运输收入——货运收入
　　　　　　　　　——代理业务收入

三、运输企业之间营运收入相互结算的核算

(一) 货运收入的相互结算

长虹汽车运输公司为 B 企业车辆代办货运业务 2 000 元，按本月货运收入的 10%扣除手续费，余款汇给 B 企业。公司会计部门应作如下会计分录：

借：银行存款　　2 000
　　贷：应付账款——B 企业　　2 000
借：应付账款——B 企业　　2 000
　　贷：银行存款　　1 800
　　　　主营业务收入——代理业务收入　　200

(二) 客运收入的相互结算

不同运输企业就同一条线路对开固定班车时，若相互代售客票，需要相互结算客运收入。

【例 3-14】长虹汽车运输公司与光明汽车运输公司在两个公司之间路段对开客运班车。

根据本月份行车路单汇总计算，长虹汽车运输公司在该区间运费收入为 15 000 元；光明汽车运输公司在该区间运费收入为 10 000 元。两家公司客运收入差额为 5 000 元。已由光明汽车运输公司扣除代理业务手续费(按 2%计算)后汇给本公司 4 900 元。

长虹汽车运输公司根据在该区间的运费收入，扣除应付代理业务手续费 300(15 000×2%)元，编制会计分录如下：

借：应收账款——光明汽车运输公司　　　　14 700
　　贷：主营业务收入——运输收入——客运收入　　　　14 700

长虹汽车运输公司根据光明汽车运输公司在该区间的运费收入，扣除代理业务手续费 200(10 000×2%)元后，会计部门应作如下会计分录：

借：银行存款　　　　10 000
　　贷：应付账款——光明汽车运输公司　　　　9 800
　　　　主营业务收入——代理业务收入　　　　200

长虹汽车运输公司根据光明汽车运输公司汇付客运收入补差金额 4 900 元：

借：银行存款　　　　4 900
　　应付账款——光明汽车运输公司　　　　9 800
　　贷：应收账款——光明汽车运输公司　　　　14 700

第五节　运输企业“营改增”的核算

2011 年，经国务院批准，财政部、国家税务总局联合下发营业税改增值税试点方案。从 2012 年 1 月 1 日起，在上海交通运输业和部分现代服务业开展营业税改增值税试点。至此，货物劳务税收制度的改革拉开序幕。自 2013 年 8 月 1 日起，在全国范围内开展交通运输业和部分现代服务业营业税改征增值税试点。自 2014 年 1 月 1 日起，铁路运输和邮政业也纳入了营业税改征增值税的试点。经国务院批准，自 2014 年 6 月 1 日起，电信业纳入营业税改征增值税的试点范围。2016 年全面推开“营改增”并加大部分税目进项抵扣力度，将带来大规模减税。据统计：全面推开“营改增”预计减税规模将达 9 000 亿。交通运输业作为首批“营改增”的行业，“营改增”后在税务处理方面也发生了很大的变化。

一、运输企业“营改增”的主要内容及相关政策规定

(一) 运输企业“营改增”的主要内容

根据《交通运输业和部分现代服务业营业税改征增值税试点有关事项的规定》，作为首批试点改革的运输企业，其改革的内容主要包括以下几方面。

1. 税率方面。在现有一档基本税率 17%、一档优惠税率 13%的基础上，增加了 11%和 6%两档税率，交通运输业适用 11%税率，部分现代服务业中的研发和技术服务、信息技术服务、文化创意服务、物流辅助服务、鉴证咨询服务适用 6%税率，对出口劳务实行零税率。

2. 计税方式。规定交通运输业、建筑业、邮政运输业、现代服务业、文化体育业、销售不动产和转让无形资产，原则上适用增值税一般计税方法。金融保险业和生活性服务业，原则上适用简易计税方法。

3. 税收收入归属。试点期间保持现行财政体制基本稳定，原归属试点地区的营业税收入，改征增值税后收入仍归属试点地区，税款分别入库。

在营业税改增值税之前，交通运输业计征营业税。营业税的计税依据为：纳税人提供应税劳务向对方收取的全部价款和价外费用。价外费用包括向对方收取的手续费、基金、集资费、代收款项、代垫款项及其他各种性质的价外费用。凡价外费用无论会计制度如何核算，均应该并入营业额计算应纳税款。一般包括客运收入、货运收入、装卸搬运收入、其他运输业务收入和运输票价中包含的保险费收入以及随同票价、货运运价向客户收取的各种交通建设基金等。

营业税改增值税之后，交通运输企业率先被纳入试点范围改征增值税，按我国现行增值税的分类管理模式，以交通运输企业年销售额(指不含税销售额，即含税销售额除以“1＋适用税率或征收率”，如无特指均按此口径)的大小和会计核算健全程度的不同将交通运输企业增值税纳税人分为小规模纳税人和一般纳税人。一般纳税人适用 11%的税率，按照一般计税方法计税，即当期的销项税额抵扣当期进项税额后的余额就是应纳税额。一般纳税人购进商品的进项税额可以抵扣，销售商品时可以使用增值税专用发票。小规模纳税人按照 3%征税，适用简易计税方法计税，应纳税额为不含税的销售收入与征收率的乘积，购进商品的进项税额不得抵扣，在销售商品过程中也不能使用增值税专用发票。

(二) 增值税纳税人的划分与应征增值税的应税服务范围的确定

1. 增值税纳税人的划分。应税服务的年应征增值税销售额(以下称应税服务年销售额)未超过 500 万元(≤500 万元)的纳税人为小规模纳税人(应税服务年销售额是指纳税人在连续不超过12个月的经营期内提供交通运输业服务和部分现代服务业服务累计取得的销售额，

含减、免税销售额。按“差额征税”方式确定销售额的增值税纳税人，其应税服务年销售额按未扣除之前的销售额计算)。应税服务年销售额超过 500 万元(＞500 万元)的纳税人为增值税一般纳税人。应税服务年销售额未超过 500 万元以及新开业的增值税纳税人，会计核算健全、能准确提供税务资料的，可以向主管税务机关申请一般纳税人资格认定。

2. 应征增值税的应税服务范围的确定。根据财政部、国家税务总局(财税〔2013〕37 号)印发《交通运输业和部分现代服务业营业税改征增值税试点实施办法》(以下简称 37 号文)规定，在境内且有偿提供的应税服务，即使用运输工具将货物或者旅客送达目的地，使其空间位置得到转移的业务活动，如：陆路运输服务通过陆路(地上或者地下)运送货物或者旅客的运输业务活动，包括公路运输、铁路运输、缆车运输、索道运输及其他陆路运输；水路运输服务通过江、河、湖、川等天然、人工水道或者海洋航道运送货物或者旅客的运输业务活动，远洋运输的程租、期租业务，属于水路运输服务；航空运输服务通过空中航线运送货物或者旅客的运输业务活动，航空运输的湿租业务，属于航空运输服务；管道运输服务通过管道设施输送气体、液体、固体物质的运输业务活动等，均为应征增值税的应税服务范围。

为体现税收制度的公平性，将以公益活动为目的或者以社会公众为对象的服务排除在视同提供应税服务之外，按规定可列作不征收增值税的服务，如非营业活动中提供的交通运输业和部分现代服务业服务。单位或者个体工商户聘用的员工为本单位或者雇主提供交通运输业和部分现代服务业服务。单位或者个体工商户为员工提供交通运输业和部分现代服务业服务。财政部和国家税务总局规定的其他情形。

3. “营改增”税率确定的其他规定。其主要内具体容如下。

(1) 交通运输业与有形动产租赁。交通运输企业出租有形动产有两种情况，一是出租车辆使用权，即只出租一辆车，并要求在约定的时间内使用后支付租金，这种情形属于有形动产租赁，二是既租车又租司机，要求在规定的时间内提供将旅客或货物从甲地运往乙地的服务，即交通运输服务。两种不同的服务，一个是有形动产租赁适用 17%的税率，另一个是交通运输服务适用 11%的税率。

(2) 进项税抵扣的依据。交通运输服务提供的运费结算单据，自 2013 年 8 月 1 日起不再作为增值税进项抵扣的凭证。只有运输服务的一般纳税人提供的增值税专用发票(纳税人中的一般纳税人提供的铁路旅客运输服务，不得选择按照简易计税方法计算缴纳增值税。)和小规模纳税人通过税务机关代开的增值税发票，各类企业才以根据增值税专用发票上所注明的税额抵扣进项税。但是，要特别注意：交通运输服务用于非增值税应税项目的、用于集体福利或个人消费的、用于免税项目的、非正常损失的，以及接受的旅客运输服务等；即便是取得了增值税专用发票各类企业也不能抵扣进项税。

(3) 增值税发票认证、抵扣的时限规定。我国现行增值税管理实行的是购进扣税法，试点纳税人必须特别注意对相关抵扣凭证的管理，如扣税凭证的索取、保管，按规定时限认证、抵扣等等。需要特别注意的是：增值税专用发票、海关进口增值税专用缴款书、运输费用结算单据都有必须在发票开具之日起 180 天内认证、抵扣的时限规定。

二、运输企业“营改增”的会计核算

(一) 会计核算应设置的账户

1. 一般纳税人应设会计账户。应在“应交增值税”明细账户下，分别设置“进项税额”“已交税金”“转出未交增值税”“销项税额”“进项税额转出”“转出多交增值税”等专栏，并采用多栏式明细账进行会计核算。同时设置“未交增值税”明细账户，核算一般纳税人月度终了转入的应交而未交的增值税或多交的增值税。

2. 小规模纳税人应设会计账户。应在“应交税金”账户下设置“应交增值税”明细账户，账户中不必设置专栏，采用三栏式明细账即可。

(二) 运输企业“营改增”核算举例

【例 3-15】某市宏达运输企业为一般纳税人。2015 年 12 月取得交通运输收入 1 110 000 元(含税)，当月外购 93#汽油 100 000 元(不含税，取得增值税专用发票)，购入一台运输车辆 200 000 元(不含税，取得机动车销售统一发票)。收入存银行，全部货款以银行存款支付。“营改增”后，该纳税人应作如下会计处理。

宏达运输企业购进汽油的账务处理：

借：燃料——93#汽油　　100 000
　　应交税费——应交增值税(进项税额)　　17 000
　　贷：银行存款　　117 000

宏达运输企业购进运输车辆的账务处理：

借：固定资产——运输车辆　　200 000
　　应交税费——应交增值税(进项税额)　　34 000
　　贷：银行存款　　234 000

宏达运输企业取得运输收入的会计处理：

12 月份不含税收入＝1110 000÷(1＋11%)＝1 000 000(元)

12 月份销项税额＝1 110 000－1 000 000＝110 000(元)

借：银行存款　　1 110 000
　　贷：主营业务收入——运输收入　　1 000 000
　　　　应交税费——应交增值税(销项税额)　　110 000

宏达运输企业 2015 年 12 月应纳税额：

12 月份应纳税额 110 000－51 000＝59 000(元)

借：应交税费——应交增值税(转出未交增值税)　　59 000

　　贷：应交税费——应交增值税(未交增值税)　　59 000

【例 3-16】某运输企业 2014 年 12 月购入一辆车辆作为运输工具，车辆不含税价格为 300 000 元，增值税专用发票上注明的增值税款为 51 000 元，企业对增值税发票进行了认证(抵扣增值税专用发票抵扣的期限是自开票之日起 180 天内)。2016 年 1 月，由于经营需要，运输企业将车辆作为专项为员工提供福利使用。车辆折旧期限为 5 年，采用直线法折旧，无残值。该运输企业需将原已抵扣的进项税额按照固定资产净值所对应的进项税额作转出处理，则进项税额 51 000÷5×4=40 800 元，应作转出处理。

借：应交税费——应交增值税(进项税额转出)　　40 800

　　贷：应交税费——应交增值税(进项税额)　　40 800

【例 3-17】某市宏达运输公司为一般纳税人。2015 年 9 月为生产企业甲公司提供货物运输服务，甲公司应支付宏达运输公司 1 110 000 元(含税)。宏达运输公司又将承揽甲公司的省外段的运输业务分包给某市货物运输企业的 H 公司，按联运协议宏达运输公司支付 H 公司 5 000 000 元运输费用(含税)，并取得 H 公司开出的运输发票(H 公司为增值税一般纳税人)。宏达运输公司为甲公司提供应税服务应作如下分录：

借：应收账款——甲公司　　11 100 000

　　贷：主营业务收入——运输收入　　10 000 000

　　　　应交税金——应交增值税(销项税额)　　1 100 000

宏达运输公司接受 H 公司提供的省外段运输服务应作如下分录：

宏达运输公司接受 H 公司提供的省外段运输服务的不含税运输费=5 000 000÷(1+11%)=4 504 504.50。

借：主营业务成本——运输支出　　4 504 504.50

　　应交税金——应交增值税(进项税额)　　495495.50 (=5 000 000÷(1+11%)×11%)

　　贷：应付账款——H 公司　　5 000 000

【例 3-18】2015 年 10 月 25 日，长安某巴士公司当月取得公交乘坐费 85 000 元。

计算按简易计税办法计算增值税，应纳税款 85 000÷(1+3%)×3%=2 475.73 元，相应会计处理为：

借：库存现金　　85 000

　　贷：主营业务收入——运输收入　　82 524.27

　　　　应交税费——应交增值税　　2 475.73

【复习思考题】

1. 运输企业会计核算的主要特点有哪些？
2. 汽车运输企业的存货包括哪些主要内容？

3. 车耗燃料的管理制度有哪些？

4. 在实行盘存制和满油箱制的情况下，行车实耗燃料的核算有哪些区别？

5. 轮胎核算方法有哪些？

6. 汽车运输成本包括哪些内容？

7. 汽车运输企业的营运收入如何分类？

8. “营改增”后，运输企业如何计算缴纳税费？

【会计职业判断能力训练】

一、填空题

1. 运输企业是指利用运输工具专门从事__________或直接为__________服务的企业。

2. 从广义上讲，邮政企业也属于__________范畴。

3. 运输企业的生产经营特点，主要有：__________、__________、__________、__________、__________。

4. 运输企业会计核算主要特点有：__________、__________、__________、__________、__________。

5. 汽车运输企业对库存燃料的管理，一般采用__________和 __________两种管理制度。

6. 轮胎是运输企业的重要部件，轮胎的内胎、垫片因价值较低，视同__________，在“原材料”账户中核算。

7. 汽车运输企业没有生产和销售之分，因此也就没有生产成本和销售成本的区分。其营运成本直接在__________账户中核算。

8. 运输企业的营运收入与其他企业主营业务收入比，主要特点有：__________、__________。

9. 运输企业的营运收入是指运输企业在提供与运输有关的各种劳务后，按规定的费率向__________、货物托运人收取的__________、__________、__________和杂费等收入。

10. 运输企业发生的营运间接费用，通过__________账户来归集，并可按客车、货车人员工资进行分配。

二、多项选择题

1. 汽车运输企业的成本，应由下列哪些项目构成(　　)。

A. 车辆费用　　B. 车站(队)经费　　C. 劳务成本　　D. 堆存成本

2. 交通运输企业营运成本核算，应设置“主营业务成本”账户，并在该账户下设置(　　)二级账户。

A. 运输成本　　B. 装卸成本　　C. 堆存成本　　D. 辅助营运成本

3. 在用外胎的核算方法有(　　)。
A. 一次摊销法　　B. 分次摊销法
C. 五五摊销法　　D. 按行驶里程提取轮胎费用
4. 营运车辆车存燃料的管理办法有(　　)。
A. 定额车存燃料管理　　B. 满油箱制车存燃料管理
C. 盘存制车存燃料管理　　D. 计划车存燃料管理
5. 在汽车运输企业一般以(　　)为成本计算对象。
A. 劳务种类　　B. 作业区　　C. 客车运输　　D. 货车运输
6. 下列属于交通运输企业主营业务收入的是(　　)。
A. 运输收入　　B. 装卸收入　　C. 客运收入　　D. 代理业务收入
7. 交通运输企业的存货按其作用不同，可分为(　　)。
A. 燃料　　B. 轮胎　　C. 车辆　　D. 低值易耗品
8. 下列(　　)行业中提供的劳务收入属于其主营业务收入。
A. 商品流通业　　B. 施工企业　　C. 交通运输业　　D. 旅游业

三、判断题

1. 交通运输企业的运输成本即为销售成本。(　　)
2. 运输企业不需要核算产成品、在产品成本。(　　)
3. 外胎价值包括外胎的实际成本和使用过程中的翻新费。(　　)
4. 运输企业与工业企业的成本构成是相同的。(　　)
5. 从整个交通运输企业来看，固定资产比重小，流动资产比重大。(　　)
6. 与工业企业比运输业会计的特殊性，主要体现在存货、营运成本、营业收入核算。(　　)

【会计职业实践能力训练】

一、东方运输公司为非营业税改增值税单位，设有一个修理车间，发生业务如下。

1. 客、货车营运数为 150 辆。本月发生人工费用如表 3-10 所示。

表 3-10　工资和福利费分配表

部门	核算账户	工资	福利费	合计
客车司机等	主营业务成本——运输支出——客车	120 000	16 800	136 800
货车司机等	主营业务成本——运输支出——货车	80 000	11 200	91 200
车场管理部	劳务成本——营运间接费用	20 000	2 800	22 800
修理车间	劳务成本——辅助营运费用	15 000	2 100	17 100
企管部	管理费用	7 500	1 050	8 550
合计		242 500	33 950	276 450

2. 东方运输公司本月发生的燃料、材料费费用如表3-11所示。

表3-11　燃料、材料费费用分配表

部门	核算账户	燃料	材料		合计
			消耗材料	内胎垫带	
	主营业务成本——运输支出				
客车	——客车	30 000	1 000	5 000	36 000
货车	——货车	20 000	1 000	3 000	24 000
车场管理部	劳务成本——营运间接费用	10 000	12 500		22 500
修理车间	劳务成本——辅助营运费用	5 000	6 500		11 500
合计		65 000	21 000	8 000	94 000

3. 东方运输公司本月计提固定资产折旧如表3-12所示。

表3-12　折旧费用分配表

部门	核算账户		本月计提折旧				合计
			营运车	非营运车	机器	房屋	
营运部	主营业务成本——运输支出	客车	125 000				125 000
		货车	104 000				104 000
车场管理部	劳务成本——营运间接费用			1 000		25 000	26 000
修理车间	劳务成本——辅助营运费用			500	5 000	10 000	15 500
企管部	管理费用			2 000		10 000	12 000
合计			229 000	3 500	5 000	45 000	282 500

要求：根据上述业务编制相应的会计分录。

二、长胜运输公司为非营业税改增值税单位。2016年5月发生有关费用如下。

长胜运输公司有客、货运两个车队，本月客车行驶2 005千车公里，完成周转量8 470千人公里；货车行驶180千车公里，完成周转量740千吨公里。2016年5月发生有关费用如下。

1. 本月工资费用结算，其中：客车司机和助手工资82 000元，货车司机和助手74 400元；并按14%计提福利费。

2. 客车耗用燃料430 000元。货车耗用燃料340 000元。

3. 客车领用保修材料860元，货车领用保修材料640元；辅助营运费用分配转来客车保修费 3 400 元，货车保修费 2 800 元。

4. 计提车辆折旧：客车折旧率为 80 元/千车公里，货车折旧率为 75 元/千车公里。

5. 计提轮胎摊提费：客车 8 元/千胎公里，货车 8 元/千胎公里。

6. 支付养路费：客车 30 000 元，货车 22 400 元；支付运输管理费：客车 5 000 元，货车 2 600 元。

7. 月末分配本月发生的营运间接费用：客车负担 6 000 元；货车负担 2 400 元。

要求：编制有关会计分录。

第四章

物流企业会计

【教学目的及要求】

了解物流企业及特点、包装费等的构成及对流通加工的方式；明确物流企业商品存货的购、销、存核算，包装费、运输费及销货成本等的计算；掌握物流企业经营活动各环节的会计核算方法。

【本章重点及难点】

掌握物流企业经营活动各环节的会计核算方法。

【本章教学时数】

6 学时。

第一节　物流企业及特点

一、物流及物流企业

(一) 物流的概念

物流一词最早出现在美国。当时指包含于销售之中的物质资料和服务，与从生产地到消费地流动过程中伴随的各种活动。

物流是“实物流通”的简称，在我国“物流”一词的使用开始于 1979 年，1989 年第八届国际物流会议在北京召开，使“物流”一词的使用日益普遍。

2001 年为了规范有关物流的术语，制定了物流术语的国际标准(GB/T 18354-2001)。在该标准术语中，将物流定义为：“物流是指物品从供应地向接受地的实物流动过程。根据需要，将运输、储存、装卸、搬运、包装、流通加工、配送、信息处理等基本功能实施的有机结合。”

2002 年美国物流管理协会发布了一个新定义：物流是供应链运作中，以满足客户需求为目的，对货物、服务与相关信息在产出地、销售地之间实现高效率和低成本的正向、反向的流动及储存所进行的计划、执行与控制的过程。

我国商务部、交通部等六部委联合印发的《关于加快我国现代物流发展的若干意见》中明确指出：现代物流是指材料、产成品从起点至终点及相关信息有效流动的全过程。它是将运输、仓储、装卸、加工、整理、配送和信息等方面有机结合，形成完整的供应链，为客户提供多功能、一体化的综合性服务。

物流概念是不断发展的，从不同时期、不同角度观察和研究，就会产生关于物流的不同理解和认识。

(二) 物流企业

物流企业是指从事物流活动的经济组织。是独立于生产领域之外，专门从事与商品流通有关的各种经济活动的企业。具体讲，物流企业在以物流为主体功能的同时，还必须伴有商流、资金流和信息流，它包括仓储业、运输业、批发业、连锁商业和外贸等行业分流出来的物流业务组织。

至少从事运输(含运输代理、货物快递)或仓储一种经营业务，并能够按照客户物流需求对运输、储存、装卸、包装、流通加工、配送等基本功能进行组织和管理，具有与自身业务相适应的信息管理系统，实行独立核算、独立承担民事责任的经济组织。

二、物流企业的经营特点

社会再生产过程是由生产、分配、交换和消费四个基本环节构成的。其中，生产表现为起点，消费表现为终点，分配和交换表现为中间环节。商品的流通是连续的交换，或者是从总体上的交换。物流企业作为专门从事物流活动的经济实体，从全社会看，它是以商品的买者和卖者的双重身份交替出现在市场中，并按照供求状况来完成物质的交换，解决了生产与消费之间在数量、质量、时间和空间上的矛盾，实现了生产和消费的供求结合，进而达到保证社会再生产的良性循环。

物流企业在市场中，通过其双重身份的出现，实现了商品流通的过程。商品流通过程，一般分为购、销、存、运四个相对独立的环节。这些环节的实现，表现出物流企业经营活动的特点。

(一) 组织了社会物质资源

通过物流企业购买商品，组织了社会物质资源。购买商品是物流过程的起点，即物流企业根据市场的需求，用货币购买生产企业的劳动成果——物质产品，引入流通领域。

(二) 实现了社会物质资源的分散消费

通过物流企业销售商品，实现了社会物质资源的分散消费。销售商品是物流过程的终点。它是商品从流通领域又返回到生产、消费的最后环节。后续生产也是一种消费。

(三) 起到了“蓄水池”的作用

通过物流企业储存商品，实现了物流运动的相对静止，起到了“蓄水池”的作用。商品储存是物质产品离开生产领域但还没有进入消费领域而是在流通领域内的暂时停滞。

(四) 实现了物质产品的空间位移

通过物流企业运送商品，实现了物质产品的空间位移。运送是由物质产品在生产和消费之间的空间矛盾决定的。因为某类物质产品的生产在空间位置上相对分散，消费相对集中，或者相反，消费相对分散，而生产相对集中，只有通过物流企业的运送完成它们在空间位置的移动，才能满足消费的需求。

(五) 控制了市场供求信息

物流企业穿梭于供需双方，控制了市场供求信息。在市场经济条件下，信息最重要，它源于市场。由于物流企业在连接供需双方及其直接置身于市场的特殊地位，使它们在搜集信息方面得天独厚，将市场供求变化的潜在的信息反馈给供需双方，起到了指导生产、引导消费和开拓市场的作用。

由于物流企业有着与其他行业不同的经营特点，也就决定了其会计核算的特殊性，即物流企业会计核算的特点。主要表现在以下两个方面。

1. 涉及的行业多，会计核算工作比较复杂。因为物流企业包括仓储业、运输业、商业和外贸等行业分流出来的物流业务组织，所以其业务内容庞杂，涉及多个行业企业会计制度及规定，所以会计核算工作就比较复杂。

2. 费用、成本核算的多元性。物流企业至少从事运输(含运输代理、货物快递)或仓储一种经营业务，并能够按照客户物流需求对运输、储存、装卸、包装、流通加工、配送等基本功能进行组织和管理，所以就要发生一系列的费用支出，并按一定的对象计算劳务成本，进而造成费用多样性、成本多元化。如会计上要核算运输、储存、装卸、包装等成本。

物流企业经营主要业务包括对商品的包装、装卸与搬运、储存、运输、流通加工与配送等环节。诸多环节发生的费用，最终使一般商品的流通费占其售价50%左右，水果、食品、某些化工产品的流通费高达其售价的70%。可见，加强物流企业管理和会计核算非常必要。

第二节　物流企业包装业务的核算

包装作为物流企业的构成要素之一，与运输、保管、搬运、流通加工均有着十分密切的关系，因此包装在物流合理化运输中起着非常重要的作用。

一、包装及分类

包装，是指为达到在流通过程中保护产品、方便运输、促进销售的目的而采用的容器、材料及辅助物的过程中施加一定技术方法等的操作活动。

(一) 按包装要求及目的分类

出于对包装要求及目的的不同，使包装在设计、选料、包装技法、形态等方面出现了多样化。

包装作为生产的终点、物流的起点，其所起的作用与其包装的功能是分不开的。包装对产品具有保护、保管、定量、标识、商品、便利、效率和促销功能。按包装的功能，包装可分为工业包装和商业包装两大类。

1. 工业包装。它是以运输、保管为主要目的的包装，也就是从物流需要出发的包装，即运输包装，是一种外部包装(包含内部包装)。其主要作用是有保护功能、定量(单位化)功能、便利功能和效率功能。

2. 商业包装。也称零售包装或消费包装。主要是根据零售业的需要，作为商品的一部分或为方便携带所做的包装，即所谓逐个包装。其主要作用是定量功能、标识功能、商品功能、便利功能和促销功能。其目的在于促销或便于商品在柜台上零售或为了提高作业效率。

注意：

工业包装有时又是商业包装，如装桔子的纸箱子(15 千克装)应属工业包装，但当连同箱子出售时，也可以认为是商业包装。

为使工业包装更加合理并为促进销售，在有些情况下，也可以采用商业包装的办法来做工业包装，如家电用品就是兼有商业包装性质的工业包装。

(二) 按包装的层次分类

按包装的层次，包装还可分为内包装和外包装两类。

1. 内包装，也称销售包装。是指为保护商品、宣传、美化、便于陈列、识别、选购、携带和使用而进行的包装。主要有陈列类(堆叠式、吊挂式、展开式)；识别类(透明式、开窗式、封闭式)；使用类(普通式、便携式、礼品装、易开式、喷挤式、复合式)等包装形式。

2. 外包装，是指为方便运输、装卸和搬运，减少损耗、牢固完整、便于检查核对等而进行的包装。主要有单件包装(箱、包、袋、捆、桶)和集合包装(集装箱、集装包、托盘)等包装形式。

二、包装费用的构成

包装是生产的终点、物流的起点。所以其包装的实施过程可能在生产企业，也可能在物流企业。无论其为工业包装还是商业包装，其都需要耗用一定的人力、物力和财力。对于大多数商品，只有经过包装，才能进入流通。据统计，包装费占流通费的 10%，有些商品(特别是生活消费品)包装费高达 50%。因而加强包装费的管理，可以降低物流成本，提高经济效益。

包装费用的构成，主要有以下几个方面。

1. 材料费用：物资产品包装花费在材料上的费用。由于包装材料功能不同，其材料成本相差也较大。

2. 机械费用：采用机械包装物资产品发生的机械损耗价值。

3. 技术费用：为达到最佳包装效果，采用一定的技术措施而发生的所有支出，如防潮包装、防霉包装、实施缓冲包装等费用。

4. 辅助费用：用于包装标记、包装标志的印刷、拴挂物等方面的费用支出。

5. 人工费用：从事包装工作的工人与其他有关人员的工资、奖金、补贴等费用的总和。

三、包装业务的核算

由于包装费用占物流费用的比重较大，因此有必要对其单独进行核算。

(一) 包装收入的核算

物流企业在其经营活动中，对外承揽包装业务取得的收入，可作为主营业务，直接计入“主营业务收入”账户；为完成对外承揽包装业务发生的支出，可计入“主营业务成本”账户。

(二) 包装费用的核算

包装费用可能发生在不同的物流环节，也可能发生在不同的企业。根据我国现行会计制度和法规政策规定，物流企业必须根据《企业会计制度》的要求组织会计核算，对于发生于物流诸环节的包装费用应区分费用的性质和项目记入“销售费用”总分类账户及其相关的明细账户。

“销售费用”账户，属于损益类账户，主要用来核算物流企业在销售产品、自制半成品和提供劳务等过程中发生的各项费用以及专设销售机构的各项费用，包括运输费、装卸费、包装费、保险费、广告费、展览费、租赁费、销售服务费、销售部门人员工资、职工福利费、差旅费、办公费、折旧费、修理费、低值易耗品摊销以及其他经费。其借方登记物流企业在销售产品、自制半成品和提供劳务等过程中发生的各项费用以及专设销售机构的各项费用等，月度终了，将本期的销售费用全部从本账户的贷方转入“本年利润”账户。该账户可根据物流企业业务特点设置明细账组织明细核算。

【例 4-1】诚信物流公司在对 D 类商品进行运输前的分类包装和运输包装，领用包装材料 2 000 元，应支付包装人员工资费用 1 000 元，转账支出其他包装费用 600 元。另外，还为包装已加工完成的商品，领用一次性使用的包装箱 20 只，该包装箱每只单位成本为 50 元，共计 1 000 元。根据上述作会计分录如下：

借：销售费用——包装费　　4 600
　　贷：原材料　　2 000
　　　　应付职工薪酬　　1 000
　　　　银行存款　　600
　　　　包装物　　1 000

【例 4-2】月末，诚信物流公司对所用包装机械计提折旧，该包装机械原值 20 000 元，净残值率为 4%，预计使用 10 年。

该机械年折旧率＝(1－4%)÷10＝9.6%

该机械月折旧率＝9.6%÷12＝0.8%

本月应计提折旧额＝20 000×9.6%÷12＝160(元)

企业应作会计分录如下：

借：销售费用——包装费　　160
　　贷：累计折旧　　160

【例 4-3】月末，结转本月发生的销售费用。作会计分录如下：

借：本年利润　　4 760
　　贷：销售费用——包装费　　4 760

第三节　物流企业装卸与搬运业务的核算

货物的装卸搬运是物流的主要功能之一。装卸搬运活动渗透到物流的各领域、各环节，成为物流顺利进行的关键。货物装卸搬运伴随着物流的其他功能，成为提高物流效率，降低物流成本、改善物流条件，保证物流质量最重要的物流环境之一。

一、装卸与搬运及分类

装卸是指在指定地点以人力或机械将物品装入或卸下运输设备，如在同一地域范围内(如车站、工厂、仓库内部等)以改变“物”的存放、支承状态的活动就属于装卸。而搬运则是指以改变“物”的空间位置的活动，通常将两者合称装卸搬运，或将装卸搬运理解为：

在空间范围内对“物”的垂直举放和水平移动的行为。有时候或在特定场合，单称“装卸”或单称“搬运”也含有“装卸搬运”的完整含义。

物流企业采用的装卸搬运的方式有多种，主要有如下分类：

按其施行的物流设施、设备对象不同，可分为仓库装卸、铁路装卸、港口装卸、汽车装卸、飞机装卸等。

按使用的机械及机械作业方式，可分为“吊上吊下”“叉上叉下”方式、“滚上滚下”方式、“移上移下”方式等。

按被装物的运动形式，可分为垂直装卸、水平装卸。

按其装卸搬运的对象，可分为散装货物装卸、单件货物装卸、集装货物装卸等。

按其装卸搬运的作业特点，可分为连续与间歇装卸两类。

二、装卸搬运的地位

装卸活动是伴随运输和保管等活动而产生的必要活动。在物流过程中，装卸活动是不断出现和反复进行的，它出现的频率高于其他各项物流活动，每次装卸活动都要花费很长时间，所以往往成为决定物流速度的关键。装卸活动所消耗的人力也很多，所以装卸费用在物流成本中所占比重也较高，以我国为例，直至 2013 年，我国铁路运输装卸搬运作业费，大致占运输费用 20%左右，而船运则高达 40%左右。可见装卸搬运费在整个物流费用当中的比重相当高。此外，装卸操作时往往需要接触货物，在此也极易造成货物损失，因此，为降低物流费用，装卸是个重要环节。

三、装卸搬运业务的核算

物流企业在某种意义上讲，可将装卸搬运业务看作是其主营业务活动，因而对其所发生的装卸搬运取得的收入，作为主营业务收入；对其发生的装卸搬运费用，作为“销售费用—　装卸搬运费”处理。

【例 4-4】诚信物流公司本月发生货物装卸人工费 4 000 元，应由本月负担的装卸机械折旧费 2 000 元。作会计分录如下：

借：销售费用　　　　　　　　6 000

　　贷：应付职工薪酬　　　　　　4 000

　　　　累计折旧　　　　　　　　2 000

第四节　物流企业储存保管的核算

储存功能是对物流中暂时处于停滞状态物资的活动。储存作为一种物流形态，为物流提供场所和时间，在储存期间可以对储存品进行检验、整理、分类、保管、包装、加工、集散、转换运输方式等作业。因此，储存在物流中具有重要的作用，成为与运输并列的两大物流支柱。

按照储存在社会再生产中的作用，可以分为生产储存、流通储存、消费储存和国家储存。

一、储存概念

在物流科学体系中，经常涉及库存、储备及储存这几个概念，而且经常被混淆。其实，三个概念虽然有共同之处，但仍有区别，认识这个区别有助于理解物流中“储存”的含义和以后要遇到的零库存概念。

1. 库存。指的是仓库中处于暂时停滞状态的物资。这里要明确两点：其一，物资所停滞的位置，一定是在仓库，而非其他任何位置；其二，物资的停滞状态可能由任何原因引起，而非某种特殊的停滞，如能动的各种形态的储备、被动的各种形态的超储等。

2. 储备。物资储备是一种有目的的储存物资的行动，是指储存起来以备急需的活动，如当年储备、长期储备、战略储备。物资储备的目的是保证社会再生产连续不断地、有效地进行。所以，物资储备是一种能动的储存形式，是有目的地、能动地暂时停滞于生产领域和流通领域，尤其是指在生产与再生产，生产与消费之间的那种暂时停滞。马克思讲的“任何商品，只要它不是从生产领域直接进入消费或个人消费，因而在这个间歇期间处在市场上它就是商品储备的要素。”(《马克思、恩格斯全集》第24卷，第161页)就是指的这种情况。

库存和储备的本质区别在于：①库存明确了停滞的位置，而储备这种停滞所处的地理位置远比库存广泛得多，储备的位置可能在生产及流通中的任何结点上，可能是仓库中的储备，也可能是其他形式的储备；②储备是有目的的、能动的、主动的行动，而库存有可能是无目的的，甚至是完全盲目的。

3. 储存。储存是包含库存和储备在内的一种广泛的经济现象，是一切社会形态都存在的经济现象。马克思指出：“产品储存是一切社会所共有的，即使它不具有商品储备形式这种属于流通过程的产品储备形式，情况也是如此。”在任何社会形态中，对于不论什么原因形成停滞的物资也不论是什么种类的物资在没有进入生产加工、消费、运输等活动之前或在这些活动结束之后，总是要存放起来，这就是储存。这种储存不一定在仓库中也不一定是有储备的要素，而是在任何位置，也有可能永远进入不了再生产和消费领域。但在一般情况下，储存、储备两个概念是不做区分的。

上述几方面的问题，是抽象地对于库存、储备、储存的描述，我们所以予以辩证的目的，是为了使读者认识物流中的“储存”是一个非常广泛的概念，物流学要研究的就是包括储备、库存在内的广义的储存概念。

二、储存保管的功效

(一) 调节生产和消费之间的时间差异

生产和消费之间的时间分离，是社会经济的客观存在，对此，我们在前面已经有了多次说明，储存具有调节时间差异的功能。

(二) 储存保管质量决定库存物资质量

储存不是单纯的堆放，为了保持物资的质量，需要进行各种形式的保管。通过对库存物资的合理存放、妥善保管、精心养护，使其使用价值得到保存。同时，检验是贯穿于储存作业的全过程，它是对产品质量、保证质量、装卸搬运质量、运输质量的综合考察，是保证物流量的重要环节。

(三) 储存是联结各个物流环节的纽带

各个物流环节在连续不断的运动过程中，经常需要一定时间的停滞，储存是上一个环节运动的终点，经过一定时间停滞后，又是下一个环节运动开始的起点。同时，很多物流环节的作用，是在储存所提供的场所和时间里完成的。离开了储存，其他物流环节无法联系，很多作业也无法进行。因此，是联结各个环节的纽带。

(四) 储存是流通活动的“调节阀”

在社会分工日益细化的社会化大生产条件下，交换关系越来越复杂，影响流通的不确定因素也越来越多。同时，在物流过程中，计划不周，意外事故，自然条件变化等，也带来大量不确定因素。当这些不确定因素成为现实，流通的连续性发生困境，储存就可以用它合理的存量来调节流量。

三、储存业务核算

物流企业的储存过程也就是物流企业的仓储作业过程，指商品仓储部门从接运商品开始，经过验收入库、保管保养，直到将商品供应到用户指定地点为止，按照一定的程序进行作业的整个过程。物流企业的储存费用主要是物流企业在这个过程中发生的全部耗费。其费用主要有仓租费、维护费、保管费、损失费、资金占用利息支出(资金使用费)等。由于物流企业的储存费用在物流费中占有较大比重，因此加强储存业务管理和核算，就显得非常重要。

通常，物流企业可利用仓库、货场、库房或其他场所开展代客保管物质产品的储存业务。在经营方式上，物流企业可以利用场地、库房等单独经营仓储业务，或者利用运输工具单独经营运输业务，也可以两者兼营。

从事物流仓储业务的企业，其储存业务所取得的收入，如：经营仓库、堆场业务发生的堆存收入；从事经营装卸业务取得的装卸收入，等等，物流企业可以将其作为主营业务收入处理，而发生的储存费用，如与物流企业的仓储业务收入有直接配比关系的，可作为物流企业的仓储业务成本，直接计入“主营业务成本”账户。如果物流企业从事的主营业务为非仓储业务，其发生的费用应计入“销售费用”账户。

(一) 仓租费的核算

发生的仓储费、支付的库房租金等。

借：销售费用——仓储费用

　　贷：累计折旧(仓库折旧费)

　　　　无形资产(土地使用权的摊销)

　　　　银行存款(按期支付的库房租金等)

(二) 维护、保管费的核算

为维护商品的功能，物流企业必然会发生维护、保管费用，如借助一定的人力、财力对商品进行必要的管理和养护。为此发生的费用，应计入“销售费用”账户，如：支付仓库管理人员的工资费用，仓库照明费用，等等。

借：销售费用——仓储费用

　　贷：应付职工薪酬

　　　　银行存款

第五节　物流企业运输的核算

一、运输及分类

运输是人和物的载运及输送。这里是指“物”的载运及输送。它是在不同地域范围间(如两个城市、两个工厂之间或同一个大企业内相距较远的两个车间之间)，以改变“物”的空间位置为目的的活动，对“物”进行空间的位移。

运输与搬运的区别在于：运输是较大范围的活动；而搬运是在同一地域之内的活动。

运输可按其采用的运输设备及运输方式，分为公路运输、铁路运输、水运、航空运输和管道运输等。

二、运输业务的核算

随着世界经济的快速发展和现代科学技术的进步，物流产业不仅在国民经济中占有重要地位，而且为人们的日常生活带来了许多便利。同时，人们对其要求就越来越高，使得物流企业在接收货物后，要根据货物的特点及客户的要求选择合适的运输方式来削减成本以满足客户的需求。物流企业针对不同的货物选择合适的运输方式，不仅可以保证货物送达的及时性和安全性，而且还可以保证货物运输的经济性和便利性。通过选择合理的运输方式，可以减少货物的在途时间、保证货物运输过程中的质量、降低企业的经营成本。

在现代物流企业中，运输在其经营业务中占有主导地位。物流企业的运输收入是其经营所得的主要收入来源，也是其利润的主要源泉。物流企业的运输费用在整个物流费用中占有较大的比例。从运费来看，运费在全部的物流费用中占最高比例，一般综合分析计算社会物流费用，运输费在其中占接近50%的比例。

物流企业运输需求可通过选择不同的基本运营方式来实现。首先，可以利用私营的车队设备；其次，与专业运输公司签订运输合同；再次，企业可以向各种提供以单独装运为条件的运输承运人预订服务。这三种运营形式的运输就是典型的所谓私人运输、合同运输、公共运输。从物流系统的观点看，有三个因素对运输来说是十分重要的，即成本、速度和一致性。

由于运输是物流中最重要的功能要素之一，物流合理化在很大程度上依赖于运输合理化。而运输合理化与否则影响着物流运输费用的高低，进而影响着物流成本的高低。所以应重视和加强物流运输费用的核算。

(一) 运输业务收入的核算

作为物流企业，其运输收入的实现，可以通过提供诸如铁路、航空、水路等运输方式来实现；其获取的运输收入，可作为“主营业务收入”来核算。收到款项或取得收取价款的权利，应作会计分录如下。

借：银行存款(或应收账款、应收票据)

贷：主营业务收入

(二) 运输成本的核算

作为物流企业，其为开展运输业务发生的各项支出，便构成运输成本，主要包括：

1. 直接材料。是指汽车在运营生产过程中实际消耗的各种燃料、轮胎、材料、润料、低值易耗品、备品备件、专用工器具等支出。

2. 直接人工。是指企业直接从事营运生产活动人员的工资、奖金、津贴、福利费和补贴等。

3. 其他直接费用。是指企业在营运生产过程中发生的固定资产折旧费、行车杂费、车辆牌照和检验费、车辆清洗费、过路费、司机途中住宿费、保险费、差旅费、取暖费等支出。

4. 营运间接费用。是指基层单位组织与管理汽车运营所发生的车队经费和车站经费等支出。

企业发生上述费用，可视情况不同，分别计入“主营业务成本”或“销售费用”账户。

(1) 如果企业开展自营运输业务发生的运输费用，可根据有关领料凭证，作会计分录如下。

借：主营业务成本

　　贷：原材料

　　　　低值易耗品

　　　　应付职工薪酬

(2) 如果企业利用合同运输、公共运输方式发生运输费用，应根据实际支付款项，作会计分录如下。

借：销售费用

　　贷：银行存款

第六节　物流企业流通加工与配送的核算

一、物流加工及核算

物流加工是物流中最具特殊意义的物流形式。一般来说，生产是通过改变物质的形式和性质创造产品的价值和使用价值；流通是保持商品的原有物质形式和性质，以完成所有权的转移和空间的位移；物流的包装、储存、运输、装卸等功能，虽然具备生产的性质，但往往并不去改变物流的对象。但是为了提高物流的速度和物资的利用率，在商品进入流通领域后，还需要按用户的要求进行一定的加工活动，即流通加工。

(一) 流通加工

在物品从生产者向消费者流动的过程中，为了促进销售，维护产品质量，实现物流的高效率所采用的使商品发生物理和化学变化的功能，即按用户要求，对商品进行加工、改制等活动。通过物流加工既满足了客户的需求，同时也提高了物流企业的经济效益。

流通企业对商品的加工主要通过自行加工、委托加工和作价加工三种方式来实现。

1. 自行加工。是指物流企业将待加工的商品、原材料交给本企业的生产部门进行加工的一种方式。

2. 委托加工。是指物流企业与其他企业签订委托合同或协议，由企业将待加工的原材料、商品交给受托企业进行加工，并支付一定的加工费用等的方式。

3. 作价加工。是指物流企业与其他单位以购销关系签订合同或协议，先由企业将待加工原材料、商品作价销售给受托加工单位，待加工完成后，再由企业按实际加工的成品数量，作价购回成品，购销均按加工协议规定价格进行结算。

(二) 物流加工业务的核算

物流加工业务的程序，主要有发出、加工、收回三个环节。物流企业加工商品时，会计上应设置“委托加工商品”账户，专门核算流通加工成本增减变动情况。其加工成本包括：

1. 直接材料费。流通加工的直接材料费用是指对流通加工产品加工过程中直接消耗的材料、辅助材料、包装材料以及燃料和动力等费用。与工业企业相比，在流通加工过程中的直接材料费用占流通加工成本的比例不大。

2. 直接人工费用。流通加工成本中的直接人工费用，是指直接进行加工生产的生产工人的工资总额和按工资总额提取的职工福利费。生产工人工资总额包括计时工资、计件工资、奖金、津贴和补贴、加班工资、非工作时间的工资等。

3. 制造费用。流通加工制造费用是物流中心设置的生产加工单位为组织和管理生产加工所发生的各项间接费用。主要包括流通加工生产单位管理人员的工资及提取的福利费，生产加工单位房屋、建筑物、机器设备等的折旧和修理费、生产单位固定资产租赁费、机物料消耗、低值易耗品摊销、取暖费、水电费、办公费、差旅费、保险费、试验检验费、季节性停工和机器设备修理期间的停工损失以及其他制造费用。

物流加工业务的具体核算，可比照工业企业委托加工业务的核算方法来进行。

二、物流企业的配送

(一) 配送与配送中心

配送是与市场经济相适应的一种先进的物流方式。它是指物流企业按用户订单或配送协议进行配货，然后通过科学统筹规划，选择经济合理的运输路线与运输方式，在用户指定的时间内将符合要求的货物送达指定地点的一种商品供应方式，是物流中一种特殊的、综合的、将商流与物流紧密结合的活动形式。

从物流来讲，配送几乎包括了所有的物流功能要素，是物流的一个缩影，或在某个小范围中物流全部活动的体现。一般的配送集装卸、包装、保管、运输于一身，通过这一系列活动完成将货物送达的目的。特殊的配送则还需要以加工活动为支撑，所以包括的方面更广泛。但是，配送的主体活动与一般物流却有不同，一般物流是运输保管，而配送则是运输及分拣配货，分拣配货是配送的独特要求，也是配送中最有特点的活动，以送货为目的的运输则是最终实现配送的主要手段，从这一主要手段出发，常常将配送简单地理解为运输中的一种。

配送中心是以组织配送性销售或供应，执行实物配送为主要职能的流通型结点。在配送中心中，为了能更好地做好送货的编组准备，因此必然需要采取零星集货、批量进货等种种资源的收集工作和对货物的分整、配备等工作。为此，配送中心就具有了集货中心、分货中心的职能。为了更有效、更高水平地配送，配送中心往往还要有比较强的流通加工能力。此外，配送中心还必须执行货物配备后的送达到户的使命。由此可见，配送中心的功能是比较全面完整的。也可以说，配送中心实际上是集货中心、分货中心、加工中心功能的综合，并具有了配与送的更高水平。

综上分析，配送环节会计核算的内容主要包括：配送营业收入的核算；配送过程中运输费用、分拣费用、配装费用、加工费用的归集、分配和结转；配送环节营业利润的核算。

(二) 物流中心

物流中心是物流网络的节点，具有物流网络节点的系列功能。把握物流中心的涵义、类型、功能与地位，是依托不同层次物流设施展开物流活动，指导物流运营与管理的基础。

根据国家标准《物流术语》，将物流中心定义为："从事物流活动的场所或组织，应基本符合以下要求：主要面向社会服务；物流功能健全；完善的信息网络；辐射范围大；少品种、大批量；存储吞吐能力强；物流业务统一经营管理。"

物流中心一词是政府部门、许多行业、企业在不同层次物流系统化中应用得十分频繁，而不同部门、行业、企业的人们对其理解又不尽一致的重要概念。概括起来，对物流中心的理解可以归纳为以下几种表述。

1. 物流中心是从国民经济系统要求出发，所建立的以城市为依托、开放型的物品储存、运输、包装、装卸等综合性的物流业务基础设施。这种物流中心通常由集团化组织经营，一般称之为社会物流中心。

2. 物流中心是为了实现物流系统化、效率化，在社会物流中心下所设置的货物配送中心。这种物流中心从供应者手中受理大量的多种类型货物，进行分类、包装、保管、流通加工、信息处理，并按照众多用户要求完成配货、送货等作业。

3. 物流中心是组织、衔接、调节、管理物流活动的较大的物流据点。由于物流据点的种类很多，但大都可以看作是以仓库为基础，在各物流环节方面提供延伸服务的依托。为了与传统的静态管理的仓库概念相区别，将涉及物流动态管理的新型物流据点称之为物流中心。这种含义下的物流中心数目较多、分布也较广。

4. 物流中心是以交通运输枢纽为依托，建立起来的经营社会物流业务的货物集散场所。由于货运枢纽是一些货运站场构成的联网运作体系，实际上也是构成社会物流网络的结点，当它们具有实现订货、咨询、取货、包装、仓储、装卸、中转、配载、送货等物流服务的基础设施、移动设备、通信设备、控制设备，以及相应的组织结构和经营方式时，就具备成为物流中心的条件。这类物流中心也是构筑区域物流系统的重要组成部分。

5. 国际物流中心是指以国际货运枢纽(如国际港口)为依托，建立起来的经营开放型的物品储存、包装、装卸、运输等物流作业活动的大型集散场所。国际物流中心必须做到物流、商流、信息流的有机统一。当代电子信息技术的迅速发展，能够对国际物流中心的“三流”有机统一提供重要的技术支持，这样可以大大减少文件数量及文件处理成本，提高“三流”效率。

综上所述，在更一般的意义上，可以将物流中心理解为，处于枢纽或重要地位的、具有较完整物流环节，并能将物流集散、信息和控制等功能实现一体化运作的物流据点。

第七节　物流企业“营改增”的核算

根据《交通运输业和部分现代服务业营业税改征增值税试点实施办法》的规定，现代物流产业属于部分现代服务业之一，属于“营改增”范畴。其改革主要内容包括以下方面。

一、应征增值税的应税服务范围及税率

(一) 应征增值税的应税服务范围

物流辅助服务内容，包括航空服务、港口码头服务、货运客运场站服务、打捞救助服务、货物运输代理服务、代理报关服务、仓储服务和装卸搬运服务。

1. 航空服务，包括航空地面服务和通用航空服务。航空地面服务，是指航空公司、飞机场、民航管理局、航站等向在我国境内航行或者在我国境内机场停留的境内外飞机或者其他飞行器提供的导航等劳务性地面服务的业务活动。包括旅客安全检查服务、停机坪管理服务、机场候机厅管理服务、飞机清洗消毒服务、空中飞行管理服务、飞机起降服务、飞行通信服务、地面信号服务、飞机安全服务、飞机跑道管理服务、空中交通管理服务等。通用航空服务，是指为专业工作提供飞行服务的业务活动，包括航空摄影、航空测量、航空勘探、航空护林、航空吊挂播洒、航空降雨等。

2. 港口码头服务，是指港务船舶调度服务、船舶通信服务、航道管理服务、航道疏浚服务、灯塔管理服务、航标管理服务、船舶引航服务、理货服务、系解缆服务、停泊和移泊服务、海上船舶溢油清除服务、水上交通管理服务、船只专业清洗消毒检测服务和防止船只漏油服务等为船只提供服务的业务活动。

港口设施经营人收取的港口设施保安费，按照“港口码头服务”征收增值税。

3. 货运客运场站服务，是指货运客运场站(不包括铁路运输)提供的货物配载服务、运输组织服务、中转换乘服务、车辆调度服务、票务服务和车辆停放服务等业务活动。

4. 打捞救助服务，是指提供船舶人员救助、船舶财产救助、水上救助和沉船沉物打捞服务的业务活动。

5. 货物运输代理服务，是指接受货物收货人、发货人、船舶所有人、船舶承租人或船舶经营人的委托，以委托人的名义或者以自己的名义，在不直接提供货物运输服务的情况下，为委托人办理货物运输、船舶进出港口、联系安排引航、靠泊、装卸等货物和船舶代理相关业务手续的业务活动。

6. 代理报关服务，是指接受进出口货物的收、发货人委托，代为办理报关手续的业务活动。

7. 仓储服务，是指利用仓库、货场或者其他场所代客贮放、保管货物的业务活动。

8. 装卸搬运服务，是指使用装卸搬运工具或人力、畜力将货物在运输工具之间、装卸现场之间或者运输工具与装卸现场之间进行装卸和搬运的业务活动。

(二) 应征增值税税率及其他规定

根据财税〔2013〕37号文规定，提供现代服务业服务(有形动产租赁服务除外)，税率为6%。针对现代物流实务中，交通运输和其他与交通运输有关的辅助服务，其服务本身适用的税率不同。如：物流企业既提供交通运输的服务，又提供仓储、装卸、搬运甚至给客户代收货款等物流辅助的服务，如果不能分开核算应从高适用税率，即按全部收入的11%缴纳增值税。

二、物流企业“营改增”的会计核算

(一) 会计核算应设置的账户

1. 一般纳税人应设会计账户。应在“应交增值税”明细账户下，分别设置“进项税额”“已交税金”“转出未交增值税”“销项税额”“进项税额转出”“转出多交增值税”等专栏，并采用多栏式明细账进行会计核算。同时设置“未交增值税”明细账户，核算一般纳税人月度终了转入的应交而未交的增值税或多交的增值税。

2. 小规模纳税人应设会计账户。应在“应交税金”账户下设置“应交增值税”明细账户，账户中不必设置专栏，采用三栏式明细账即可。

(二) 物流企业“营改增”核算举例

【例 4-5】2016 年 5 月 10 日，某市豁达物流企业(增值税一般纳税人，之前无留抵税额)，接受 H 企业提供运输服务，取得 H 企业开具的货物运输业增值税专用发票，价款 100 000 元，注明的增值税税额为 11 000 元。假设不存在其他情况。

豁达企业接受 H 企业劳务后的会计处理：

借：主营业务成本——H 企业　　100 000
　　应交税费——应交增值税(进项税额)　　11 000
　　贷：应付账款——H 企业　　111 000

【例 4-6】2016 年 5 月，某物流企业本月提供交通运输收入 1 000 000 元，物流辅助收入 1 000 000 元，按照适用税率，分别开具增值税专用发票，款项已收。当月接受长安公司一项运输服务，取得 B 企业开具的货物运输业增值税专用发票，价款 200 000 元，注明的增值税税额为 22 000 元。

取得运输收入的会计处理：

借：银行存款　　1 110 000
　　贷：主营业务收入——运输　　1 000 000
　　　　应交税费——应交增值税(销项税额)　　110 000(1 000 000×11%)

取得物流辅助收入的会计处理：

借：银行存款　　1 060 000
　　贷：其他业务收入——物流　　1 000 000
　　　　应交税费——应交增值税(销项税额)　　60 000(1 000 000×6%)

取得 B 企业货物运输业增值税专用发票后的会计处理：

借：主营业务成本　　200 000
　　应交税费——应交增值税(进项税额)　　22 000(200 000×11%)
　　贷：应付账款——B 公司　　222 000

【例 4-7】2015 年 7 月 2 日，某市 A 物流企业(一般纳税人)与 H 公司(一般纳税人)签订合同，为其提供购进货物的运输服务，H 公司于签订协议时全额支付现金 60 000 元，且开具了专用发票。7 月 8 日，由于前往目的地的道路被冲毁，双方同意中止履行合同。H 公司将尚未认证专用发票退还给 A 企业，A 企业返还运费。

H 公司 7 月 2 日取得专用发票的会计处理：

借：在途物资　　54 054.05 [60 000÷(1+11%)]
　　应交税费——应交增值税(进项税额)　　5 945.95 [60 000×11%÷(1+11%)]
　　贷：库存现金　　60 000

H 公司 7 月 8 日发生服务中止的会计处理：

借：银行存款　　60 000

　　贷：在途物资　　54 054.05

　　　　应交税费——应交增值税(进项税额)　　5 945.95

【例 4-8】 某市 A 物流企业 2015 年 9 月为生产企业甲公司提供运输服务，甲公司支付 A 公司 11 100 000 元(含税)。A 公司将承揽甲公司的省外段的运输业务分包给该地区货物运输企业 R 公司，按联运协议 A 公司支付 R 公司 5 000 000 元运输费用，取得 R 公司开出的运输发票。

A 公司差额纳税会计处理如下：

A 公司为甲公司提供应税服务

借：应收账款——甲公司　　11 100 000

　　贷：主营业务收入　　10 000 000

　　　　应交税金——应交增值税(销项税额)　　1 100 000

A 公司接受 R 公司提供的分段运输服务

借：主营业务成本　　4 504 504.50[5 000 000÷(1＋11%)]

　　应交税金——应交增值税(进项税额)　　495 495.50

　　　　[5 000 000÷(1＋11%)×11%]

　　贷：应付账款——R 公司　　5 000 000

【例 4-9】 某物流企业从事仓储服务业务，本月取得仓储服务收入 100 000 元，物流辅助收入 5 000 元。按照适用税率，分别开具增值税专用发票，款项已收。

取得仓储服务收入的会计处理：

借：银行存款　　106 000

　　贷：主营业务收入——仓储服务收入　　100 000

　　　　应交税费——应交增值税(销项税额)　　6 000(100 000×6%)

取得物流辅助收入的会计处理：

借：银行存款　　5 300

　　贷：其他业务收入——物流辅助收入　　5 000

　　　　应交税费——应交增值税(销项税额)　　300(5 000×6%)

【复习思考题】

1. 物流企业及经营有哪些特点？
2. 物流企业会计核算有哪些特点？
3. 什么是物流成本，其构成如何？
4. 物流企业经营主要业务内容有哪些？

5. 物流包装费的构成及核算如何？

6. 物流装卸与搬运费的构成及核算如何？

7. 物流运输成本构成及核算如何？

【会计职业判断能力训练】

填空题

1. 物流是将______、______、______、_______、_______、配送和信息等方面有机结合，形成完整的供应链，为客户提供多功能、一体化的综合性服务。

2. 物流企业至少从事________或______ 一种经营业务。

3. 包装费用的构成，主要有________、_______、_________、__________和_______等方面。

4. 储存是包含_____和_____在内的一种广泛的经济现象，是一切社会形态都存在的经济现象。

5. 物流企业可以利用______、______等单独经营仓储业务，或者利用_________单独经营运输业务，也可以两者兼营。

6. 运输企业可以选择典型的________、________、公共运输等运输方式。

【会计职业实践能力训练】

某物流公司为非营业税改增值税单位。对燃料汽油采用实地盘存制，本月汽油加权平均单价为 6.5 元/升。2016 年 7 月份发生下列装卸搬运业务。

1. 公司月末根据 7 月份汽油领料单和库存汽油盘存表编制燃料耗用汇总表如表 4-1 所示。

表 4-1　装卸设备燃料汇总表

燃料名称：93 号汽油　　2016 年 7 月份　　计量单位：升

项　目	月初储存数量	本月领用数量	月末储存数量
装卸一队	200	1 200	150
装卸二队	400	7 000	800
合计	600	8 200	950

2. 分配本月装卸作业人员工资，其中：装卸一队 86 000 元，装卸二队 64 000 元。

3. 本月轮胎领用汇总表列明，装卸一队领用轮胎 3 600 元，装卸二队领用轮胎 14 400 元，轮胎采用一次摊销方法。

4. 月末收到电力部门耗电通知单，装卸一队耗用动力电 3 360 元，照明电 960 元，装卸二队耗用动力电 7 240 元，照明电 1 340 元，款未付。

5. 本月份固定资产折旧表中列明：装卸一队应提折旧 62 000 元，装卸二队应提折旧 180 400 元。

6. 摊销应由本月装卸搬运业务负担的保险费 9 680 元，其中：装卸一队 2 780 元，装卸二队 6 900 元。

要求：根据业务编制会计分录。

第五章

施工企业会计

【教学目的及要求】

了解施工企业生产经营管理的特点，以及与工业企业相比，其产品成本的特殊性；要求重点掌握工程预算价格的构成；合同收入和合同成本的构成项目及内容；合同收入和合同成本的确认、计量以及账务处理方法；合同收入和合同成本在财务报告中的披露方法。

【本章重点及难点】

合同收入和合同成本的确认、计量以及账务处理方法。

【本章教学时数】

8学时。

第一节　施工企业会计核算特点

施工企业，也称建筑安装企业，是指从事土木建筑工程、设备安装工程和其他专门工程施工的生产型企业，包括各种土木建筑公司、设备安装公司、基础工程公司、冶金工程公司、电力建设公司、市政工程公司、装修和装饰工程公司等。

一、施工企业生产经营特点

施工企业与其他行业相比，其生产的产品、生产经营活动等都具有许多显著的特点。建筑产品的固定性、多样性、施工周期长等特点，决定了施工企业生产经营活动具有以下几个主要特点。

(一) 施工生产的流动性

施工生产的流动性是由建筑产品的固定性决定的，其主要表现：不同工种的工人都要在同一建筑物的不同部位进行流动施工；生产工人要在同一工地不同单位工程之间进行流动施工；施工队伍要在不同工地、不同地区承包工程，进行区域性流动施工。

(二) 施工生产的单件性

施工生产的单件性是由建筑产品的多样性决定的，主要表现在：每一建筑产品都有其特定的目的和专门的用途，企业只能按建设单位的设计要求进行施工生产，生产出极少完全相同的建筑产品；即使是同一张图纸，因地质、气象、水文等条件不同，其生产也会有很大的差别。这就决定了生产的单件性，建筑产品的多样性。

(三) 施工生产的长期性

施工生产的长期性是由建筑产品的周期长、投资规模大所决定的，主要表现在：建筑产品规模都比较大、耗资多，极少有当年施工当年交工的；另外，施工生产还受施工现场、工艺和自然气候条件的影响，如建筑工程一般都在有限的地面向空中伸展，垂直作业决定了只能投入有限的人力和机械循环施工；工艺要求有些结构需要经过较长的养护期才能承重，如混凝土的操作必须保证一定时间的保养期，否则，将严重影响建筑产品的质量等。只有在养护期满后才能继续施工，所以施工生产工期比较长。

(四) 施工生产受自然气候影响

建筑产品由于位置固定，体积庞大，其生产一般是在露天进行，并且高空、地下、水下作业较多，直接承受着自然气候条件变化的制约。给施工生产、机械作业带来了不利的影响。

(五) 建筑产品销售对象确定

施工企业的建筑产品不同一般企业的产品销售。施工企业通过招投标中标后，是按某一建设单位设计的建筑产品用途和要求组织施工生产活动的，建筑产品一经建成，就可直接交付建设单位使用，所以建筑产品的销售对象是确定而唯一的。

二、施工企业会计核算特点

正是由于上述施工企业生产经营活动的特点，决定了施工企业施工生产资金供应、产品价格形成、工程价款结算方式、成本核算与考核，以及生产经营方式等方面有着不同于其他行业企业的特点。

(一) 生产任务的获取方式

施工企业承建的工程项目，主要是通过招投标方式取得。这是市场经济条件下，基建工作广泛采用的一种项目承发包管理方式。建设单位通过招标选定施工企业，施工企业通过投标中标获取施工生产任务。

施工企业承包的建设工程，按其承包的内容和管理方式可划分为对建设项目的总承包或者某些部分建设内容的承包，另外，也可分包其他施工企业的施工生产任务。

(二) 分级管理、分级核算

施工生产的流动性，决定了企业的施工及管理人员、施工机具、材料物资等生产要素，以及施工管理、后勤服务等组织机构，都要随工程地点的转移而流动。因此，施工企业在组织会计核算时，要适应施工分散、流动性大等特点，采取分级管理、分级核算，使会计核算与施工生产有机地结合起来，充分调动各级施工单位搞好生产的积极性。同时要更加重视施工现场的施工机具、材料物资等的管理和核算，及时反映它们的保管和使用情况，以避免集中核算造成会计核算与施工生产脱节现象。

此外，施工生产流动性的特点，还决定了企业施工队伍每转移到一个新的施工现场，都要根据施工的需要搭建各种临时设施。因此，施工企业还须做好有关临时设施的搭建、施工过程中的价值摊销、维修、报废、拆除等方面的会计核算工作。

(三) 单独计算每项工程成本

由于建筑产品的多样性和施工生产的单件性等特点，这就决定施工企业不能根据一定时期内发生的全部施工生产费用和完成的工程数量来计算各项工程的单位成本，而必须按照承包的每项工程分别归集施工生产费用，单独计算每项工程成本。即建筑产品的多样性和施工生产的单件性，决定了施工企业的工程成本核算对象经常发生变化，施工生产费用的归集和分配必须紧紧围绕着确定的工程成本核算对象来进行，严格遵循收入与费用配比的会计原则。同时，由于不同建筑产品之间的差异大、可比性差，不同建筑产品的实际成本之间不便进行比较，因此，施工企业工程成本的分析、控制和考核不是以可比产品成本为依据，而是以预算成本为依据。

此外，施工企业除了主要计算建筑安装工程成本之外，还需要计算其附属工业产品成本、机械施工及运输单位的机械作业成本以及企业内部非独立核算的辅助生产部门所生产的产品成本和提供劳务的成本等。

因企业所承建的项目产品体积庞大，一般只能露天施工，有些施工机械和材料也只能露天堆放，受自然力侵蚀的影响很大。因此，成本核算应考虑风、霜、雨、雪等气候因素造成的停、窝工损失；施工机械除使用磨损外，还应考虑受自然力侵蚀造成的有形损耗，相对提高其折旧率；材料核算时，也要考虑自然损耗。

(四) 建安工程造价的确定

建筑产品不同于工业产品，其价格的形成，必须通过特殊的计划程序，逐个确定每个建筑安装工程的造价。建筑安装工程的造价是建筑产品价格的体现，是施工企业结算工程价款、确认收入，计算和考核建筑安装工程量和建筑安装工程成本的依据。目前，确定建筑安装工程造价的方式主要有三种。

1. 施工图预算造价。是指企业按照有关文件和施工图纸所提供的地质、水文资料及计算出的工作量，依据预算定额计算出工程所需的全部人工、材料、机械等消耗量，然后再根据单位估价表和取费定额计算出的工程造价。按现行有关规定，房屋建筑工程造价由以下四部分构成。

(1) 直接费是指在刚才施工过程中直接耗费的构成工程实体或有助于工程形成的各种费用，由直接工程费和措施费组成。直接工程费包括人工费、材料费、施工机械使用费。

(2) 间接费由规费、企业管理费组成。

(3) 利润是指施工企业完成所承包工程获得的盈利，由施工企业根据企业自身需求并结合建筑市场实际自主确定。工程造价管理机构在确定计价定额中的利润时，应以定额人工费或者定额人工费与机械费之和作为计算基数，其费率根据历年积累的工程造价资料，并结合建筑市场实际确定，以单位(单项)工程测算，利润在税前建筑安装工程费的比重可按不低于5%且不高于7%的费率计算。利润应列入分部分项工程和措施项目费中。

(4) 税金是指国家税法规定的应计入建筑工程造价内的营业税、城市维护建设税及教育附加费等。

2. 投标报价。是指施工企业依据招标单位提供的工程有关文件资料，参照预算定额和单位估价表，结合本单位的管理情况而计算出的报价，经招标单位和有关管理机构评标后决定的造价，称为投标报价。它是招、投标双方签订合同作为结算工程价款的依据。

3. 造价包干。是指企业参照工程预算定额和单位估价表与建设单位议定的建筑安装工程造价，并按议定的造价包干。包干的造价一般情况下不再调整。造价包干主要有以下几种。

(1) 工程预算加系数包干。

(2) 平方米造价包干。

(3) 小区造价包干。

(五) 工程价款的结算方法独特

施工企业的建筑产品造价高、周期长等特点，决定了施工企业在施工过程中需垫支大量的资金。因此，对工程价款结算，不能等到工程全部竣工后才进行，这样势必会影响施工企业的资金周转，从而影响施工生产的正常进行。所以除工期较短、造价较低的工程采用竣工后一次结算价款外，大多采用按月结算、分段结算等方法。为了进一步解决施工企业垫支资金较多的问题，须向发包单位或建设单位预收工程款和备料款，待办理工程价款结算时，再予以扣还。

此外，由于施工周期长，对于跨年度施工的工程，施工企业还需要根据工程的完工进度，采用完工百分比法分别计算和确认各年度的工程价款结算收入和工程施工费用，以确定各年的经营成果。

(六) 生产所需流动资金的供应

一般情况下，施工企业没有足够的自有流动资金用于所承建的投资规模大、建设周期长的工程项目，其所需的工程主要材料资金、工程进度款等往往需要建设单位以预付备料款、预付工程款等方式给予提供。

第二节 施工企业存货的核算

《企业会计准则——存货》指出，存货是指企业在正常生产经营过程中持有的以备出售的产成品或商品，或者是为了出售但仍然处在生产过程中的在产品，或者是将在生产过程或提供劳务过程中耗用的材料、物料等。施工企业的材料物资等存货，其品种多、规格杂，在会计核算方法上与工业企业存货比，具有较大的差异性，所以在此只重点介绍施工企业具有特色的一般材料和周转材料的核算方法。

一、材料的核算

施工企业的材料是指企业购入的用于工程经营活动的各种材料，包括主要材料、结构件、机械配件、其他材料、周转材料和低值易耗品等。这部分存货将构成工程实体或产品实体。

(一) 主要材料

主要材料是指构成工程实体的材料，如钢材、水泥、木材、砖瓦、砂石、小五金、油漆、电线等。

(二) 结构件

结构件是指经过吊装、拼砌和安装而构成工程实体的材料，如钢窗、木门、钢筋混凝土预制构件等。

(三) 机械配件

机械配件是指机械设备替换、维修用的各种零件和配件，如曲轴、活塞等。

(四) 其他材料

其他材料是指除主要材料、结构件、机械配件以外的各种一次性消耗材料，如燃油、油料等。

(五) 周转材料

周转材料是指企业在施工生产过程中能够多次使用，基本保持原有的实物形态并逐渐转移其价值的工具性材料，包括模板、挡板、架料、安全网等。

(六) 低值易耗品

低值易耗品是指劳动资料中单位价值在 10 元以上、2000 元以下，或者使用年限在一年以内，不能作为固定资产的劳动资料。在 2014 年颁布的会计制度中，将低值易耗品和包装物，归为周转材料的会计账户下核算。

二、材料采购成本构成及账户设置

(一) 国内购进物资采购成本的构成

根据《企业会计准则第 1 号——存货》的规定，企业取得存货应当按照成本进行计量。存货成本包括采购成本、加工成本和其他成本三部分。施工企业的材料物资成本应当以取得或生产该种材料物资的实际成本为基础来计量。由于施工企业的材料物资来源渠道不同，其成本构成内容也不尽相同。

1. 外购材料物资的成本。是指材料物资从采购到入库前所发生的全部支出。包括购买价款、相关税费、运输费、装卸费、保险费以及其他可归属于采购成本的运输途中合理损耗、入库前的整理挑选费等。在上述各构成项目中，买价应直接计入各材料物资的采购成本；运杂费能分清负担对象的，应直接计入有关材料物资的采购成本，不能分清负担对象的，可按材料物资的重量比或买价比等分配标准，分摊计入各有关材料物资的采购成本。

应当指出，施工企业会计传统上对采购保管费是进行单独核算的。采购保管费是指企业的材料物资供应部门和仓库在组织材料物资采购和保管过程中所发生的各项费用，一般包括采购保管人员的薪酬费用、办公差旅费、固定资产使用费、工具用具使用费、劳动保护费、检验试验费(减检验试验收入)、材料整理及零星运费等。在施工项目部，如果设置了相应部门，发生了采购保管费性质的费用，会计上，一般通过设置“采购保管费”账户的借方来归集，月末再按一定的分配标准分配计入各种材料物资的采购成本。

与工业企业材料核算比较，施工企业会计核算有以下不同两点。

(1) 进项税计入采购成本。

(2) 材料物资供应部门、仓库等发生的组织、管理等费用先归集在“采购保管费”账户的借方，期末再按一定的方法分配计入物资采购成本。

2. 自制材料物资的成本。是指在制造过程中发生的各项实际支出，包括耗用的材料成本、支付的人工费用和其他费用。

3. 委托加工材料物资的成本。是指施工项目单位委托其他单位加工材料物资过程中发生的全部支出，包括材料费、加工费、运输装卸费、保险费，以及按规定应缴纳的税金等。

(二) 材料物资购进的核算

根据《企业会计制度》规定，施工企业的存货应按取得时的实际成本计价。在总分类核算上，可按取得材料物资的实际成本直接计入“原材料”账户，或“在途物资”账户。材料物料取得的核算，可参照工业企业材料核算来进行。

对于材料物资供应部门和仓库在组织材料物资采购和保管过程中所发生的各项费用，如采购管理人员的工资、劳动保护、差旅、交通费及材料仓库的保管费等。一般来说，如果企业发生的采购保管费不多，可在管理费用有关明细账户核算。如果数额较大，应先通过“采购保管费”账户归集，月末再按一定的分配标准分配计入各有关材料物资采购成本。施工企业实际发生的采购保管费，分配方法有以下两种。

1. 实际分配率分配法。是指把当月实际发生的采购保管费，全部分配计入当月购入的各种材料物资的采购成本中。其计算公式：

采购保管费实际分配率

=本月发生数÷本月购入材料物资的买价、进项税及运费之和

本月某类材料物资应分配的费用数

=本月购入材料物资的买价、进项税及运费之和×实际分配率

此方法下，“采购保管费”账户月末应无余额。

【例 5-1】长建第一公司，月末结转本月实际发生的采购保管费 10 859 元，本月实际采购成本合计 542 950 元。其中，水泥 116 400 元，砖 126 550 元，钢材 300 000 元。

采购保管费分配率=采购保管费合计÷实际采购成本合计=10 859÷542 950=0.02

材料应分配采购保管费如下：

水泥：116 400×0.02=2 328

砖：126 550×0.02=2 531

钢材：300 000×0.02=6 000

借：原材料——主要材料——水泥　　2 328

　　　　　——主要材料——砖　　2 531

　　　　　——主要材料——钢材　　6 000

　贷：采购保管费　　10 859

2. 计划分配率分配法。是指将事先预计的采购保管费，全部分配计入年度各月购入的各种材料物资的采购成本中。其计算公式：

采购保管费计划分配率

=年计划采保费÷年计划采购材料物资的买价、进项税、运杂费之和

本月某类材料物资应分配的费用数

=本月购入该类材料物资的买价、进项税及运费之和×计划分配率

此方法下，采购保管费的计划数与实际数的差额，平时可保留在“采购保管费”账户，不予结转，在“资产负债表”中“待摊费用”项目中列示。但年末应全部分配计入材料物资采购成本。

(三) 材料物资发出的核算

1. 计价方法。与工业企业原材料核算基本相同，购进时，按发生的实际成本计价入账，材料发出时，根据《企业会计制度》规定，可以采用先进先出法、移动加权平均法、月末一次加权平均法和个别计价法四种方法进行核算。

2. 账户设置。材料物资发出后，可通过设置“工程施工”“辅助生产”“机械作业”等成本类账户来核算。其中：

(1) “工程施工”账户是用来核算施工企业实际发生的工程施工合同成本和合同毛利的，在“工程施工”总账下应设置合同成本、合同毛利两个二级账户进行明细核算。

“工程施工——合同成本”账户，核算各项工程施工合同发生的实际成本，一般包括施工过程中发生的人工费、材料费、机械使用费、其他直接费、间接费用等。

前四项费用发生时，直接计入有关工程成本；间接费用可先在“施工间接费用”账户中加以归集，月末，再按一定分配标准，分配计入有关工程成本。

“工程施工——合同成本”账户的使用类似于工业企业的“生产成本”账户。

“工程施工——合同毛利”账户，核算各项工程施工合同确认的合同毛利。

(2) “机械作业”账户是用来核算施工企业及其内部独立核算施工单位、机械站和运输队使用自有施工机械和运输设备进行机械作业(包括机械化施工和运输作业等)所发生的各项费用。

【例 5-2】长建第一公司项目部，在月末根据领料单汇总编制的发出材料总表，其材料发出情况见表 5-1 所示。

表 5-1 材料发出汇总表

2016 年 4 月

受益对象	发出材料			合 计
	主要材料	结构件	其他材料	
A 工程	450 000	550 000	3 500	1 003 500
施工现场管理部	1 500		150	1 650
仓库维修用料	300		220	520
行政管理部门	200		80	280
合计	452 000	550 000	3 950	1 005 950

根据上表，编制会计分录如下：

借：工程施工——合同成本——A 工程　　450 000
　　施工间接费用　　1 500
　　采购保管费　　300
　　管理费用　　200
　　贷：原材料——主要材料　　452 000

借：工程施工——合同成本——A 工程　　550 000
　　贷：原材料——结构件　　550 000

借：工程施工——合同成本——A 工程　　3 500
　　施工间接费用　　150
　　采购保管费　　220
　　管理费用　　80
　　贷：原材料——其他材料　　3 950

【例 5-3】长建第一公司自有机械设备推土机和挖土机。4 月 25 日凭票据报销本月产生的燃料动力费 30 000 元，其中，推土机耗费 20 000 元，挖土机耗费 10 000 元。

借：机械作业——挖土机——燃料动力费　　10 000
　　　　　　——推土机——燃料动力费　　20 000
　　贷：银行存款　　30 000

三、周转材料及分类

周转材料是指企业在施工生产过程中能够多次使用，基本保持原有的实物形态并逐渐转移其价值的工具性材料，包括模板、挡板、架料、安全网，以及包装物、低值易耗品等。

(一) 周转材料分类

周转材料按其在施工生产过程中的用途不同，一般可分为以下四类。

1. 模板。是指浇灌混凝土用的木模、组合钢模等，包括配合模板使用的支撑材料、滑膜材料和扣件等。按固定资产管理的固定钢模和现场使用固定大模板则不包括在内。

2. 挡板。是指土方工程用的挡土板及支撑材料。

3. 架料。是指搭脚手架用的竹竿、木杆、竹木跳板、钢管及其扣件等。

4. 其他周转材料。是指除以上各类之外，作为流动资产管理的其他周转材料，如塔吊使用的轻轨、枕木(不包括附属于塔吊的钢轨)以及施工过程中使用的安全网等。

周转材料大多是用主要材料加工制成，或者直接从外部购入。在施工过程中起着劳动手段的作用，能多次使用，基本不改变其原有实物形态。但由于周转材料种类繁多，用量较大，价值较低，使用期短，收发频繁，易于损耗，经常需要补充和更换，因此将其列入流动资产进行管理。

在会计核算和管理上，与工业企业的低值易耗品一样，应采用固定资产和材料相结合方法进行。由于周转材料不同于一次性消耗材料，所以施工企业应专门设置“周转材料”账户对其进行核算。

(二) 周转材料领用和摊销的核算

由于周转材料能够多次使用且其价值逐渐转移，如一般企业的包装物和低值易耗品，应当采用一次转销法或者五五摊销法进行摊销；企业(建造承包商)的钢模板、木模板、脚手架和其他周转材料等，可以采用一次转销法和分次摊销法进行摊销。

1. 一次转销法。采用一次摊销法的，在领用周转材料时，将其全部价值一次计入成本、费用，借记“工程施工——合同成本”等账户，贷记“周转材料”账户。这种方法适用于易腐、易糟的周转材料，如安全网等。

2. 分次摊销法。是根据周转材料的预计使用次数将其价值分次摊入成本、费用的方法。这种方法一般适用于使用次数较少或不经常使用的周转材料，如预制钢筋混凝土构件所使用的定型模板和土方工程使用的挡板。其计算公式如下：

周转材料每次摊销额＝周转材料原价×(1－残值率)÷预计使用次数

本期摊销额＝每次摊销额×本期使用的次数

采用分次摊销法的，应在“周转材料”账户下设置“在库周转材料”“在用周转材料”和“周转材料摊销”三个明细账户。并按周转材料的种类设置明细账户进行明细核算。

【例 5-4】长建第一公司采用分次摊销法进行周转材料的核算。2015 年 6 月 1 日，A 工程领用一批定型模板，价值 50 000 元，预计使用 20 次，6 月末，该批定型模板已使用了 3 次，则账务处理如下。

领用时：

借：周转材料——在用周转材料　　　　50 000

　　贷：周转材料——在库周转材料　　　　50 000

6 月末计算摊销时：

本期应摊销额＝定型模板账面价值÷预计使用次数×该期实际使用次数

＝50 000÷20×3

＝7 500(元)

借：工程施工——合同成本——A 工程　　　　7 500

　　贷：周转材料——周转材料摊销　　　　7 500

2016 年 1 月末，该批定型模板预计使用次数完毕，申请报废，残料价值 1 000 元，作账务处理如下。

最后一次摊销时：

借：工程施工——合同成本——A 工程　　　　2 500
　　贷：周转材料——周转材料摊销　　　　2 500
借：原材料　　　　1 000
　　贷：工程施工——合同成本——A 工程　　　　1 000
结转周转材料摊销额：
借：周转材料——周转材料摊销　　　　50 000
　　贷：周转材料——在用周转材料　　　　50 000

值得一提的是，按照现行《企业会计准则》规定，低值易耗品可以在“周转材料”账户中核算，也可单独设置“低值易耗品”账户核算。摊销方法一般也采用一次转销法和分次摊销法。按照低值易耗品在施工生产过程中的用途不同，一般可以分为以下几类：

1. 生产工具。指企业在施工生产过程中使用的各种生产工具和器具。如铁锤、铁镐、钻头、钳子、扳手、灰桶、手推车等。

2. 劳动保护用品。指企业发给工人在施工生产过程中使用的各种劳动保护用品，如安全帽、工作服、手套和面罩等各种防护用品。

3. 管理用具。指企业在管理和服务工作中使用的各种价值较低且易于损耗的家具和办公用品。如文件柜、打字机、复印机、桌椅等。

4. 其他低值易耗品。指不属于以上各类的低值易耗品。

在实际工作中，无论采用哪几种方法摊销，都不能与实际损耗完全一致，这是由于施工企业都是露天作业，周转材料的使用、堆放都受到自然条件的影响，另外，施工过程中安装拆卸的技术水平、工艺水平，都对周转材料的使用寿命影响很大。因此，企业无论采用何种方法对周转材料进行摊销，都应在工程竣工时或定期对周转材料进行盘点，以调整各种摊销方法的计算误差，确保工程或产品计算的正确性。

第三节　临时设施的核算

一、临时设施及分类

临时设施是施工企业长期资产的组成部分，施工企业的临时设施，是为了保证施工和管理的正常进行而建造的各种临时性生产、生活设施。施工队伍进入新的建筑工地时，为了保证施工的顺利进行，必须搭建一些临时设施。但在工程完工以后，这些临时设施就失去了它原来的作用，必须拆除或作其他处理。其内容主要包括大型临时设施和小型临时设施两类。

(一) 大型临时设施

大型临时设施主要包括以下几个方面。

1. 施工人员临时宿舍。
2. 食堂、医务室、浴室、理发室、托儿所等现场临时性的福利设施。
3. 施工单位的现场临时办公室。
4. 施工现场各种临时仓库和施工机械设备库。
5. 临时道路、临时铁路专用线、塔式起重机路基、轻便铁道、围墙、护栏、刺丝网等。
6. 施工过程中应用的临时给排水、供热、供电等管道(不包括设备)。
7. 施工现场预制构件、加工材料等所需要的临时性建筑物。

(二) 小型临时设施

1. 现场施工和警卫安全用的小型临时设施，如作业棚、茶炉棚、休息室、化灰池、储水池、沥青锅灶、宽三米以内的便道。

2. 保管器材用的小型临时设施，如简易料棚、工具储藏室等。

3. 行政管理用的小型临时设施，如工地收发室等。

二、临时设施的搭建、摊销和清理的核算

(一) 临时设施核算应设置的账户

临时设施的性质与固定资产既相似又有区别。临时设施在施工生产过程中发挥着劳动资料的作用，其实物形态基本上与作为固定资产的房屋、建筑物相类似。但由于其建造标准较低，一般为临时性或半永久性的建筑物，不可能长时间或永久使用，多数在其可使用期限内就需拆除清理。因此应将临时设施的价值参照固定资产计提折旧的方式采用一定的摊销方法分别计入受益的工程成本。

基于临时设施的上述特点，现行《企业会计准则》规定，应将施工企业的临时设施并入固定资产会计账户中核算，为此，施工企业应设置“固定资产——临时设施”账户、“累计折旧——临时设施摊销”账户和“固定资产清理——临时设施清理”账户，以及“在建工程”账户，对临时设施进行核算。

(二) 临时设施的核算

1. 搭建购置临时设施的核算。施工企业用银行存款购入的临时设施，应按购入的实际支出，借记“固定资产——临时设施”账户，贷记“银行存款”账户。对于需要通过建筑安装才能完成的临时设施，在搭建过程中发生的各项费用，先通过“在建工程”账户核算，

即发生费用时，借记“在建工程”账户，贷记“原材料”“应付职工薪酬”等相关账户；在达到预定可使用状态时，按照建造期间发生的全部实际成本，再从“在建工程”账户转入“固定资产”账户的借方。

【例 5-5】长建第一公司在施工现场搭建一栋临时工人宿舍，发生的实际搭建成本为 66 400 元，其中，领用材料 14 400 元，应付搭建人员的工资为 30 000 元，以银行存款支付其他费用为 22 000 元，搭建完工后随即交付使用。根据题中资料，作会计分录如下。

(1) 搭建临时设施发生支出时：

借：在建工程——临时宿舍　　66 400

　贷：原材料　　14 400

　　应付职工薪酬　　30 000

　　银行存款　　22 000

(2) 临时设施搭建完工交付使用时：

借：固定资产——临时设施——临时宿舍　　66 400

　贷：在建工程——临时宿舍　　66 400

2. 临时设施折旧(摊销)的核算。施工企业的各种临时设施，应根据其服务方式，合理确定摊销方法，在恰当的期限内将其价值摊入工程成本。当月增加的临时设施，当月不摊销，从下月起开始摊销；当月减少的临时设施，当月继续摊销，从下月起停止摊销。摊销时，应将按月计算的摊销额，借记“工程施工”账户，贷记“累计折旧——临时设施摊销”账户。

【例 5-6】仍以例 5-5 资料为例，如临时宿舍的预计净残值率为 4%，预计工期的受益期限为 30 个月，该临时宿舍摊销账务处理如下：

临时宿舍的月摊销额＝66 400×(1－4%)÷30＝2 124.8 元

借：工程施工　　2 124.8

　贷：累计折旧——临时设施摊销　　2 124.8

3. 临时设施清理的核算。施工企业在出售、拆除、报废临时设施时应将其转入清理。转入清理的临时设施，应按临时设施的账面净值，借记“固定资产清理——临时设施清理”账户，按累计折旧数，借记“累计折旧——临时设施摊销”账户，按其账面原值，贷记“固定资产——临时设施”账户。出售、拆除过程中取得的变价收入和残料价值，借记“银行存款”“原材料”等相关账户，贷记“固定资产清理——临时设施清理”账户；支付的清理费用，借记“固定资产清理——临时设施清理”账户，贷记“银行存款”等相关账户。清理后，如果发生净损失，借记“营业外支出”账户，贷记“固定资产清理——临时设施清理”账户；如果发生净收益，则借记“固定资产清理——临时设施清理”账户，贷记“营业外收入”账户。

【例 5-7】接续例 5-6 中临时宿舍资料，由于承包工程已竣工，不再需要，将其拆除，其账面累计已摊销额为 53 120 元，支付拆除人员工资 3 000 元，收回残料 2 000 元，已验收入库，清理工作结束，其账务处理如下。

(1) 将拆除的临时设施转入清理，注销其原值和累计已提摊销额时：

借：固定资产清理——临时设施清理——临时宿舍　　13 280

　　累计折旧——临时设施摊销　　53 120

　　贷：固定资产——临时设施——临时宿舍　　66 400

(2) 分配拆除人员工资时：

借：固定资产清理——临时设施清理——临时宿舍　　3 000

　　贷：应付职工薪酬　　3 000

(3) 残料验收入库时：

借：原材料　　2 000

　　贷：固定资产清理——临时设施清理　　2 000

(4) 清理后净损失＝13 280＋3 000－2 000＝14 280，结转分录如下：

借：营业外支出——处置临时设施净损失　　14 280

　　贷：固定资产清理——临时设施清理——临时宿舍　　14 280

第四节　工程施工成本的核算

一、工程施工成本概述

(一) 工程施工成本概念

施工企业承建的工程项目，是按照与建设单位签订的建造合同组织生产的。施工企业在施工生产过程中，必然要发生各种各样的资金耗费，如领用材料、支付职工薪酬，发生固定资产损耗，等等。施工企业在一定时期内从事工程施工、提供劳务等发生的各种耗费称为生产费用，将这些生产费用按一定的对象进行分配和归集，就形成了工程成本。

工程成本是施工企业在工程施工过程中发生的，按一定成本核算对象归集的生产费用总和，包括直接费用和间接费用两部分。直接费用是指直接耗用于施工过程，构成工程实体或有助于工程形成的各项支出，包括人工费、材料费、机械使用费和其他直接费；间接费用是指施工企业所属各直接从事施工生产的单位(如施工队、项目部等)为组织和管理施工生产活动所发生的各项费用，包括临时设施费、施工单位管理人员薪酬、施工管理用固定资产的折旧、物料消耗、低值易耗品摊销、水电费、办公费、差旅费、保险费、工程包修费、劳动保护费及其他费用。

(二) 工程成本核算对象的确定

1. 工程成本核算对象，是在成本核算时选择的归集施工生产费用的目标。合理确定工程成本核算对象，是正确进行工程成本核算的前提。

根据《企业产品成本核算制度》第 12 条规定：建筑企业一般按照订立的单项合同确定成本核算对象。单项合同包括建造多项资产的，企业应当按照企业会计准则规定的合同分立原则，确定建造合同的成本核算对象。为建造一项或数项资产而签订一组合同的，按合同合并的原则，确定建造合同的成本核算对象。

一般情况下，企业应以每一单位工程为对象归集生产费用，计算工程成本。这是因为施工图预算是按单位工程编制的，所以按单位工程核算的实际成本，便于与工程预算成本比较，以检查工程预算的执行情况，分析和考核成本节超的原因。但是一个企业通常要承建多个工程项目，每项工程的具体情况又各不相同，因此，企业应按照与施工图预算相适应的原则，并结合承包工程的具体情况，合理确定成本核算对象。

比如，对同一建设项目，由同一单位施工，同一施工地点、同一结构类型、开工、竣工时间相接近的若干个单位工程，可合并成为一个成本核算对象。

再比如，对规模大、工期长的单位工程，可将工程划分为若干部位，以每一个分部位的工程作为成本核算对象。

成本核算对象确定后，在成本核算过程中不得随意变更。所有原始记录都必须按照确定的成本核算对象填写清楚，以便于归集和分配生产费用。

2. 工程成本核算对象的分级。施工企业可根据其工程管理的需要和成本核算的要求，逐级计算工程成本。按成本计算的范围不同，企业可以依序计算分项工程、分部工程、单位工程、单项工程和全部工程的成本等。

(1) 分项工程成本，是指分项工程施工所发生的全部施工费用。分项工程是分部工程的组成部分，按工程的不同结构、材料和施工方法等因素划分，如基础工程可分为围堰、挖基、砌筑基础、回填等分项工程。分项工程是建筑安装工程的基本构成要素，是组织施工生产及确定工程造价的基础。

(2) 分部工程成本，是指分部工程施工所发生的全部施工费用。分部工程是单位工程的组成部分，一般是按单位工程的各个部位划分的，如基础工程、桥梁上下部工程、路面工程路基工程等。

(3) 单位工程成本，是指单位工程施工所发生的全部施工费用。单位工程是单项工程的组成部分，它是指单项工程内具有独立的施工图和独立施工条件的工程，如某隧道单项工程可分为土建工程、照明和通气工程等单位工程；某公路工程可分为路线工程、桥涵工程等单位工程；某生产车间单项工程可分为厂房建筑工程、设备安装工程、电气照明工程等单位工程。

(4) 单项工程成本，是指具有独立设计文件，建成后能独立发挥生产能力和效益的各项工程所发生的全部施工费用。如：公路建设中某独立大桥的工程成本、某隧道工程成本、沥青混凝土路面成本、某住宅楼工程成本等。

(5) 全部工程成本，是指施工企业从事各种建筑安装工程施工所发生的全部施工费用，也称总成本。施工企业内部各独立核算单位，应定期汇集和计算各项工程成本并上报；企业财会部门应根据内部各独立核算单位上报的工程成本表加以汇总。企业汇总后的工程成本表所反映的工程成本，就是企业已实际发生的各项工程施工成本，即全部工程成本。

在实际工作中，施工企业要核算到哪一级成本，应根据工程管理的需要和成本核算的要求来确定。分项、分部、单位、单项工程成本分别从不同侧面反映了建筑安装工程施工费用支出的情况，便于考核有关施工企业或施工项目部的经济效益，为进行经济分析提供依据。

3. 结合施工企业施工生产实际，成本计算对象的确定主要有以下几种。

(1) 建筑安装工程通常应以每一独立编制施工图预算的单位工程为成本核算对象。

(2) 如果一个单位工程由几个施工单位共同施工，则各施工单位都应以同一单位工程为成本核算对象，各自核算自己完成的部分。

(3) 对于规模大、工期长的单位工程，可以将工程划分为若干部位，以分部工程作为成本核算的对象。

(4) 如果同一建设项目，由同一单位施工，同一施工地点、同一结构类型且开竣工时间相接近的若干个单位工程组成，则可以合并作为一个成本核算对象。

(5) 对于改建、扩建的零星工程，可以将开竣工时间相接近、属于同一建设项目的多个单位工程，合并作为一个成本核算对象。

(6) 对于土石方工程、打桩工程，可以根据实际情况和企业管理的需要，将一个单位工程作为成本核算对象，或者将同一施工地点的多个工程量较小的单项工程合并作为一个成本核算对象。

(三) 工程成本项目

成本项目是施工费用按经济用途分类形成的若干项目。成本项目可以反映工程施工过程中的资金消耗情况，为进行成本分析提供依据。根据《企业产品成本核算制度》(试行)第25条的规定：建筑企业一般设置直接人工、直接材料、机械使用费、其他直接费用和间接费用等成本项目。建筑企业将部分工程分包的，还可以设置分包成本项目。

(1) 直接人工，是指按照国家规定支付给施工过程中直接从事建筑安装工程施工的工人以及在施工现场直接为工程制作构件和运料、配料等工人的职工薪酬。

(2) 直接材料，是指在施工过程中所耗用的、构成工程实体的材料、结构件、机械配件和有助于工程形成的其他材料以及周转材料的租赁费和摊销等。

(3) 机械使用费，是指在施工过程中使用自有施工机械所发生的机械使用费，使用外单位施工机械的租赁费，以及按照规定支付的施工机械进出场费等。

(4) 其他直接费用，是指在施工过程中发生的材料搬运费、材料装卸保管费、燃料动力费、临时设施摊销、生产工具用具使用费、检验试验费、工程定位复测费、工程点交费、场地清理费，以及能够单独区分和可靠计量的为订立建造承包合同而发生的差旅费、投标费等费用。

(5) 间接费用，是指企业各施工单位为组织和管理工程施工所发生的费用。

(6) 分包成本，是指按照国家规定开展分包，支付给分包单位的工程价款。

二、工程成本核算的账户设置与核算程序

(一) 工程成本核算的账户设置

为了核算和监督各项施工费用的发生和分配情况，正确计算工程成本，施工企业在工程成本核算时应设置下列会计账户。

1. “工程施工”账户。类似于工业企业的“生产成本”账户，该账户用来核算施工企业进行施工生产所发生的各项工作费用支出，可按成本计算对象和成本项目进行明细核算。人工费、材料费和其他直接费用等，发生后可直接计入有关工程成本；机械使用费和间接费用可先归集在有关账户，月末按一定的分配标准分配计入各有关工程成本。

施工企业应根据工程合同确定的工程价款结算方式，按月或按期结转已完工程的成本，月末，“工程施工”账户的借方余额为未完工程的实际成本。

2. “机械作业”账户。该账户核算施工企业使用自有的施工机械和运输设备进行机械作业(包括机械化施工和运输作业)所发生的各项费用。该账户借方登记发生的各项机械作业费用，贷方登记月末分配计入“工程施工——合同成本”的机械化施工和运输作业成本。本账户期末结转后应无余额。该账户应按不同的施工机械作为成本核算对象，设置明细账户。

3. “施工间接费用”账户。该账户核算企业所属的施工生产单位(即工区或施工队)为组织管理施工生产而发生的各项费用。包括工区或施工队管理人员的薪酬、固定资产折旧费、财产保险费、差旅费、办公费等间接费用。该账户借方登记实际发生的各项间接费用，贷方登记期末分配转入各工程成本的间接费用，期末结转后一般无余额。

4. “辅助生产”账户。该账户核算企业所属的非独立核算的辅助生产部门为工程施工生产材料(或产品)和提供劳务所发生的费用，如提供水、电、气、风等辅助生产。其借方登记实际发生的辅助生产费用，贷方登记分配转出的辅助生产费用；期末结转后一般无余额。施工企业的辅助生产费用归集与分配，可以参照工业企业的相关内容来进行核算。

(二) 工程成本核算程序

工程施工企业工程成本核算的基本程序如下。

1. 归集各项生产费用。即将本期发生的各项经营费用(如职工薪酬、材料费、折旧费等生产费用)，按其用途和合同归集到有关成本或费用账户。

2. 分配辅助生产费用。期末将归集在“辅助生产”账户的费用向各受益对象分配，计入“机械作业”“工程施工”等账户。

3. 分配机械作业费用。期末将归集在“机械作业”账户的费用向各受益对象分配，计入“工程施工”账户。

4. 分配施工间接费用。期末将归集在“施工间接费用”账户的费用向各受益工程分配，计入“工程施工——合同成本”有关明细账户。

5. 计算和结转工程成本。期末计算本期已完工程或竣工工程的实际成本，并将竣工工程的实际成本从“工程施工”账户转出，与“工程结算”账户对冲，尚未竣工工程的实际成本仍然保留在“工程施工”账户，不予结转。

三、工程实际成本的核算

下面以长建第一公司 2016 年 4 月份各项费用资料为例，说明工程成本计算程序和相应的账务处理。

【例 5-8】长建第一公司现有甲、乙两个成本核算对象，两个工程在同一施工地点同时施工。为此，施工企业在此仅设一个项目经理部负责组织管理施工生产活动。发生的间接费用应通过“施工间接费用”账户核算，工程成本包括“人工费”“材料费”“机械使用费”“其他直接费”和“间接费用”五个成本项目。

(一) 人工费的核算

施工企业月末计算出应付职工薪酬应根据职工所属部门和提供劳务的性质不同，分别计入有关成本或费用账户。其中，建筑安装工人的各项薪酬直接计入“工程施工——合同成本”账户；而且应按照不同的工程项目，将职工薪酬分别计入不同的成本计算对象；从事机械作业人员的薪酬直接计入“机械作业”账户；辅助生产部门人员的各项薪酬计入“辅助生产”账户；施工现场管理人员的各项薪酬计入“施工间接费用”账户；公司管理人员的各项薪酬计入“管理费用”账户。

4 月企业发生的直接从事施工生产人员工资 1 140 000 元，根据有关记录，甲工程施工生产人员工资 310 000 元，乙工程施工生产人员工资 350 000 元；供电车间 60 000 元，机修车间 80 000 元；施工机械作业人员工资 60 000 元。项目经理部管理人员工资 100 000 元，公司管理人员工资 180 000 元。

根据有关规定，职工的医疗保险按工资总额的 12%计提，养老保险按 10%计提，失业保险按2%计提，住房公积金按10%计提。工会经费按2%计提，职工教育经费按2.5%计提。

根据上述资料编制的职工薪酬分配汇总表，见表5-2所示。

表5-2　职工薪酬分配汇总表

2016年4月　　　　单位：元

应借账户	应付职工薪酬	社会保险				住房公积金(10%)	工会经费(2%)	教育经费(2.5%)	总计
		养老保险(10%)	医疗保险(12%)	失业保险(2%)	合计				
工程施工									
——甲工程	310 000	31 000	37 200	6 200	74 400	31 000	6 200	7 750	429 350
——乙工程	350 000	35 000	42 000	7 000	84 000	35 000	7 000	8 750	484 750
生产									
——供电	60 000	6 000	7 200	1 200	14 400	6 000	1 200	1 500	83 100
——机修	80 000	8 000	9 600	1 600	19 200	8 000	1 600	2 000	110 800
机械作业									
——机械费	60 000	6 000	7 200	1 200	14 400	6 000	1 200	1 500	83 100
间接费用									
——项目部	100 000	10 000	12 000	2 000	24 000	10 000	2 000	2 500	138 500
管理费用	180 000	18 000	21 600	3 600	43 200	18 000	3 600	4 500	249 300
合计	1 140 000	114 000	136 800	22 800	273 600	114 000	22 800	28 500	1 578 000

根据上述职工薪酬分配汇总表编制会计分录如下：

借：工程施工——合同成本——甲工程　　429 350

　　　　　　　　　　　——乙工程　　484 750

　　辅助生产——供电车间　　83 100

　　　　　　——机修车间　　110 800

　　机械作业——施工机械费　　83 100

　　施工间接费用——项目经理部　　138 500

　　管理费用　　249 300

　　贷：应付职工薪酬——工资　　1 140 000

　　　　　　　　——社会保险(养老保险)　　114 000

　　　　　　　　　　　　　(医疗保险)　　136 800

　　　　　　　　　　　　　(失业保险)　　22 800

　　　　　　　　——住房公积金　　114 000

　　　　　　　　——工会经费　　22 800

　　　　　　　　——职工教育经费　　28 500

注意：

如果同一工地，有多个工程同时施工，其人工费用可按各工程受益的用工数(日)进行分配。

根据以上会计分录，登记工程成本等有关明细账如表 5-3～表 5-9 所示。

表 5-3　工程施工明细账

二级账户：合同成本

摘要	借方金额						贷方	余额
	人工费	材料费	机械使用费	其他直接费	间接费	合计		
(略)	914 100					914 100		
		408 200				1 322 300		
			26 000			1 348 300		
				9 000		1 357 300		
					470 300	1 827 600		
转出							1 827 600	
合计	914 100	408 200	26 000	9 000	470 300	1 827 600	1 827 600	0

表 5-4　工程成本卡

成本核算对象：甲工程

摘要	借方金额						贷方	余额
	人工费	材料费	机械使用费	其他直接费	间接费	合计		
(略)	429 350					429 350		
		186 765				616 115		
			14 800			630 915		
				4 500		635 415		
					220 901	856 316		
转出							856 316	
合计	429 350	186 795	14 800	4 500	220 901	856 316	856 316	0

表 5-5　工程成本卡

成本核算对象：乙工程

摘要	借方金额						贷方	余额
	人工费	材料费	机械使用费	其他直接费	间接费	合计		
(略)	484 750					484 750		
		221 435				706 185		
			11 200			717 385		
				4 500		721 885		
					249 399	971 284		
转出							971 284	
合计	484 750	221 435	11 200	4 500	249 399	971 284	971 284	0

表 5-6　辅助生产明细账

车间：供电车间

摘要	借方金额						贷方	余额
	人工费	物料消耗	折旧费	水电费	其他费用	合计		
(略)	83 100							
		8 500						

表 5-7　辅助生产明细账

车间：机修车间

摘要	借方金额						贷方	余额
	人工费	物料消耗	折旧费	水电费	其他费用	合计		
(略)	110 800							
		12 000						

表 5-8　机械作业明细账

成本核算对象：施工机械

摘要	借方金额						贷方	余额
	人工费	燃料动力费	折旧费	其他直接费	间接费用	合计		
(略)	83 100							
		20 000	12 000					

表 5-9　施工间接费用明细账

单位名称：项目经理部

摘要	人工费	折旧费	物料消耗	办公费	水电费	劳动保护费	差旅交通费	保险费	合计	转出	余额
(略)	138 500								138 500		
			2 500						141 000		
				2 000	320 000	2 500	1 800	3 000	470 300		
转出										470 300	
合计	138 500		3 500	2 000	320 000	2 500	1 800	3 000	470 300	470 300	0

(管理费用明细账略)

(二) 材料费的核算

工程成本中的材料费，是指在工程施工过程中耗用的构成工程实体的主要材料、结构件等的实际成本,还包括有助于工程形成的其他材料的实际成本以及周转材料的摊销额等。

施工现场储存的材料，除用于工程施工外，还可能用于临时性设施或用于其他非生产方面。企业必须根据发出材料的用途，严格划分工程用料和其他用料的界限，只有直接用于工程施工的材料才能计入工程成本。

施工生产中耗用的材料，品种多、数量大，领用频繁，因此，企业应根据发出材料的有关原始凭证进行整理、汇总，并应区分以下情况进行会计处理。

1. 凡领用时能点清数量并能分清领用对象的，应在有关领料凭证(领料单、限额领料单)上注明领料对象，将其成本直接计入该成本核算对象。

2. 领用时虽能点清数量，但属于集中配料或统一下料的材料，如油漆、玻璃等，应在领料凭证上注明“工程集中配料”字样，月末根据耗用情况，编制“集中配料耗用计算单”，据以分配计入各成本核算对象。

3. 领料时既不易点清数量，又难以分清耗用对象的材料，如砖、瓦、灰、沙、石等大堆材料，可根据具体情况，由材料员或施工现场保管员，月末通过实地盘点，倒算出本月实耗数量，编制“大堆材料耗用量计算单”，据以分配计入各成本计算对象。

4. 周转使用的模板、脚手架等周转材料，应根据各受益对象的实际在用数量和规定的摊销方法，计算当月摊销额，并编制“周转材料摊销分配表”，据以分配计入各成本核算对象。对租用的周转材料，应当按实际支付的租赁费计入各成本核算对象。

5. 施工中的残次材料和包装物品等应尽量收回利用，编制“废料交库单”估价入账，并冲减工程成本。

6. 按月计算工程成本时，月末对已经办理领料手续，但尚未耗用，下月份仍需要继续使用的材料，应进行盘点，办理“假退料”手续，以冲减本期工程成本。

7. 工程竣工后剩余材料，应填写“退料单”，据以办理材料退库手续，冲减工程成本。

期末，企业应根据各种领料凭证，汇编“材料费用分配表”，作为各工程材料费核算依据。

月末，为了简化核算工作，财会部门可以合并上述各种材料发出汇总表和材料费用分配表，编制材料费用分配汇总表，据以进行会计处理。

【例 5-9】4 月末，长建第一公司财会部门根据本月的“定额领料单”“集中配料耗用计算单”“大堆材料耗用量计算单”“废料交库单”“退料单”等原始凭证，编制“材料费用分配汇总表”，见表 5-10 所示。

表 5-10　材料费用分配汇总表

2016 年 4 月　　单位：元

应借账户	黑色金属费用	硅酸盐费用	柴油费用	结构件费用	机械配件费用	黄砂费用	碎石	综合料费用	其他材料	合计
工程施工										
——甲工程	36 000	44 500		50 000		23 100	10 125	23 040		186 765
——乙工程	57 600	27 000		80 000		9 900	12 375	34 560		221 435
辅助生产										
——供电									8 500	8 500
——机修					12 000					12 000
机械作业										
——机械费			12 000		20 000					32 000
间接费用										
——经理部									2 500	2 500
合计	93 600	71 500	12 000	130 000	32 000	33 000	22 500	57 600	11 000	463 200

根据以上材料费用分配汇总表，编制以下会计分录：

借：工程施工——合同成本——甲工程　　186 765
　　　　　　　　　　　——乙工程　　221 435
　　辅助生产——供电　　8 500
　　　　　　——机修　　12 000
　　机械作业——机械费用　　32 000
　　施工间接费用——项目经理部　　2 500
贷：原材料——黑色金属　　93 600
　　　　　——硅酸盐　　71 500
　　　　　——燃料——柴油　　12 000
　　　　　——结构件　　130 000
　　　　　——机械配件　　32 000
　　　　　——大堆材料——黄砂　　33 000
　　　　　——碎石　　22 500
　　　　　——综合料　　57 600
　　　　　——其他材料　　11 000

以上原材料的明细账应根据上述分录并结合有关原始凭证进行登记。

根据以上会计分录，登记工程施工等明细账如表 5-3～表 5-9 所示。

(三) 机械使用费的核算

工程成本中的机械使用费，是指在施工过程中使用自有机械和运输设备发生的费用，也包括租入施工机械支付的租赁费，以及施工机械的安装、拆卸和进出场费等。

1. 租入机械使用费的核算。租入机械使用费是指从外单位租入的机械发生的使用费，也包括从企业内部独立核算的单位租入机械发生使用费。

2. 租入机械发生的使用费。如果租入机械只服务于一个成本核算对象，那么，应根据“机械租赁费结算单”所列金额，直接将租赁费计入该项工程的成本；如果租入机械为两个或两个以上工程服务，那么，应按各工程使用机械的台班数，将租赁费用分配计入各成本计算对象。

【例 5-10】4 月末，长建第一公司本月租用某市机械化施工公司起重机和搅拌机，本月使用起重机 10 个台班(甲工程 6 个台班，乙工程 4 个台班)，起重机每台班租赁费 800 元；使用搅拌机 18 个台班(甲工程 10 个台班，乙工程 8 个台班)，搅拌机每台班租赁费 1 000 元。企业已开出转账支票，向市机械化施工公司支付租赁费共计 26 000 元。

根据以上资料，编制机械租赁费用分配表如表 5-11 所示。

表 5-11　机械租赁费用分配表

2016 年 4 月

受益对象	起重机		搅拌机		合计
	台班单价：800 元		台班单价：1 000 元		
	台班	金额	台班	金额	
甲工程	6	4 800	10	10 000	14 800
乙工程	4	3 200	8	8 000	11 200
合计	10	8 000	18	18 000	26 000

根据上述机械租赁费用分配表，编制以下会计分录：

借：工程施工——合同成本——机械使用费——甲工程　　14 800

　　　　　　　　　　　　——机械使用费——乙工程　　11 200

　　贷：银行存款　　26 000

根据以上会计分录，登记工程施工明细账，见表 5-3～表 5-5。

如果企业租用的是内部独立核算单位的施工机械，其发生的机械租赁费，应作如下会计处理：

借：工程施工——合同成本——机械使用费

　　贷：银行存款

　　　　应付账款(与外部单位往来用)

　　　　其他应收款——公司内部往来(业务结算)(与独立核算单位业务用)

2. 自有机械使用费的归集与分配。企业使用的自有施工机械或运输设备进行机械施工发生的各项费用，应通过“机械作业”账户进行归集，月末再按一定的方法分配计入各受益对象的成本。企业使用自有施工机械或运输设备进行施工生产发生的各项费用，应通过“机械作业”账户及所设置的“人工费”“燃料及动力费”“折旧及修理费”“其他直接费”“间接费用”等明细账户进行归集，月末再按一定的方法分配计入各受益对象的成本。

发生机械作业费用时：

借：机械作业——人工费

　　　　　　——燃料及动力费

　　　　　　——折旧及修理费

　　贷：银行存款

　　　　应付职工薪酬

　　　　累计折旧

　　　　原材料

月份终了，将归集在“机械作业”账户借方的费用，再分配结转到“工程施工”账户。

则作如下会计处理：

借：工程施工——合同成本——机械使用费

贷：机械作业

另外，施工企业发生的机械使用费，除了施工机械外，还可能有运输设备等为工程运输发生的费用。运输设备在运输过程中发生的各项费用的归集和分配，与上述施工机械作业费用的归集和分配的方法是一样的。

(四) 其他直接费用的核算

其他直接费是指在施工过程中所发生的，除人工费、材料费、机械使用费以外的其他各种直接费用，主要包括材料二次搬运费、工程定位复测费、工程点交费、临时设施摊销费、生产工具用具使用费、场地清理费用、水电费等。其他直接费发生时，借记“工程施工——其他直接费”账户，贷记有关账户。

【例 5-11】4 月末，长建第一公司本月因施工场地狭窄，二次搬运材料发生搬运费用 5 000 元，假设甲乙工程各负担 50%，甲、乙工程领用生产工具各 2 000 元。根据资料，编制会计分录如下。

借：工程施工——合同成本——其他直接费——甲工程　　4 500

　　　　　　——合同成本——其他直接费——乙工程　　4 500

　贷：应付职工薪酬——工资　　5 000

　　　周转材料　　4 000

根据以上会计分录，登记工程施工明细账，见表 5-3～表 5-5。

(五) 施工间接费用的核算

施工间接费用是指为完成合同发生的、不易直接归属于合同成本核算对象而应分配计入有关合同成本核算对象的各项费用支出，是企业所属各施工单位(分公司、工程处、工区、施工队、项目经理部)为组织和管理工程施工所发生的各项费用。主要包括临时设施摊销费用和施工、生产单位发生的管理人员工资、奖金、福利费、劳动保护费、固定资产折旧费及修理费、物料消耗、低值易耗品摊销、取暖费、水电费、办公费、差旅费、财产保险费、工程保修费、排污费等。费用发生时，应先通过“施工间接费用”账户进行归集，成本计算期末再采用系统、合理的方法分配计入各工程成本。

施工间接费用的分配方法一般有职工薪酬比例分配法和直接费用分配法等。如果本单位所管的工程既有建筑施工工程，又有安装工程，可先将间接费用分配给不同类别的工程，然后，再将每一类别工程分配的间接费用分配给类内每一成本计算对象。

1. 职工薪酬比例分配法。是以各工程合同成本对象实际发生的人工费为标准来分配间接费用的一种方法。由于工资费用分配表中有现成的生产工人工资资料，因而采用此分配方法，核算工作简便。这种方法适用于人工费占成本比例较大、材料消耗小、机械化施工程度低的工程项目，如安装工程、砌筑工程等。其计算公式如下：

间接费用分配率＝当期实际发生全部间接费用之和÷当期各工程发生的人工费之和

某项工程应负担间接费用＝该项工程当期实际发生人工费×间接费用分配率

【例 5-12】长建第一公司项目经理部除上述分配计入的各项费用以外，还发生办公费用 2 000 元，劳动保护费 2 500 元，差旅交通费 1 800 元，保险费 3 000 元，水电费 320 000 元。均用银行存款支付。根据上述资料，编制会计分录如下。

借：施工间接费用——项目经理部(办公费) 2 000
——项目经理部(劳动保护费) 2 500
——项目经理部(差旅费) 1 800
——项目经理部(保险费) 3 000
——项目经理部(水电费) 320 000
贷：银行存款 329 300

根据以上会计分录，登记间接费用明细账，见表 5-9。

仅以职工薪酬比例法将项目经理部发生的间接费用在甲工程和乙工程之间进行分配。

【例 5-13】长建第一公司 2016 年 4 月项目经理部发生的间接费用总额为 470 300 元，见表 5-9；发生的直接人工费：甲工程为 429 350 元，乙工程为 484 750 元。

根据上述资料，编制施工间接费用分配表，如表 5-12 所示。

表 5-12 施工间接费用分配表

项目经理部 2016 年 4 月

应借账户	直接人工	分配率	分配金额
工程施工			
——甲工程	429 350		220 901
——乙工程	484 750		249 399
合计	914 100	0.5145*	470 300

*分配率 0.51449 为约等于数，所以乙工程应分配的间接费用需要用减法求得，即 470 300－220 901＝249 399

根据上述分配表，编制以下会计分录：

借：工程施工——合同成本——甲工程 220 901
——乙工程 249 399
贷：施工间接费用——项目经理部 470 300

根据以上分录，登记间接费用和工程施工明细账如表 5-3～表 5-9 所示。

2. 直接费用比例分配法。是以各工程合同成本核算对象发生的直接费用为标准来分配间接费用的一种方法。该方法适用于建筑工程项目的核算。其计算公式如下：

间接费用分配率＝当期实际发生的全部间接费用之和÷当期各工程发生的直接费用之和

某项工程应负担间接费用＝该项工程当期实际发生的直接费用×间接费用分配率

(六) 已完工程实际成本的计算和结转

已完工程实际成本是指工程成本计算期内已经完工的工程承担的生产费用实际发生额。

1. 已完工程实际成本的计算。施工企业应根据工程合同确定的工程价款结算办法，按时结算“已完工程”成本，因企业向建设单位收取工程价款的结算方式不同，“已完工程”的含义和实际成本的计算方法也不同。

(1) 实行工程项目竣工后一次结算的已完工程实际成本的计算。实行工程项目竣工后一次结算工程价款时，“已完工程”即指已经甲乙双方验收、办理竣工决算、交付使用的工程项目。在这种情况下，施工过程中发生的各项成本费用，随时计入各成本核算对象的成本项目，进行工程成本的明细核算。竣工时，工程成本明细分类账中登记的工程成本累计总额，就是竣工工程的实际成本。

(2) 实行按期结算工程价款的已完工程实际成本的计算。实行按期结算工程价款时，“已完工程”即指已经完成预算定额规定的全部工序的施工内容，在本企业不需要再进行加工的分部分项工程。分部分项工程是构成工程项目的基本要素，也是编制工程预算的最基本的计量单位，规定有一定的工作内容和质量标准。虽然这部分工程不是竣工工程，也不具有完整的使用价值，但企业也不需要再进行任何施工活动，可以确定它的工程数量和质量，故能够将其作为“已完工程”计算实际成本，并按合同价格向业主收取工程价款。相反，凡在期末尚未完成预算定额规定的全部工序与内容的分部分项工程称为“未完施工”，这部分“未完施工”不能向业主收取工程价款。计算公式如下：

本期已完工程成本＝期初未完施工成本＋本期成本费用发生额－期末未完施工成本

以上公式中，“期初未完施工成本”和“本期成本费用发生额”可直接从“工程施工”有关明细分类账中取得，“期末未完施工成本”需要按一定的方法计算取得。

在一般情况下，期末未完工程量在全部工程量中所占比重较小，而且期初、期末未完工程的数额变化不大，为了简化成本核算手续，通常可以把期末未完工程的预算成本视同它的实际成本，不分摊间接费用。未完施工预算成本计算公式如下：

未完工程预算成本＝期末未完工程折合成已完工程实物量×该分部分项工程预算单价

在实际工作中，期末未完工程预算成本的计算，是在期末对施工现场进行实地盘点的基础上，通过编制“未完施工盘点单”进行计算。其格式如表 5-13 所示。

表 5-13 未完施工盘点单

2016 年 4 月

单位工程名称	分部分项工程		已做工序					其中		
	名称	预算单价	工程名称(内容)	占分部分项工程比	已做数量(m^3)	折合分部分项工程量(m^3)	预算成本	人工费	材料费	其他直接费
甲工程	墙面抹灰	4	底层							
乙工程	墙面抹浆	4	第一遍							
合计										

财会部门根据“未完施工盘点单”所确定的未完施工成本，计入“工程施工——合同成本明细账”的期末未完施工成本，并据以计算已完工程实际成本。

【例 5-14】假如长建第一公司项目经理部管理的甲、乙工程全部竣工，并属于在工程竣工后一次结算工程价款的工程。其中，甲工程建造合同总收入为 1 200 000 元，乙工程为 1 280 000 元。根据表 5-4 和表 5-5，计算甲、乙工程实际成本为：

甲工程实际成本＝429 350＋186 765＋14 800＋4 500＋220 901＝856 316(元)

乙工程实际成本＝484 750＋221 435＋11 200＋4 500＋249 399＝971 284(元)

2. 已完工程实际成本的结转。工程施工成本结转，是指在工程竣工后，将工程的实际成本结转到“工程结算”账户。已完工程实际成本的结转取决于施工企业采用的工程价款结算方式。按相关规定，建设工程的价款结算，可采取按月结算、分段结算、竣工后一次结算，或按双方约定的其他结算方式进行结算。对于采用按月结算工程价款办法的工程，应按月结转已完工程的成本；对于采用竣工后一次结算或分段结算工程价款的工程，应按照合同规定的工程价款结算期，结转已完工程的成本。结转时应按已完工工程的实际成本，借记“工程结算”账户，贷记“工程施工”账户。

根据例 5-14 资料，竣工时确认甲工程收入和费用的会计分录如下。

借：主营业务成本　　　　　　　　　856 316
　　工程施工——合同毛利　　　　　343 684
　　贷：主营业务收入　　　　　　　　1 200 000

进行工程结算时：

借：银行存款(或应收账款等)　　　　1 200 000
　　贷：工程结算　　　　　　　　　　1 200 000

结转工程施工成本时：

借：工程结算　　　　　　　　　　　1 200 000
　　贷：工程施工——合同成本——甲工程　　856 316
　　　　工程施工——合同毛利　　　　　　343 684

竣工时确认乙工程收入和费用的会计分录如下。

借：主营业务成本　　　　　　　　　　　　971 284
　　工程施工——合同毛利　　　　　　　　　308 716
　　贷：主营业务收入　　　　　　　　　　　　1 280 000

进行工程结算时：

借：银行存款(或应收账款等)　　　　　　1 280 000
　　贷：工程结算　　　　　　　　　　　　　　1 280 000

结转工程施工成本时：

借：工程结算　　　　　　　　　　　　1 280 000
　　贷：工程施工——合同成本——乙工程　　　　971 284
　　　　工程施工——合同毛利　　　　　　　　308 716

将“工程施工”与“工程结算”账户对冲后，工程施工明细账登记情况如表5-3～表5-5所示。

将以上账户结平的同时，“工程施工——合同毛利”账户和“工程结算”账户也被冲平。

需要说明：在工程跨年度完工的情况下，如果分期确认工程收入和费用，分期结算工程款时，只需要登记“主营业务收入”“主营业务成本”“工程施工——合同毛利”和“工程结算”等账户。“工程施工——合同成本”账户不需要结转。这样，“工程施工——合同成本”账户的余额，就可以反映某工程自开工至本期累计发生的施工费用，待工程竣工后，再进行成本结转。

第五节　工程价款结算的核算

一、工程价款结算概述

(一) 工程价款结算办法

工程价款是指建筑施工企业因承包建筑安装工程项目，按承包合同规定和工程结算办法的规定，将已完工程或竣工工程向发包单位办理结算而取得的价款。通过工程价款结算，可以及时补偿企业在施工生产过程中发生的资金耗费，保证再生产活动的顺利进行。

按财政部、建设部颁布的《建设工程价款结算暂行办法》(以下简称《暂行办法》)的规定，工程价款结算应按合同约定办理，合同未作约定或约定不明的，发、承包双方应依照下列规定与文件协商处理：国家有关法律、法规和规章制度；国务院建设行政主管部门、省、自治区、直辖市或有关部门发布的工程造价计价标准、计价办法等有关规定；建设项目的合同、补充协议、变更签证和现场签证，以及经发、承包人认可的其他有效文件；其他可依据的材料。

按照《暂行办法》的规定，包工包料工程的预付款按合同约定拨付，原则上预付比例不低于合同金额的10%，不高于合同金额的30%，对重大工程项目，按年度工程计划逐年预付。在具备施工条件的前提下，发包人应在双方签订合同后的一个月内或不迟于约定的开工日期前的7天内预付工程款，发包人不按约定预付，承包人应在预付时间到期后10天内向发包人发出要求预付的通知，发包人收到通知后仍不按要求预付，承包人可在发出通知14天后停止施工，发包人应从约定应付之日起向承包人支付应付款的利息(利率按同期银行贷款利率计)，并承担违约责任。预付的工程款必须在合同中约定抵扣方式，并在工程进度款中进行抵扣。凡是没有签订合同或不具备施工条件的工程，发包人不得预付工程款，不得以预付款为名转移资金。

工程进度款结算方式，主要有以下两种。

1. 按月结算与支付。即实行按月支付进度款，竣工后清算的办法。合同工期在两个年度以上的工程，在年终进行工程盘点，办理年度结算。

2. 分段结算与支付。即当年开工、当年不能竣工的工程按照工程形象进度，划分不同阶段支付工程进度款。具体划分在合同中明确。

按照《暂行办法》的规定，根据确定的工程计量结果，承包人向发包人提出支付工程进度款申请，14天内，发包人应按不低于工程价款的60%，不高于工程价款的90%向承包人支付工程进度款。按约定时间发包人应扣回的预付款，与工程进度款同期结算抵扣。发包超过约定的支付时间不支付工程进度款，承包人应及时向发包人发出要求付款的通知，发包人收到承包人通知后仍不能按要求付款，可与承包人协商签订延期付款协议，经承包人同意可延期支付，协议应明确延期支付的时间和从工程计量结果确认后第15天起计算应付款的利息(利率按同期银行贷款利率计)。发包人不按合同约定支付工程进度款，双方又未达成延付款协议，导致施工无法进行，承包人可停止施工，由发包人承担违约责任。

按照《暂行办法》的规定，工程竣工价款结算时，发包人收到承包人递交的竣工结算报告及完整的结算资料后，应按《暂行办法》规定的期限(合同约定有期限的，从其约定)进行核实，给予确认或者提出修改意见。发包人根据确认的竣工结算报告向承包人支付工程竣工结算价款，保留 5%左右的质量保证(保修)金，待工程交付使用一年质保期到期后清算(合同另有约定的，从其约定)，质保期内如有返修，发生费用应在质量保证(保修)金内扣除。

另外，发承包人未能按合同约定履行自己的各项义务或发生错误，给另一方造成经济损失的，由受损方按合同约定提出索赔，索赔金额按合同约定支付。

(二) 工程价款的构成

工程价款结算以合同约定为核心，按照国家有关规定，建筑工程造价应由发包单位与承包单位在合同中约定。建造合同是施工企业结算工程价款的重要依据之一。建造合同是指为建造一项或数项在设计、技术、功能、最终用途等方面密切相关的资产而订立的合同。

建造合同属于经济合同范畴，但它不同于一般的材料采购合同和劳务合同，而有其自身的特征，主要表现在：先有买主(即客户或中标)，后有标底(即生产)，建造资产的造价在签订合同时已经确定。资产的建设期长，一般都要跨越一个及以上会计年度。所建造的资产体积大，造价高。建造合同一般为不可取消的合同。

建造合同分为固定造价合同和成本加成合同两种类型。其中，固定造价合同是指按照固定的合同价或固定单价确定工程价款的建造合同，其有利于承发包双方控制成本，从而降低成本。成本加成合同是指以合同约定或其他方式议定的成本为基础，加上该成本的一定比例或定额费用确定工程价款的建造合同，其可以保证工程质量。这两类合同的主要区别在于它们所含的风险不同，即：固定造价合同的风险主要由建造承包方来承担；而成本加成合同的风险主要由发包方来承担。

由于工程价款体现在双方所签的建设合同中，所以工程价款的构成即合同收入的构成。根据《暂行办法》规定，建造承包商合同收入主要包括以下内容。

1. 合同的初始收入。是指建造承包商与客户在双方签订的合同中最初商定的合同总金额，它构成了合同收入的基本内容。

2. 合同因变更、索赔、奖励等形成的收入。这部分收入并不构成合同双方在签订合同时已在合同中商定的合同总金额，而是在执行合同过程中由于合同因变更、索赔、奖励等原因而形成的追加收入。建造承包商不能随意确认这部分收入，只有在符合规定的条件时才构成合同总收入。

建造承包商在合同以外代客户购置设备、办理征地拆迁、计取监理费等，应如实向客户收取费用，不作为合同收入的组成部分，实行增值税后，从客户处取得的增值税销项税额也不作为合同收入的组成部分。

二、合同收入的确认条件

按照《企业会计准则第 15 号——建造合同》规定，这里所指的收入的确认，仅指可以计入合同总收入，并非将其在当期损益中确认。《企业会计准则第 14 号——收入》的第 9 条、第 19 条对合同收入的确认也有明确的规定。

(一) 合同初始收入的确认

《企业会计准则第 14 号——收入》第 9 条、第 19 条规定基于实质重于形式等原则，要求分别不同情况对合同收入进行确认和计量。建造合同准则规定，建造合同的结果能够可靠估计的，企业应根据完工百分比法在资产负债表日确认合同收入和合同费用；建造合同的结果不能够可靠估计的，不确认合同收入。

1. 固定造价合同的结果能够可靠估计的认定标准，是指同时满足下列条件：合同总收入能够可靠地计量；与合同相关的经济利益很可能流入企业；实际发生的合同成本能够清楚地区分和可靠地计量；合同完工进度和为完成合同尚需发生的成本能够可靠地确定。

2. 成本加成合同的结果能够可靠估计的认定标准，是指同时满足下列条件：与合同相关的经济利益很可能流入企业；实际发生的合同成本能够清楚地区分和可靠地计量。

(二) 合同变更收入的确认

合同变更是指客户为改变合同规定的作业内容而提出的调整。合同变更同时满足下列条件的，才能构成合同收入。

1. 客户能够认可因变更而增加的收入。

2. 该收入能够可靠地计量。

对这部分收入，承包商应当熟悉工程变更的报批程序、监理和业主对变更的管理权限，对因工程设计、合同工作内容(如增加或减少工程数量等)等发生的变更，根据工程实际情况提出变更报告，阐明合同变更的理由及金额。一般依照下列程序报批：驻地监理工程师批准—总监办批准—业主批准—原设计单位批准。承包商按照批复金额与原合同规定作业内容计量价款的差额调整合同总收入。

(三) 索赔款收入的确认

索赔款，是指因客户或第三方的原因造成的、向客户或第三方收取的、用以补偿不包括在合同造价中成本的款项。索赔款同时满足下列条件的，才能构成合同收入。

1. 根据谈判情况，预计对方能够同意该项索赔。

2. 对方同意接受的金额能够可靠地计量。

因客户原因造成的不包括在合同造价中的成本损失，如业主要求提前、国家政策变更导致的成本增加等，承包商应及时提出索赔报告或索赔意向书，注明索赔理由及金额，与客户协商赔偿。一般程序为：承包商提出索赔报告(或索赔意向书)，根据具体情况由发包方召集各有关方面，如业主、监理、设计单位等进行协商，签订会议纪要或以其他方式达成一致意见，最终就索赔金额在相关文件中确认，计入合同总收入。

(四) 奖励款收入的确认

奖励款，是指工程达到或超过规定的标准，客户同意支付给建造承包商的额外款项，主要有工程质量奖、提前竣工奖等。奖励款同时满足下列条件的，才能构成合同收入。

1. 根据合同目前完成情况，足以判断工程进度和工程质量能够达到或超过规定的标准。

2. 奖励金额能够可靠地计量。

三、建造合同收入的确认方法

确认建造合同收入的方法有完工百分比法和完成合同法两种。

(一) 完工百分比法

完工百分比法也称完成进度法，是指按照完工进度或完工比例确认收入和费用的方法。该方法适用于建造期较长的长期的合同工程的核算。根据这种方法，合同收入应与为达到完工进度而发生的合同成本相配比，以反映当期已完工部分的合同收入、费用和利润。采用这种方法不仅能为报表使用者提供有关合同进度及本期业绩的有用信息，更符合权责发生制原则的要求。

根据《企业会计准则第 14 号——收入》的规定以及《企业会计准则第 15 号——建造合同》的规定，企业采用完工百分比法核算，主要是指提供劳务收入和建造合同收入的核算。运用完工百分比法确认收入的关键是要确定合同完工进度，根据《企业会计准则第 15 号——建造合同》的第 22 条规定，确定合同完工进程的方法主要有以下三种。

1. 投入衡量法。根据累计实际发生的合同成本占合同预计总成本的比例确定合同完工进度的方法。该方法是确定合同完工进度较常用的方法。其计算方式为：

合同完工进度＝累计实际发生的合同成本÷合同预计总成本×100%

【例 5-15】长建第一公司 2016 年 1 月 1 日签订一项总金额为 480 万元的建造合同，合同期为 3 年。2014 年 12 月 31 日，公司实际发生合同成本 100 万元，估计至合同完工尚需发生合同成本 300 万元。2015 年 3 月 2 日，客户提出变更部分设计，经双方协商，客户同意追加投资 120 万元；2015 年度，公司实际发生合同成本 150 万元，估计至合同完工尚需发生合同成本 250 万元。根据上述资料，计算合同完工进度如下：

2014 年合同完工进度＝100÷(100＋300)×100%＝25%

2015 年合同完工进度＝(100＋150)÷(100＋150＋250)×100%＝50%

2. 产出衡量法。根据已经完成的合同工作量占合同预计总工作量的比例确定合同完工进度的方法。该方法适用于合同工作量容易确定的建造合同，如道路工程、土石方挖掘、砌筑工程等。其计算公式为：

合同完工进度＝已经完工的合同工作量÷合同预计总工作量×100%

【例 5-16】长建第一公司签订了修建 300 公里公路的建筑合同，合同规定的总金额为 15 000 万万元，工期 3 年。公司第一年修建了 60 公里，第二年修建了 75 公里。根据上述资料，计算合同完工进度如下：

第一年合同完工进度＝60÷300×100%＝20%

第二年合同完工进度＝(60＋75)÷300×100%＝45%

3. 实地测量法。该方法是在无法根据上述两种方法确定合同完工进度时所采用的一种特殊的技术测量方法。这种技术测量并不是由建造承包商自行随意测定，而由专业人员现场进行科学测定。适用于一些特殊的建造合同，如水下施工工程等。

目前，大部分企业都采用第一种方法计算完工进度。但为了防止调节和操纵利润，企业有必要取得相应的外部证据，如工作量签证单(即由施工单位编制，交工程监理工程师根据现场工作完成的实际情况签字确认后，报经建设单位(即工程甲方)认可，作为日后收取工程价款及竣工决算的依据。)以增强收入确认的可信度。

(二) 完成合同法

完成合同法要求当建造合同全部执行完毕或实质上已完工时才确认收入与费用。这与完工百分比法相比，它不需确定各期的合同完工进度，也不必分期确认提供劳务收入和成本费用，因而其核算方法比较简单、易于掌握。

四、建造合同收入的核算

(一) 工程结算核算应设置的主要账户

在每月月末，财务人员应当根据完工百分比法在资产负债表日确认工程合同收入和工程合同费用。借记“主营业务成本(当期确认的合同费用)”“工程施工——合同毛利(当期确认的毛利)”账户，贷记“主营业务收入(当期应确认的合同收入)”。

如果对该建造合同预计为亏损合同时，当期应计提：

合同预计损失=(预计合同总成本－预计合同总收入)×(1－完工百分比)

－以前预计损失准备

根据上述合同预计损失准备计算结果，借记“管理费用”账户，贷记“存货跌价准备——合同预计损失准备”账户；合同预计损失减少时，作相反分录。合同完工确认合同收入费用时，应转销预计损失准备。

根据《企业会计准则——建造合同》要求，施工企业对工程结算和收入确认分别核算时应设置“工程施工”“工程结算”“主营业务收入”和“主营业务成本”等主要账户。

其中，“工程施工”账户用于核算建造合同成本和合同毛利。合同完成后，应与“工程结算”账户对冲结平。具体核算方法在本章第四节中已述及。“工程结算”账户用于核算施工企业根据建造合同的完工进度向业主开出工程价款结算单办理结算的价款。计入该账户的金额除包括为完成合同规定的工作内容所确认的工程价款外，还包括因合同变更、索赔、奖励等形成的收入款项，但不包括预收业主支付备料款项，该款项只能在工程开工后，随工程的进度，在每次结算工程价款时，从工程价款中扣减，并在工程竣工前全部扣减完毕。如此核算的目的是：通过“工程结算”账户的归集，直观、全面地反映出某个建造合同从签订合同开始到合同完工交付各环节所完成工作量的本期结算情况以及累计结算情况，同时反映出施工企业全部建造合同的本期结算情况和累计结算情况，便于施工企业与合同成本对比，掌握结算进度。

“工程结算”账户为“工程施工”账户的备抵账户。建造合同完工后，两账户同一核算对象的余额应自然一致(相等)，两账户对转结平。至此关于该合同的工程结算与成本、毛利核算工作结束。在工程施工过程中“工程结算”账户单独归集工程价款结算情况，“工程施工”账户归集工程自开工以来累计发生的合同成本及确认的合同毛利。期末在合同完工前，两个账户的余额不进行结转。通过对“工程结算”和“工程施工”两个账户余额的对比，可以单独反映出该项工程及所有工程施工实际占用的资金或占用发包商的资金情况。合同完工并结算完毕后，两账户对比，可以单独反映出该项工程以及所有工程资金占用及已确认的毛利状况等信息，从而使会计信息在数量和有用性方面得到进一步提高。

(二) 建造合同收入的计算与核算

采用完工百分比法确认当期确认的合同收入和费用时，可用下列公式计算：

当期确认的合同收入＝合同总收入×完工进度－以前会计年度累计已确认的收入

当期确认的合同毛利＝(合同总收入－合同预计总成本)×完工进度
－以前会计年度累计已确认的毛利

当期确认的合同费用＝当期确认的合同收入－当期确认的合同毛利
－以前会计年度预计损失准备

需要说明的是，完工进度实际上是累计完工进度，因此，企业在运用上述公式计量和确认当期合同收入和费用时，应分别建造合同的实施情况进行处理。

注：在计算最后一年的合同收入和合同费用时，应采用倒挤的方法处理，以避免出现误差。具体计算公式如下：

最后一年的合同收入＝总收入－以前年度确认过的收入；

最后一年的合同费用＝总成本－以前年度累计已确认的成本；

最后一年的合同毛利＝最后一年的合同收入－最后一年的合同费用

对于施工企业建造合同收入与费用的计算，举例说明如下。

【例 5-17】长建第一公司承建一座写字楼，签订的固定造价建造合同总金额为 5 800 000 元，合同完工进度按照累计实际发生的合同成本占合同预计总成本的比例确定。工程已于 2014 年 2 月开工，预计 2016 年 8 月完工，最初预计的工程成本为 5 500 000 元；至 2015 年底，由于材料价格上涨等因素调整了预计总成本，预计工程总成本为 6 000 000 元。该企业于 2016 年 6 月提前两个月完成了造船计划，工程质量优良，客户同意支付奖励款 200 000 元。建造该写字楼的其他有关资料如表 5-14 所示。

表 5-14 建造该写字楼的其他有关资料

年份	2014 年	2015 年	2016 年
合同总价款	5 800 000	5 800 000	5 800 000
累计实际发生的成本	1 540 000	4 800 000	5 950 000
预计完成合同尚需发生的成本	3 960 000	1 200 000	
应收结算合同价款	1 740 000	2 960 000	1 300 000
实际收到价款	1 700 000	2 900 000	1 400 000

根据 2014 年有关资料，应作如下处理。

(1) 实际发生的合同成本

借：工程施工——合同成本——写字楼　　1 540 000

　　贷：原材料、应付职工薪酬、机械作业　　1 540 000

(2) 应收结算的合同价款

借：应收账款——应收工程款——客户　　1 740 000

　　贷：工程结算　　1 740 000

(3) 实际收到的合同价款

借：银行存款　　1 700 000

　　贷：应收账款——应收工程款——客户　　1 700 000

(4) 确认和计量当年的合同收入和合同费用

2014 年的完工进度＝1 540 000÷(1 540 000＋3 960 000)×100%＝28%

2014 年确认的合同收入＝5 800 000×28%＝1 624 000

2014 年确认的合同费用＝5 500 000×28%＝1 540 000

2014 年确认的毛利＝1 624 000－1 540 000＝84 000

借：主营业务成本——写字楼　　1 540 000

　　工程施工——合同毛利　　84 000

　　贷：主营业务收入　　1 624 000

根据 2015 年有关资料，应作如下处理。

(1) 实际发生的合同成本

借：工程施工——合同成本——写字楼　　3 260 000

　　贷：原材料、应付职工薪酬、机械作业　　3 260 000

(2) 应收结算的合同价款

借：应收账款——应收工程款——客户　　2 960 000

　　贷：工程结算　　2 960 000

(3) 实际收到的合同价款

借：银行存款　　2 900 000

　　贷：应收账款——应收工程款——客户　　2 900 000

(4) 确认和计量当年的合同收入和费用

2015 年的完工进度＝4 800 000÷(4 800 000＋1 200 000)×100%＝80%

2015 年确认的合同收入＝5 800 000×80%－1 624 000＝3 016 000

2015 年确认的合同费用＝6 000 000×80%－1 540 000＝3 260 000

2015 年确认的合同毛利＝3 016 000－3 260 000＝－244 000

借：主营业务成本——写字楼　　3 260 000

　　贷：主营业务收入　　3 016 000

　　　　工程施工——合同毛利　　244 000

2015 年应确认的合同预计损失=(当期期末预计合同总成本－预计合同总收入)×(1－完工百分比)=(6 000 000－5 800 000)×(1－80%)=40 000

借：管理费用　　40 000

　　贷：存货跌价准备——合同预计损失准备　　40 000

根据 2016 年有关资料，应作如下处理。

(1) 实际发生的合同成本

借：工程施工——合同成本——写字楼　　1 150 000

　　贷：原材料、应付职工薪酬、机械作业　　1 150 000

(2) 应收结算的合同款

借：应收账款——应收工程款——客户　　1 300 000

　　贷：工程结算　　1 300 000

(3) 实际收到的合同价款

借：银行存款　　1 400 000

　　贷：应收账款——应收工程款——客户　　1 400 000

(4) 确认和计量当年的合同收入和费用

2016 年确认的合同收入=5 800 000－3 016 000－1 624 000＋200 000=1 360 000

2016 年确认的合同费用=5 950 000－4 800 000=1 150 000

2016 年确认的合同毛利=1 360 000－1 150 000=210 000

借：主营业务成本——写字楼　　1 150 000

　　工程施工——合同毛利　　210 000

　　贷：主营业务收入　　1 360 000

(5) 2016 年工程全部完工，应将“存货跌价准备”相关余额冲减“主营业务成本”同时，将“工程施工”账户的余额与“工程结算”账户的余额相对冲

借：存货跌价准备——写字楼　　40 000

　　贷：主营业务成本——写字楼　　40 000

借：工程结算——写字楼　　6 000 000

　　贷：工程施工——合同成本　　5 950 000

　　　　工程施工——合同毛利　　50 000

如果建造合同收入的确认，是采用完成合同法进行的，每年发生业务后，只有上述会计处理的实际发生合同成本、应收合同价款及实际收到结算款等的会计处理；当工程全部完工时，才需作合同收入、费用及毛利的会计处理。

(三) 包工包料下的工程价款核算

施工企业承包工程，一般实行包工包料，需要有一定数量的备料周转金，由建设单位(发包单位)在开工前拨给施工企业一定数额的预付备料款，构成施工企业为该承包工程储备和

准备主要材料、结构件所需的流动资金。

施工企业向发包单位收取的备料款，是构成企业非自有资金来源的主要部分。预收备料款一般不超过当年承包建筑工作量的25%、安装工作量的10%。随着建筑产品的不断进行，所需材料储备资金相应减少，因而预收备料款应随工程价款的结算而应陆续扣还。

确定工程预收款的扣还点，是依据未完施工工程所需主要材料和构件的费用等于工程预收款的数额来进行的。每次结算工程价款时，按材料比重扣抵工程价款，竣工前全部扣清。

工程预收款扣还点可按下列公式计算：

扣还点(累计已完工程价值)＝(承包工程价款总额－预付备料款数额)÷主要材料占比

应扣还的预付备料款，可按下列公式计算：

第一次扣抵额＝(累计已完工程价值－起扣点时已完工程价值)×主要材料比重

以后每次扣抵额＝每次完成工程价值×主要材料比重

根据企业会计制度规定，为正确反映施工企业应收工程款的实际情况，每期进行工程价款结算时，应按工程价款收入全额记入“应收账款——应收工程款”账户和“工程结算”账户，同时按实际收到的款项调整“应收账款——应收工程款”账户，并结转本期应扣还预收备料款和预收工程款的金额。

【例5-18】长建第一公司承建一校舍工程，于2016年6月开工，8月竣工。工程价款采用月末结算，竣工清算方式。其有关资料如下：

1. 工程预算造价15 000 000元材料费占比60%。
2. 预收备料款的额度为25%，于施工前一次拨付。
3. 施工企业6～8月分别完成工程量为4 000 000元、5 000 000元和6 000 000元。

根据上述资料，企业应作如下会计处理。

(1) 5月份根据上述资料，计算企业预收的备料款：

预收备料款＝15 000 000×25%＝3 750 000(元)

借：银行存款　　3 750 000

　　贷：预收账款——预收备料款　　3 750 000

(2) 6月根据已完工程量结算工程价款，先计算是否需要扣还备料款：

预收备料款扣还点＝15 000 000－3 750 000÷60%＝8 750 000(元)

因为本月已完工程量(400万元)未达到扣还点，所以，不需扣还备料款。

借：应收账款——应收工程款——客户　　4 000 000

　　贷：工程结算　　4 000 000

(3) 7月根据已完工程量结算工程价款500万元。因为截止到7月，已完工程累计为900万元，已达到扣还点，所以应扣还数为：

本月应扣还备料款＝(5 000 000＋4 000 000－8 750 000)×60%＝150 000(元)

即，本月应收工程款＝5 000 000－150 000＝4 850 000元，作如下会计分录：

借：应收账款——应收工程款——客户 4 850 000
预收账款——预收备料款 150 000
贷：工程结算 5 000 000

(4) 8 月根据已完工程量结算工程价款 600 万元：

本月应扣还备料款＝6 000 000×60%＝3 600 000(元)

如果保留工程尾款 5%，则还需扣下：15 000 000×5%＝750 000(元)

借：应收账款——应收工程款(客户) 1 650 000
——应收工程款(尾款) 750 000
预收账款——预收备料款 3 600 000
贷：工程结算 6 000 000

(四) 工程分包的核算

工程分包是指建筑工程总承包单位根据总承包合同的约定或者经建设单位的允许，将承包工程中的非主要或专业性较强的部分工程发包给具有相应资质的分包单位的行为。

工程分包通常是因为市场原因或工期太紧，或施工单位的资质限制，需要将承包工程的一部分或几部分分包给其他单位施工的分项或分部工程。《中华人民共和国建筑法》(以下简称《建筑法》)第 29 条规定，建筑工程总承包单位可以将承包工程中的非地基和非主体结构工程的部分发包给具有相应资质条件的分包单位；但是除总承包合同中约定的分包外，必须经建设单位认可。

针对工程分包的会计核算，2006 年财政部颁布的《企业会计准则》中，并没有做出明确的规定。目前在施工企业会计实践中，对工程分包的会计处理方法主要有两种：第一种是将分包的工程收入纳入本公司的收入，将所支出的分包工程款项作为本公司的施工成本，与自己承建的工程作同样的处理；第二种是视分包工程与自己没关。分包工程的收支均不通过本公司收支体系核算。

第一种做法的特点是能够全面反映总承包方的收入与成本，与《建筑法》《中华人民共和国合同法》(以下简称《合同法》)中对总承包人相关责任和义务的规定是吻合的。同时与《中华人民共和国营业税暂行条例》(以下简称《营业税暂行条例》)中有关分包工程核算的要求相一致，而第二种则不能。基于此，承包方企业在核算分包工程各会计期间的营业收入与费用时，可按第一种做法进行账务处理。

【例 5-19】长建第一公司承包一项工程，工期 10 个月，总承包收入 8 000 万元，其中，土石方工程 2 000 万元，分包给市政工程公司。长建第一公司完成工程累计发生合同成本 5 500 万元，项目在当年 12 月如期完工。长建第一公司应做如下会计处理：

(1) 完成项目发生成本费用

借：工程施工——合同成本 55 000 000
贷：原材料、应付职工薪酬等 55 000 000

(2) 收到甲方一次性结算工程款

借：银行存款　　80 000 000

　　贷：工程结算　　80 000 000

(3) 分包工程完工验收结算，根据与分包企业确认的结算通知单，确认应付的工程款

借：工程施工——合同成本(分包工程费用)　　20 000 000

　　贷：应付账款——应付分包款(市政工程公司)　　20 000 000

(4) 支付工程款

根据合同协议约定支付的分包工程款应计入“应付账款——应付分包款”账户

借：应付账款——应付分包款(市政工程公司)　　20 000 000

　　贷：银行存款　　20 000 000

(5) 长建第一公司确认该项目收入与费用

借：主营业务成本　　75 000 000

　　工程施工—— 合同毛利　　5 000 000

　　贷：主营业务收入　　80 000 000

(6) 工程结算与工程施工对冲结平

借：工程结算　　80 000 000

　　贷：工程施工——合同成本　　75 000 000

　　　　　　　　——合同毛利　　5 000 000

第六节　施工企业“营改增”的核算

建筑业在我国经济发展中具有先导性和基础性作用，建筑业在社会经济发展居于重要的地位。建筑业“营改增”也是我国税制改革的重点，其能有效地避免重复征税和漏税现象，为我国建筑业的健康发展提供了重要保障。从 2016 年 5 月 1 日起，我国全面实施“营改增”税制改革，建筑业已被纳入我国税制改革的体系中，其改革主要内容如下。

一、《营改增试点方案》关于建筑业的改革主要内容

(一) 纳税人与应纳增值税额的确定

按“营改增”实施方案规定，2016 年 5 月 1 日建筑业纳入其中，并规定施工企业提供的建筑服务应缴纳增值税。“营改增”后，建筑业纳税人将分为增值税一般纳税人(年销售收入 500 万元以上及其他符合规定的纳税人)和小规模纳税人。

按照《财政部国家税务总局关于全面推开营业税改征增值税试点的通知》(财税〔2016〕36 号)的规定，建筑服务是指各类建筑物、构筑物及其附属设施的建造、修缮、装饰，线路、

管道、设备、设施等的安装以及其他工程作业的业务活动，包括工程服务、安装服务、修缮服务、装饰服务和其他建筑服务。

同时还规定：一般纳税人适用税率为11%；小规模纳税人提供建筑服务，以及一般纳税人选择简易计税方法的建筑服务，征收率为 3%。境内的购买方为境外单位和个人扣缴增值税的，按照适用税率扣缴增值税。

应纳增值税额的计算：

试点纳税人提供建筑服务适用一般计税方法的，其计算公式：

应纳税额＝(收取的全部价款＋价外费用)÷(1＋11%)×11%－可抵扣的进项税额

试点纳税人提供建筑服务适用简易计税方法的，其计算公式：

应纳税额＝(收取的全部价款＋价外费用－分包款)÷(1＋3%)×3%

在施工企业实务工作中，一般纳税人提供特定应税行为的，如：以清包工(即指施工方不采购建筑工程所需的材料或只采购辅助材料，并收取人工费、管理费或者其他费用的建筑服务)方式提供的建筑服务、为甲供工程(指全部或部分设备、材料、动力由工程发包方自行采购的建筑工程)提供的建筑服务，以及建筑工程老项目等，根据财税〔2016〕36 号规定，可以选择适用简易计税方法计税。但是，若一般纳税人选择简易办法计算缴纳增值税后，36 个月内不得变更。

另外，纳税人跨县(市、区)提供建筑服务，应按照财税〔2016〕36 号文件规定的纳税义务发生时间和计税方法，向建筑服务发生地主管国税机关预缴税款，向机构所在地主管国税机关申报纳税。

根据国家税务总局 2016 年第 17 号公告规定，一般纳税人跨县(市)提供建筑服务，有以下两种不同的预缴方式。

1. 适用一般计税方法计税的，应以取得的全部价款和价外费用为销售额计算应纳税额。纳税人应以取得的全部价款和价外费用扣除支付的分包款后的余额，按照 2%的预征率在建筑服务发生地预缴税款，其计算公式如下：

应预缴税款＝(全部价款＋价外费用－分包款)÷(1＋11%)×2%

2. 选择适用简易计税方法计税的，应以取得的全部价款和价外费用扣除支付的分包款后的余额为销售额，按照 3%的征收率计算应纳税额。纳税人应按照上述计税方法在建筑服务发生地预缴税款，其计算公式如下：

应预缴税款＝(全部价款＋价外费用－分包款)÷(1＋3%)×3%

(二) 纳税人税收待遇区别

建筑业 11%，包括劳务公司，其中营业收入不到 500 万的企业，认定为小规模纳税人。增值税一般纳税人和小规模纳税人不仅有规模上的区别，更有税制适用上的区别。就税制适用而言，一般纳税人适用增值税税率，其进项税额可以抵扣，而小规模纳税人适用增值税征收率，其进项税额不可以抵扣。两者在税收待遇上的区别如下。

1. 一般纳税人销售应税的货物、劳务以及发生应税行为可以自行开具增值税专用发票，而小规模纳税人不能自行开具，购买方索取专用发票的，小规模纳税人只能到主管税务机关申请代开专用发票。

2. 一般纳税人购进货物或劳务可以凭取得的增值税专用发票以及其他扣税凭证按规定抵扣税款，而小规模纳税人不享有税款抵扣权。

根据《财政部、国家税务总局关于部分货物适用增值税低税率和简易办法征收增值税政策的通知》(财税〔2009〕9 号)规定，一般纳税人销售自产的下列货物，可选择按照简易办法依照 3%征收率(注：根据 2014 年 6 月 13 日《财政部国家税务总局关于简并增值税征收率政策的通知》(财税〔2014〕57 号)，自 2014 年 7 月 1 日起执行 3%征收率，原征收率 6%不再适用)计算缴纳增值税：①建筑用和生产建筑材料所用的砂、土、石料；②以自己采掘的砂、土、石料或其他矿物连续生产的砖、瓦、石灰(不含黏土实心砖、瓦)；③自来水；④商品混凝土(仅限于以水泥为原料生产的水泥混凝土)。以上所列货物，都是工程项目的主要材料，在工程造价中所占比重较大。假设施工企业购入以上材料都能取得正规增值税发票，可抵扣的进项税率为 3%。

(三) “营改增”后的建筑企业不能抵扣进项税的有关规定

全面实施“营改增”后，构成施工企业工程成本的直接人工费、直接材料费、施工机械使用费、其他直接费等，只要施工企业取得国家税务部门认可的增值税专用发票，即允许抵扣增值税进项税额。但是，下列情况不能抵扣进项税额。

1. 丢失增值税专用发票。《国家税务总局关于简化增值税发票领用和使用程序有关问题的公告》(国家税务总局公告 2014 年第 19 号)三条规定：如果丢失前已认证相符的，购买方可凭销售方提供的相应专用发票记账联、复印件及销售方主管税务机关出具的《丢失增值税专用发票已报税证明单》或《丢失货物运输业增值税专用发票已报税证明单》，作为增值税进项税额的抵扣凭证。

2. “营改增”过渡期间的三种不能抵扣进项税金的发票。①“营改增”前签订的采购合同，已经履行合同，但建筑材料在“营改增”后才收到，并付款给供应商而收到的专用发票。②“营改增”前采购的材料已经用于工程建设，“营改增”后才支付采购款，而收到供应商开具的增值税专用发票。③“营改增”之前采购的设备、办公用品并支付款项，但“营改增”后才向供应商索取的增值税专用发票。

3. 不能抵扣进项税金的五种特殊增值税专用发票。①没有供应商开具销售清单的开具“材料一批”、汇总运输、办公用品和劳动保护用品的发票。②购买职工福利用品的专用发票。③发生非正常损失的材料和运输费用中含有的进项税金(例如，工地上被小偷偷窃的钢材、水泥)。④建筑施工企业自建工程所采购建筑材料所收到的增值税专用发票。⑤建筑企业存量资产的专用发票。

4. “营改增”后的建筑企业不能抵扣进项税金的专用发票。“对开发票”不能抵扣进项税金。所谓“对开发票”是指一购货方在发生“销售退回”时，为了规避开红字发票的麻烦，由退货企业再开一份销售专用发票视同购进后又销售给了原生产企业的行为。

《增值税暂行条例实施细则》第 11 条规定：“一般纳税人销售货物或者应税劳务，开具增值税专用发票后，发生销售货物退回或者折让、开票有误等情形，应按国家税务总局的规定开具红字增值税专用发票。未按规定开具红字增值税专用发票的，增值税额不得从销项税额中扣减。”

二、施工企业“营改增”的会计核算

(一) 会计核算应设置的账户

1. 一般纳税人应设会计账户。应在“应交增值税”明细账户下，分别设置“进项税额”“已交税金”“转出未交增值税”“销项税额”“进项税额转出”“转出多交增值税”等专栏，并采用多栏式明细账进行会计核算。同时设置“未交增值税”明细账户，核算一般纳税人月度终了转入的应交而未交的增值税或多交的增值税。

2. 小规模纳税人应设会计账户。应在“应交税金”账户下设置“应交增值税”明细账户，账户中不必设置专栏，采用三栏式明细账即可。

(二) 施工企业“营改增”核算举例

“营改增”后，企业购入沙石料等很难获得发票，则必须要到当地税务主管机关代开增值税专用发票，建筑施工企业才可以抵扣 3%的进项税金，否则不可以抵扣进项税和不可以在企业所得税前进行扣除。建筑施工企业到具有一般纳税人资格的沙石厂采购沙石料时，则可获得 17%的增值税抵扣。其具体账务处理可比照工业企业存货购进核算办法进行。

【例 5-20】2016 年 5 月 1 日实行建筑业的营改增试点，某建筑企业营改增后被认定为一般纳税人，2016 年 5 月 25 日购买水泥 200 000 元(不含税)，进项税额 34 000 元。取得增值税专用发票，并在规定的时间内向税务部门办理了认证手续。货款已转账支付。该企业应做如下会计分录：

借：在途物资	200 000	
应交税费——应交增值税(进项税)	34 000	
贷：银行存款		234 000

若企业进行建筑施工需要购买的砖、瓦、灰、沙、石等建筑材料，是由小规模纳税人等提供的，一般都不能提供增值税专用发票。如果小规模纳税人能提供向税务部门代开的增值税发票，建筑企业则可按 3%抵扣进项税。

【例 5-21】2016 年 8 月末，长建第一公司本月租用某市机械化施工公司起重机和搅拌机，本月使用起重机 10 个台班，起重机每台班租赁费 800 元；使用搅拌机 18 个台班，搅拌机每台班租赁费 1 000 元。企业已开出转账支票，向市机械化施工公司支付租赁费共计 26 000 元，取得增值税专用发票并通过税务部门的认证。

该公司租用设备不含税价款：26 000÷(1＋17%)＝22 222(元)

借：工程施工——合同成本——机械使用费　　22 222
　　应交税费——应交增值税(进项税)　　3 778
　　贷：银行存款　　26 000

【例 5-22】2016 年 9 月末，长建第一公司本月向供电公司转账支付施工电费 23 400 元，取得增值税专用发票并通过税务部门的认证。

该公司支付电费不含税价款：23 400÷(1＋17%)＝20 000(元)

借：工程施工——合同成本——其他直接费　　20 000
　　应交税费——应交增值税(进项税)　　3 400
　　贷：银行存款　　23 400

【例 5-23】2016 年 5 月 1 日开始实行建筑业的营改增试点，某建筑施工企业营改增后被认定为一般纳税人，2016 年 6 月销售 2013 年购置的复印机一台，购置价值 10 000 元，销售收款 8 000 元。施工企业根据有关规定，分析计算确定销售额和应纳税额。

销售 2013 年购进固定资产，因属于营改增试点前业务，没有进项税额可以抵扣，参照《国家税务总局关于增值税简易征收政策有关管理问题的通知》(国税函〔2009〕90 号)和《关于简并增值税征收率有关问题的公告》(国家税务总局公告 2014 年第 36 号)的规定，一般纳税人销售自己使用过的属于增值税暂行条例第十条规定不得抵扣且未抵扣进项税额的固定资产，“按简易办法依 3%征收率减按 2%征收增值税政策”。

一般纳税人销售自己使用过的物品和旧货，适用“按简易办法依 3%征收率减按 2%征收增值税政策”，按下列公式确定销售额和应纳税额：

销售额＝含税销售额÷(1＋3%)

应纳税额＝销售额×2%

销售额＝8 000÷(1＋3%)＝7 766.99(元)

应纳税额＝7 766.99×2%＝155.34(元)

会计处理如下：

借：银行存款　　8 000
　　贷：固定资产清理　　7 766.99
　　　　应交税费——应交增值税　　155.34
　　　　营业外收入　　77.67

【例 5-24】2016 年 5 月 1 日开始实行建筑业的营改增试点，某建筑企业营改增后被认定为一般纳税人，2016 年 10 月销售 2016 年 6 月购买的一套摄像机，购置价值 20 000 元(不含税)，进项税额 3 400 元已经抵扣，销售取得价款(含税)21 060 元。施工企业根据有关规定，分析计算确定销售额和应纳税额。

销售 2016 年 6 月购进的固定资产，取得了增值税专用发票，符合抵扣条件，则 2016 年 10 月销售款 21 060 元应按照适用税率 17%计算增值税销项税额。

销售额＝21 060÷(1＋17%)＝18 000(元)

增值税销项税额＝18 000×17%＝3 060(元)

会计处理如下：

借：银行存款　　21 060

　　贷：固定资产清理　　18 000

　　　　应交税费——应交增值税(销项税额)　　3 060

【例 5-25】2016 年 5 月长建第一公司承包一项工程，工期 8 个月，总承包收入 8 000 万元，其中，土石方工程 2 000 万元，分包给市政工程公司。长建第一公司完成工程累计发生合同成本 5 500 万元，项目在当年 12 月如期完工。长建第一公司应作如下会计处理：

(1) 完成项目发生成本费用

借：工程施工——合同成本　　55 000 000

　　贷：原材料、应付职工薪酬等　　55 000 000

(2) 收到甲方一次性结算工程款

借：银行存款　　80 000 000

　　贷：工程结算　　80 000 000

(3) 分包工程完工验收结算，根据与分包企业确认的结算通知单，确认应付的不含税工程款：20 000 000÷(1＋11%)＝18 018 018

借：工程施工——合同成本(分包工程费用)　　18 018 018

　　应交税费——应交增值税(进项税)　　1 981 982

　　贷：应付账款——应付分包款(市政工程公司)　　20 000 000

(4) 支付工程款

根据合同协议约定支付的分包工程款应计入“应付账款——应付分包款”账户

借：应付账款——应付分包款(市政工程公司)　　20 000 000

　　贷：银行存款　　20 000 000

(5) 长建第一公司确认该项目收入与费用

借：主营业务成本　　75 000 000

　　工程施工——合同毛利　　5 000 000

　　贷：主营业务收入　　72 072 072

　　　　应交税费——应交增值税(销项税)　　7 927 928

(6) 工程结算与工程施工对冲结平

借：工程结算　　80 000 000

　　贷：工程施工——合同成本　　75 000 000

　　　　　　　　——合同毛利　　5 000 000

在施工期间，如果按工程形象进度确认收入，工程竣工结算审计完成支付 95%，如果按 100%开发票应全额确认收入，如果 5%的质保金在合同中规定在质保期满后支付并开票，在到期时确认收入。

营改增之后，建筑企业收取房地产开发企业违约金、提前竣工奖、材料差价款和赔偿金依据税法的规定，也是一种价外费用，必须向房地产公司开具增值税专用发票。

【复习思考题】

1. 建筑产品区别于一般企业产品的特点是什么？
2. 施工企业的材料有哪些？
3. 周转材料的概念及特点，其摊销方法如何？
4. 施工企业会计核算的成本项目包括哪些？
5. 其他直接费用的内容包括哪些？
6. 施工企业工程价款的结算方式有哪些？
7. 完工百分比法下如何计算合同完工进度？
8. 机械使用费和施工间接费如何分配？
9. 实施“营改增”后，对施工企业税负的影响如何？

【会计职业判断能力训练】

一、填空题

1. 施工企业的会计核算同其他行业的会计核算相比，具有________、_______、________和______ 四个特点。

2. 周转材料按其在施工中的用途，可分为________、________、_______和________。

3. 工程成本中的材料费是指施工过程中耗用的_________的原材料、构配件等，但不包括_________的价值。

4. 临时设施是指施工企业为保证施工和管理的正常进行而建造的__________ 。

5. 工程成本按其用途有___________ 、__________ 和___________之分。

6. 承、发包单位进行工程价款结算时，以双方认可的________作为依据。

7. 工程实际成本核算的成本项目包括___________、_________、_________ 、________和________。

8. 现行建筑安装工程价款的结算方式主要有__________、_________和_________三种方式。

9. 工程实际成本中的间接费用是指________为施工准备、组织和管理施工生产所发生的全部支出。

10. 施工间接费用一般按________进行分配。

二、单项选择题

1. 甲工程短缺一批模板，计划成本为 500 元，甲工程在用模板的账面余额为 6 200 元，账面累计摊销额为 3 100 元，该模板应补提摊销额(　　)元。

A. 250　　B. 500　　C. 0　　D. 300

2. 甲工程将一批不需用架料退库，经计算应补提摊销额 320 元，应借记(　　)账户。

A.“周转材料”　　B.“周转材料摊销”

C.“原材料”　　D.“工程施工”

3. 某工程领用跳板一批，计划成本为 12 000 元，预计残值占计划成本的 10%，预计使用期限为 20 个月，跳板的月摊销额为(　　)元。

A. 540　　B. 600　　C. 500　　D. 660

4. 企业在施工现场搭建临时办公房一处，发生的费用应先通过(　　)账户核算。

A.“临时设施”　　B.“在建工程”

C.“固定资产”　　D.“工程施工”

5. 施工企业拆除临时设施过程中发生的费用支出和变现收入应记入(　　)。

A.“工程施工”　　B.“在建工程”

C.“固定资产清理——临时设施清理”　　D.“固定资产——临时设施”

6. 施工企业按月摊销的临时设施摊销费应记入(　　)账户。

A.“临时设施清理”　　B.“管理费用”

C.“工程施工”　　D.“临时设施”

7. 工程成本核算一般应以(　　)作为成本核算对象。

A. 单位工程　　B. 分项工程

C. 工程项目　　D. 分部工程

8. 工程成本中的间接费用包括(　　)。

A. 周转材料摊销额　　B. 施工机械租赁费

C. 夜间施工增加费　　D. 工程保修费

9. 工程成本应(　　)进行结转。

A. 按月　　B. 按季

C. 按年　　D. 按工程价款结算期

10. 施工企业某项目经理部发生的财务、计划等人员工资，据实际情况可以记入(　　)账户。

A.“管理费用”　　B.“工程施工”

C.“销售费用”　　D.“施工间接费”

三、多项选择题

1. 计算报废周转材料已提摊销额应考虑(　　)因素。

A. 残值
B. 该类周转材料账面已提摊销额累计
C. 报废周转材料计划成本
D. 该类周转材料账面计划成本

2. 施工企业在施工现场建造的(　　)属于临时设施。

A. 临时库房　B. 易作业棚　C. 临时办公室　D. 道路

3. 工程成本可以(　　)结转。

A. 按月
B. 按季
C. 分段
D. 竣工后一次

4. 工程成本中的其他直接费包括(　　)。

A. 临时设施摊销费
B. 场地清理费
C. 生产工具(用具)使用费
D. 材料二次搬运费

5. 周转材料的价值摊销方法一般有(　　)等几种。

A. 分次摊销
B. 五五摊销
C. 一次摊销
D. 定额摊销

6. 施工企业在施工现场发生材料二次搬运费，发生时根据实际情况可以记入(　　)账户。

A.“工程施工——合同成本——材料费”
B.“其他直接费”
C.“工程施工——合同成本——其他直接费”
D.“管理费用”

四、判断题

1. 按期结算工程价款时，期末应在“已完工程”和“未完施工”之间分配施工间接费用。(　　)

2. 周转材料是按存货进行管理和核算的。(　　)

3. 工程项目的建筑安装工人及管理人员的工资应计入“工程成本”的人工费项目。(　　)

4. 施工企业使用的材料都应计入“工程成本”的材料费用项目。(　　)

5. 周转材料的摊销额应在工程竣工和年度终了时进行调整。(　　)

【会计职业实践能力训练】

一、市一建公司为非营业税改增值税单位。承包的甲工程发生下列业务。

1. 领用库存的新模板一批，其金额为 32 000 元。

2. 领用库存的安全网(一次摊销)，其计划成本为 1 200 元，材料成本差异率为-1%。

3. 按规定的摊销方法，计算本期模板应提摊销额 1 600 元。

4. 将不需要的挡板退回仓库，其计划成本为 5 000 元，估计成色为 60%，在用挡板的计划成本为 58 000 元，账面已提摊销额 26 100 元。

5. 报废跳板一批，其计划成本为 8 000 元，残值为 1 400 元，已验收入库，材料的成本差异率为 1%，跳板账面的计划成本为 30 000 元，已提摊销额 24 000 元。

6. 竣工盘点，发现短缺架料 1 000 元，在用的架料账面计划成本为 45 000 元，在用的架料账面累计摊销额为 34 200 元。

要求：编制相应的会计分录。

二、市二建公司为非营业税改增值税单位。为其承建的环宇大厦施工，搭建临时职工宿舍和材料库等临时设施，发生下列业务。

1. 在搭建中领用材料 21 000 元，发生人工费用 2 400 元，以银行存款支付了其他费用 1 506 元，材料成本差异率为-1%。

2. 搭建完工后交付使用，并按该大厦的施工工期 14 个月计算本月临时设施应提摊销额(不考虑残值)。

3. 12 个月后，将临时设施拆除，在拆除中支出费用 1 500 元，残料作价 2 800 元入库。

要求：编制相应的会计分录。

三、市城建公司为非营业税改增值税单位。其医学院项目经理部承包的医学院教学楼和学生宿舍工程于 2016 年 6 月份发生下列业务。

1. 教学楼发生人工费 76 000 元，其中，内包人工费 45 000 元，外包人工费 31 000 元，学生宿舍发生人工费 52 000 元，其中，内包人工费 39 000 元，外包人工费 13 000 元。

2. 工程耗用材料，经料具员汇总如表 5-15 所示。

表 5-15　材料耗用汇总表

2016 年 6 月 30 日　　　　单位：元

成本核算对象	主要材料						小计		结构件		合计		周转材料摊销
	硅酸盐		黑色金属		其他主要材料								
	计划成本	成本差异(+1%)	计划成本	成本差异(-1%)	计划成本	成本差异(+1%)	计划成本	成本差异	计划成本	成本差异(-1%)	计划成本	成本差异	
教学楼	31 000	310	116 000	-1160	84 000	840	231 000	-10	74 000	-740	305 000	-750	9 000
学生宿舍	28 000	280	96 000	-960	60 000	600	184 000	-80	59 000	-590	243 000	-670	8 500
合计	59 000	590	212 000	-2120	144 000	1440	415 000	-90	133 000	-1330	548 000	-1420	17 500

3. 教学楼工程发生内部机械租赁费用 4 200 元，学生宿舍工程发生内部机械租赁费用 2 800 元，款项未支付。

4. 教学楼工程发生生产工具(用具)使用费 1 300 元，学生宿舍工程发生材料二次搬运费 800 元，款项以银行存款支付。

5. 项目经理部本月发生工资支出 22 800 元，报销差旅费 5 964 元。

要求：编制相应的会计分录。

四、市三建公司为非营业税改增值税单位。其承建的长乐开发小区一幢商品房完工，2016 年 8 月向发包单位提交“工程价款结算单”，如表 5-16 所示。

表 5-16　工程价款结算表

发包单位名称：　　2016 年 8 月 30 日　　单位：元

工程名称	合同造价	本期应收工程款	应扣款项			本期实收工程款	累计已收工程款	备注
			合计	预收工程款	预收备料款			
长乐小区	2 400 000	2 400 000	1 200 000	480 000	720 000	1 200 000		
合计	2 400 000	2 400 000	1 200 000	480 000	720 000	1 200 000		

施工单位：　　编制日期：2016 年 9 月 1 日

该结算单已经发包单位认同，该商品房实际成本为 1 920 000 元。2016 年 12 月份，发包单位用银行存款支付了剩余工程款。

要求：编制相应的会计分录。

五、2016 年 4 月市城建公司分包单位发生下列业务：

1. 4 月，该公司根据分包合同，通过银行向分包单位预付备料款 200 000 元。

2. 7 月，该公司根据工程进度预付给分包单位工程款 400 000 元。

3. 9 月，分包工程完工，根据经审核的分包单位提出的“工程价款结算单”，结算应付分包工程价款 1 100 000 元。

4. 从应付分包工程款中扣除预付的工程款 200 000 元和预付的备料款 400 000 元。

5. 10 月，用银行存款支付分包单位工程款 500 000 元。

要求：编制相应的会计分录。

第六章

房地产开发企业会计

【教学目的及要求】

了解房地产开发企业会计的基本概念、基本知识及房地产开发企业的生产经营及核算的特点，并在此基础上掌握房地产开发企业开发产品、开发成本以及主营业务收入的核算。

【本章重点及难点】

房地产开发企业的开发成本核算。

【本章教学时数】

8 学时。

第一节　房地产开发企业会计概述

一、房地产开发企业及经营的特点

（一）房地产开发企业概念

房地产开发企业是专门从事房地产开发和经营的企业。它既是房地产产品的生产者，也是房地产商品的经营者，房地产包括房产和地产。其中，房产是指各种房屋财产，包括住宅、厂房、商铺以及文教、办公体育用房等；地产是指土地财产，包括土地和地下各种基础设施，如供水、供电、供气、供热、排污等地下管线以及地面道路等。房地产开发可将土地和房屋合在一起开发，也可将土地和房屋分开开发。房地产开发企业经营活动的主要业务有以下几个。

1. 土地的开发与经营。企业将有偿获得的土地开发完成后，既可有偿转让给其他单位使用，也可自行组织建造房屋和其他设施，然后作为商品作价出售，还可以开展土地出租业务。

2. 房屋的开发与经营。房屋的开发指房屋的建造。房屋的经营指房屋的销售与出租。

企业可以在开发完成的土地上继续开发房屋，开发完成后，可作为商品作价出售或出租。企业开发的房屋，按用途可分为商品房、出租房、周转房、安置房和代建房等。

3. 城市基础设施和公共配套设施的开发。

4. 代建工程的开发。代建工程的开发是企业接受政府和其他单位委托，代为开发的工程。

(二) 房地产开发企业经营的特点

房地产开发经营是指房地产开发企业在城市规划区内国有土地上进行基础设施建设、房屋建设，并转让房地产开发项目或者销售、出租商品房的行为。其中，房地产开发经营的主体是房地产开发企业，是指以营利为目的，从事房地产开发和经营的企业，也称为房地产开发商；按照法律规定必须具备四级资质等级并承揽相应范围的业务。

房地产开发企业的生产经营与施工企业不同。房地产开发是房地产业中最基本、最主要的物质生产活动，同时在城市建设中担当着重要的角色，因而房地产开发具有自身的特征。房地产开发是多部门协作活动，涉及规划、土地管理、勘测、设计、施工、市政、消防、环境、绿化、供电、供水、通信、交通、商业、银行等部门。其经营主要有如下特点。

1. 开发产品的商品性、单件性及不可移动性。房地产开发企业的产品全部都作为商品进入市场，按照供需双方合同协议规定的价格或市场价格作价转让或销售。房地产开发产品极少有完全相同的产品，且不可移动，由此而使房地产业的产品的使用、价值、市场等带有强烈的地域性特征，并且使房地产开发投资更为地域所限制。从微观来看，开发项目受区位或者说是地段的影响很大，因此开发商对项目的选址必须谨慎。从宏观上看，房地产开发的地域性主要表现在投资地区的社会经济特征对项目的影响。

2. 开发经营业务的复杂性。所谓复杂性包括两个方面：①经营业务内容复杂。企业除了土地和房屋开发外，还要建设相应的基础设施和公共配套设施。经营业务囊括了从征地、拆迁、勘察、设计、施工、销售到售后服务全过程。②涉及面广，经济往来对象多。企业不仅因购销关系与设备、材料物资供应单位等发生经济往来，而且因工程的发包和招标与勘察设计单位、施工单位发生经济往来，还会因受托代建开发产品、出租开发产品等与委托单位和承租单位发生经济往来。

尽管房地产开发是一项涉及面广、比较复杂的经济活动，但从事务上来讲具有很强的操作时序性。从项目的可行性分析到土地的获取，从资金的融通到项目的实施，乃至后期的房屋出租、出售管理等，虽然头绪繁多，但先后有序。这不仅是由于政府的土地、规划、建设等部门的行政管理，使很多工作受到审批需要有周密的计划，使各个环节紧密衔接，协调进行，以缩短周期，降低风险。

3. 开发建设周期长，投资数额大。开发产品要从规划设计开始，经过可行性研究、征地拆迁、安置补偿、七通一平、建筑安装、配套工程、绿化环卫工程等几个开发阶段，少则一年，多则数年才能全部完成。另外，上述每一个开发阶段都需要投入大量资金，加上开发产品本身的造价很高，需要不断地投入大量的资金。

4. 经营风险大。开发产品单位价值高，建设周期长、负债经营程度高、不确定因素多，一旦决策失误，销路不畅，将造成大量开发产品积压，使企业资金周转不灵，导致企业陷入困境。相对于其他行业来说，存在着较大风险。

5. 开发商品具有保值、增值的功能。随着人口的增加和人们物质文化生活水平的提高，对房地产的需求会日益增强。但是，土地资源是有限的，可供建房的土地更为有限。因此，房地产的价格将呈现不断上涨的趋势。加上其使用寿命长，故与其他物品比较而言，房地产商品更具有保值、增值的功能。

二、房地产开发企业会计核算的特点

房地产开发企业生产经营及其商品的特殊性决定了其会计核算的特殊性。与工业企业会计比，房地产开发企业会计核算有如下特点。

(一) 存货的计价及核算方法不同

工业企业存货的初始成本是由存货的买价及采购费用构成，增值税进项税应单独核算；而房地产开发企业的存货则不同，其初始成本不仅包括存货的买价及采购费用，而且还包括存货入库后的保管费用，以及应承担的增值税进项税等。其成本具体构成与施工企业存货成本构成一样；其核算也不同于工业企业，如土地使用权，工业企业是将其作为无形资产核算的，而房地产开发企业则是将其作为存货核算的。

(二) 产成品的构成及核算方法不同

工业企业的产成品，品种相对单一，一般只用于直接对外销售；而房地产开发企业的产成品内容较多，包括房屋、土地等开发产品、周转房、出租开发产品、分期收款开发产品等，它有直接对外销售、出租、转让、周转使用等多种形式。由于产成品构成及功能不同，其核算方法也不尽相同。

(三) 开发产品成本的核算方法不同

房地产开发周期长，使成本核算的时间跨度长，少则一年以内、多则数年及以上；另外房地产开发企业的产品种类多，且设计多样，导致开发产品的成本组成具有很大的差异，使得成本核算非常复杂。成本计算方法不同于工业企业，较多采用单件法(或定单法)计算。

(四) 经营收入及相关税金的核算不完全相同

房地产开发企业的开发产品有商品房、配套设施、出租房等。开发产品的多样性决定了其收入形式的多样性。房地产开发企业营业收入一般包括土地转让收入、商品房销售收入、配套设施转让收入、其他业务收入等，工业企业的收入形式，一般以现销业务收入为主，计算交纳的流转税——增值税、城建税及教育费附加；而房地产开发企业一般以预销为主，计算交纳的流转税，主要是土地增值税、城建税及教育费附加，“营改增”后企业还要缴纳增值税。

（五）预收款项业务较多

由于房地产开发企业的投资额较大且经营周期长，房地产开发企业大多都实行商品预售制度。由于项目尚未完工，即使开发产品已经售完，其销售款项也只能计入预收账款，一般房地产开发企业在符合收入确认条件前无法确认为收入，预收账款余额较大。

第二节　房地产开发成本的核算

一、开发产品成本及构成

开发产品成本是房地产开发企业会计核算的重要组成部分，它反映了开发企业在项目开发过程中所耗费的全部物化劳动和活劳动，是考核房地产开发企业工作质量的综合指标，是制定开发产品销售价格的基础。要核算开发产品的成本，需要弄清楚开发产品成本的种类和内容。开发产品成本按其用途，可分为土地开发成本、房屋开发成本、配套设施开发成本和代建工程开发成本四类。

（一）土地开发成本

土地开发成本，是指房地产开发企业开发土地(即建设场地)所发生的各项费用支出。

（二）房屋开发成本

房屋开发成本，是指房地产开发企业开发各种房屋(包括商品房、出租房、周转房、代建房等)所发生的各项费用支出。

（三）配套设施开发成本

配套设施开发成本，是指房地产开发企业开发能有偿转让的大配套设施及不能有偿转让、不能直接计入开发成本的公共配套设施所发生的各项费用支出。

（四）代建工程开发成本

代建工程开发成本，是指房地产开发企业接受委托单位的委托，代为开发土地、房屋以外的其他工程，如市政工程等所发生的各项费用支出。

二、开发产品成本项目的设置

根据《企业产品成本核算制度(试行)》第 13 条规定：房地产企业一般按照开发项目、综合开发期数并兼顾产品类型等确定成本核算对象。同时第 26 条规定：房地产企业一般设置土地征用及拆迁补偿费、前期工程费、建筑安装工程费、基础设施建设费、公共配套设施费、开发间接费、借款费用等成本项目。

(一) 土地征用及拆迁补偿费

土地征用及拆迁补偿费是指为取得土地开发使用权(或开发权)而发生的各项费用，包括土地买价或出让金、大市政配套费、契税、耕地占用税、土地使用费、土地闲置费、农作物补偿费、危房补偿费、土地变更用途和超面积补交的地价及相关税费、拆迁补偿费用、安置及动迁费用、回迁房建造费用等。

(二) 前期工程费

前期工程费是指项目开发前期发生的政府许可规费、招标代理费、临时设施费以及水文地质勘察、测绘、规划、设计、可行性研究、咨询论证费、筹建、场地通平等前期费用。

(三) 建筑安装工程费

建筑安装工程费是指开发项目开发过程中发生的各项主体建筑的建筑工程费、安装工程费及精装修费等。

(四) 基础设施建设费

基础设施建设费是指开发项目在开发过程中发生的道路、供水、供电、供气、供暖、排污、排洪、消防、通信、照明、有线电视、宽带网络、智能化等社区管网工程费和环境卫生、园林绿化等园林、景观环境工程费用等。

(五) 公共配套设施费

公共配套设施费是指开发项目内发生的、独立的、非营利性的且产权属于全体业主的，或无偿赠与地方政府、政府公共事业单位的公共配套设施费用等。

(六) 开发间接费

开发间接费指企业为直接组织和管理开发项目所发生的，且不能将其直接归属于成本核算对象的工程监理费、造价审核费、结算审核费、工程保险费等。为业主代扣代缴的公共维修基金等不得计入产品成本。

(七) 借款费用

借款费用是指符合资本化条件的借款费用。

房地产企业自行进行基础设施、建筑安装等工程建设的，可以比照建筑企业设置有关成本项目。

根据《企业产品成本核算制度(试行)》第43条规定：房地产企业发生的有关费用，由某一成本核算对象负担的，应当直接计入成本核算对象成本；由几个成本核算对象共同负担的，应当选择占地面积比例、预算造价比例、建筑面积比例等合理的分配标准，分配计入成本核算对象成本。

三、开发产品费用归集、分配结转的核算

房地产开发企业成本核算的主要内容是开发产品成本。企业在开发、建设和经营房地产业务的过程中发生的各种耗费，称为开发经营费用。开发产品成本是指由成本计算对象，即开发项目负担的开发经营费用。房地产开发企业归集和分配发生的开发经营费用，进行开发产品成本核算所采用的主要账户是“开发成本”和“开发间接费用”账户。

(一) 土地征用及拆迁补偿费

土地征用及拆迁补偿费，凡能分清负担对象的，可直接计入房屋开发成本；凡不能分清负担对象，或开发综合性建设场地既为建造商品房之用，又对外销售或有偿转让的，先计入“开发成本——土地开发”账户，待土地开发完成投放使用时，再按占用土地面积比例分配转入“开发成本——房屋开发”账户。如果已开发完成的商品性建设场地改作自用性建设场地，应将土地征用及拆迁补偿费从“开发产品”转入“开发成本——房屋开发”账户。

为本企业房屋开发用的土地，应于开发完成投入使用时，将土地开发的实际成本结转计入有关房屋的开发成本，具体可采用分项平行结转法或归类集中结转法。

(二) 前期工程和基础设施费

前期工程和基础设施费，凡能分清负担对象的，直接计入房屋开发成本；应由两个以上房屋开发项目负担，且发生时分不清负担对象的，应按一定标准分配后，分别计入房屋开发项目的成本。

(三) 建筑安装工程费

计入房屋开发成本的建筑工程费，应根据不同施工方式，采用不同的核算方法。

1. 采用出包方式的，应根据承包企业提交的“工程价款结算单”所列承付工程款计入“开发成本——房屋开发”的相应成本项目中。

2. 采用自营方式的，发生的各项建筑安装工程费用直接计入“开发成本——房屋开发”的相应成本项目中。

3. 如果企业自营施工大型建筑安装工程，可以根据需要增设“工程施工”“施工间接费用”等账户，用来核算和归集自营工程的建筑安装费用，月末实际成本转入“开发成本——房屋开发”的相应成本项目中。

4. 企业在房地产开发过程中领用的设备，附属于工程实体的，应根据附属对象，于设备发出交付安装时，按其实成本计入“开发成本——房屋开发”的相应成本项目中。

(四) 公共配套设施费

计入房屋开发成本的公共配套设施费，应根据配套设施建设的不同情况，采用不同的核算方法。

1. 若公共设施是与商品房开发同步开发的，其开发费用直接计入商品房开发成本；分不清受益对象或应由两个以上开发项目共同负担的，可先通过“开发成本——配套设施开发”账户归集，待配套设施完成后，可按各开发项目的预算成本比例分配，其中应由房屋开发成本负担的部分，结转“开发成本——房屋开发”账户。

2. 若公共设施落后于商品房开发，企业应预提土地开发项目应负担的公共设施费，借记“开发成本——房屋开发”等账户，贷记“预提费用”等账户，实际发生公共配套设施费时，借记“开发成本——配套设施开发”等账户，贷记“库存材料”“应付账款”等账户，配套设施竣工分配实际设施费时，冲转并结清“预提费用”等账户。

(五) 开发间接费用

开发间接费用是指房地产开发企业内部独立核算单位在开发现场组织管理开发产品而发生的各项费用。这些费用虽也属于直接为房地产开发而发生的费用，但它不能确定其为某项开发产品所应负担，因而无法将它直接计入各项开发产品成本。为了简化核算手续，将它先记入“开发间接费用”账户，然后按照适当分配标准，分配计入各项开发产品成本。

开发间接费用应分设如下明细项目进行核算：工资、福利费、折旧费、修理费、办公费、水电费、劳动保护费、周转房摊销、利息支出和其他费用。

发生间接费用时：

借：开发间接费用

　　贷：应付职工薪酬

　　　　累计折旧

　　　　长期待摊费用

　　　　银行存款

　　　　周转房——周转房摊销

期末结转时：

借：开发成本——房屋开发(某工程)

　　贷：开发间接费用

如果开发企业不设置现场管理机构而由企业(即公司本部)定期或不定期地派人到开发现场组织开发活动，其所发生的费用，除周转房摊销外，其他开发间接费可计入企业的管理费用。

四、土地开发成本的核算

(一) 土地开发支出划分和归集的原则

房地产开发企业开发的土地，按其用途可将它分为如下两种：一种是为了转让、出租而开发的商品性土地(也叫商品性建设场所)；另一种是为开发商品房、出租房等房屋而开发的自用土地。前者是企业的最终开发产品，其费用支出单独构成土地的开发成本；而后者则是企业的中间开发产品，其费用支出应计入商品房、出租房等有关房屋开发成本。

现行会计制度中设置的“开发成本——土地开发成本”账户，其核算内容与企业发生的土地开发支出并不完全对口，原则上仅限于企业开发各种商品性土地所发生的支出。企业为开发商品房、出租房等房屋而开发的土地，其费用能分清负担对象的，应直接计入有关房屋开发成本，在“开发成本——房屋开发成本”账户进行核算。如果企业开发的自用土地，分不清负担对象，应由两个或两个以上成本核算对象负担的，其费用可先通过“开发成本——土地开发成本”账户进行归集，待土地开发完成投入使用时，再按一定的标准(如房屋占地面积或房屋建筑面积等)将其分配计入有关房屋开发成本。

如果企业开发商品房、出租房用的土地属于企业开发商品性土地的一部分，则应将整块土地作为一个成本核算对象，在“开发成本——土地开发成本”账户中归集其发生的全部开发支出，计算其总成本和单位成本，并于土地开发完成时，将成本结转到“开发产品”账户。待使用土地时，再将使用土地所应负担的开发成本，从“开发产品”账户转入“开发成本——房屋开发成本”账户，计入商品房、出租房等房屋的开发成本。

(二) 土地开发成本核算对象的确定和成本项目的设置

1. 土地开发成本核算对象的确定。为了既有利于土地开发支出的归集，又有利于土地开发成本的结转，对需要单独核算土地开发成本的开发项目，可按下列原则确定土地开发成本的核算对象。

(1) 对开发面积不大、开发工期较短的土地，每一个独立的开发项目都可作为成本核算对象。

(2) 对开发面积较大、开发工期较长、分区域开发的土地，可以以一定区域作为土地开发成本核算对象。

成本核算对象应在开工之前确定，一经确定就不能随意改变，更不能相互混淆。

2. 土地开发成本项目的设置。企业开发的土地，因其设计要求不同，开发的层次、程度和内容都不相同，有的只是进行场地的清理平整，如原有建筑物、障碍物的拆除和土地的平整；有的除了场地平整外，还要进行地下各种管线的铺设、地面道路的建设等。因此，就各个具体的土地开发项目来说，它的开发支出内容是不完全相同的。企业要根据所开发土地的具体情况和会计制度规定的成本项目，设置土地开发项目的成本项目。对于会计制度规定的、企业没有发生支出内容的成本项目，如建筑安装工程费、配套设施费，可不必设置。

根据土地开发支出的一般情况，企业对土地开发成本的核算，可设置如下成本项目：

(1) 土地征用及拆迁补偿费或土地批租费是指按照城市建设总体规划进行土地开发所发生的土地征用费、耕地占用税、劳动力安置费，及有关地上、地下物的拆迁补偿费等，但对拆迁旧建筑物回收的残值应估计入账并冲减有关成本。开发土地如通过批租方式取得的，应列入批租地价。

(2) 前期工程费是指土地开发项目前期工程发生的费用，包括：规划、设计费，项目可行性研究费，水文、地质堪察、测绘费，场地平整费，等等。

(3) 基础设施费是指土地开发过程中发生的各种基础设施费，包括道路、供水、供电、供气、排污、排洪、通信等设施费用。

(4) 开发间接费是指应由商品性土地开发成本负担的开发间接费用。土地开发项目如要负担不能有偿转让的配套设施费，还应设置“配套设施费”成本项目，用以核算应计入土地开发成本的配套设施费。

3. 土地开发成本的核算。企业在土地开发成本过程中发生的各项支出，除可将直接计入房屋开发成本的自用土地开发支出在“开发成本——房屋开发成本”账户核算外，其他土地开发支出均应通过“开发成本——土地开发成本”账户进行核算。为了分清转让、出租用土地开发成本和不能确定负担对象自用土地开发成本，对土地开发成本应按土地开发项目的类别，分别设置“商品土地开发成本”和“自用土地开发成本”两个二级账户，并按成本核算对象和成本项目设置明细分类账。

(1) 对发生的土地征用及拆迁补偿费、前期工程费、基础设施费等土地开发支出，可直接记入各土地开发成本明细分类账：

借：开发成本——商品土地开发成本

　　　　　——自用土地开发成本

　贷：银行存款

　　　应付账款——应付工程款

(2) 发生的开发间接费用，应先在“开发间接费用”账户进行核算，于月份终了再按一定标准，分配计入有关开发成本核算对象。应由商品性土地开发成本负担的开发间接费，可作如下分录：

借：开发成本——商品土地开发成本

　贷：开发间接费用

【例 6-1】某房地产开发企业在 2015 年开发两块土地，10 月份共发生开发费用支出如下：企业开发商品性土地和自用土地，支付征地拆迁费分别为 156 000 元和 144 000 元，支付承包设计单位前期工程款分别为 40 000 元和 36 000 元，应付承包施工单位基础设施款分别为 50 000 元和 36 000 元，分配应计入商品性土地成本的开发间接费用 20 000 元。

根据上述资料，应作如下处理：

(1) 用银行存款支付征地拆迁费时，作会计分录如下：

借：开发成本——商品土地开发成本　　156 000

　　　　　　——自用土地开发成本　　144 000

　贷：银行存款　　300 000

(2) 用银行存款支付设计单位前期工程款时，作会计分录如下：

借：开发成本——商品土地开发成本　　40 000

　　　　　　——自用土地开发成本　　36 000

　贷：银行存款　　76 000

(3) 将应付施工企业基础设施工程款入账时，作会计分录如下：

借：开发成本——商品土地开发成本　　50 000

　　　　　　——自用土地开发成本　　36 000

　贷：应付账款——应付工程款　　86 000

(4) 分配应记入商品性土地开发成本的开发间接费用时，作会计分录如下：

借：开发成本——商品性土地开发成本　　20 000

　贷：开发间接费用　　20 000

同时应将各项土地开发支出分别记入商品土地开发成本、自用土地开发成本明细分类账。现列示土地开发成本明细分类账，如表 6-1 所示。

表 6-1　土地开发成本明细分类账

项目编号名称：303 商品土地　　　　单位：元

2015 年		摘 要	借方金额	借方余额	明细账户借方发生额			
					土地征用及拆迁补偿费	前期工程费	基础设施费	开发间接费
10	1	上年累计		1 738 000	1 018 000	220 000	330 000	170 000
	(略)	支付征地拆迁费	156 000	1 894 000	156 000			
		支付前期工程费	40 000	1 934 000		40 000		
		支付基础设施工程款	50 000	1 984 000			50 000	
		分配开发间接费	20 000	2 004 000				20 000

4. 已完土地开发成本的结转。应根据已完成开发土地的用途，采用不同的成本结转方法。

(1) 为转让、出租而开发的商品性土地，在开发完成并经验收后，应将其实际成本自“开发成本——商品土地开发成本”账户的贷方转入“开发产品——土地”账户的借方。

假如上述开发企业商品性土地经开发完成并验收，加上以前月份开发支出共 2 004 000 元，作会计分录如下。

借：开发产品——土地　　　　　　　　　　　　　2 004 000

　　贷：开发成本——商品土地开发成本　　　　　　　2 004 000

(2) 为本企业房屋开发用的土地，应于开发完成把土地投入使用时，将土地开发的实际成本结转计入有关房屋的开发成本，作分录如下。

借：开发成本——房屋开发成本

　　贷：开发成本——自用土地开发成本

结转计入房屋开发成本的土地开发支出，可采用分项平行结转法或归类集中结转法来完成。分项平行结转法是指将土地开发支出的各项费用按成本项目分别平行转入有关房屋开发成本的对应成本项目。归类集中结转法是指将土地开发支出归类合并为“土地征用及拆迁补偿费或批租地价”和“基础设施费”两个费用项目，然后转入有关房屋开发成本的“土地征用及拆迁补偿费或批租地价”和“基础设施费”成本项目。凡与土地征用及拆迁补偿费或批租地价有关的费用，均转入有关房屋开发成本的“土地征用及拆迁补偿费或批租地价”项目；对其他土地开发支出，包括前期工程费、基础设施费等，则合并转入有关房屋开发成本的“基础设施费”项目。经结转的自用土地开发支出，应将它自“开发成本——自用土地开发成本”账户的贷方转入“开发成本——房屋开发成本”账户的借方。

【例 6-2】假如上述开发企业自用土地在开发完成后，加上以前月份的开发支出，共计 1 296 000 元。这块土地用于建造出租房和周转房，其中：出租房用地 3 000m^2，周转房用地 2 400m^2；每平方自用土地开发成本为 240 元/m^2[1 296 000÷(3 000＋2 400)]，则应结转出租房开发成本的土地开发支出为 720 000 元(240×3 000)，结转周转房开发成本的土地开发支出为 576 000 元(240×2 400)，应作如下会计分录入账。

借：开发成本——房屋开发成本——出租房　　　　720 000

　　　　　　——房屋开发成本——周转房　　　　576 000

　　贷：开发成本——自用土地开发成本　　　　　　1 296 000

(3) 如果自用土地开发完成后，还不能确定房屋和配套设施等项目的用地，则应先将其成本结转“开发产品——自用土地”账户的借方，于自用土地投入使用时，再从“开发产品——自用土地”账户的贷方，将其开发成本转入“开发成本——房屋开发成本”等账户的借方。

借：开发产品——自用土地
　　贷：开发成本——土地开发成本
借：开发成本——房屋开发成本
　　贷：开发产品——自用土地

五、房屋开发成本的核算

(一) 房屋开发核算对象及成本项目

房屋开发是房地产开发企业的主要经营业务之一。开发企业开发的房屋，按其用途可分为如下几类：为销售而开发的商品房；为出租经营而开发的出租房；为安置被拆迁居民周转使用而开发的周转房。此外，有的开发企业还受其他单位委托开发的住宅等代建房。这些房屋，虽然用途不同，但其所发生的开发费用的性质和用途都大体相同，在成本核算上也可采用相同的方法。为了既能总括反映房屋开发所发生的支出，又能分门别类地反映企业各类房屋的开发支出，并便于计算开发成本，在会计上除设置“开发成本——房屋开发成本”账户外，还应按开发房屋的性质和用途，分别设置商品房、出租房、周转房、代建房等三级账户，并按各成本核算对象和成本项目进行明细分类核算。

1. 房屋开发核算对象的确定。房屋的成本核算对象，应结合开发地点、用途、结构、装修、层高、施工队伍等因素加以确定。

(1) 一般房屋开发项目，以每一独立编制设计概(预)算，或每一独立的施工图预算所列的单项开发工程为成本核算对象。

(2) 同一开发地点，结构类型相同的群体开发项目，开竣工时间相近，同一施工队伍施工的，可以合并为一个成本核算对象，于开发完成算得实际开发成本后，再按各个单项工程概(预)算数的比例，计算各幢房屋的开发成本。

(3) 对于个别规模较大、工期较长的房屋开发项目，可以结合经济责任制的需要，按房屋开发项目的位置划分成本核算对象。

2. 开发房屋成本核算的项目。开发企业对房屋开发成本的核算，应设置如下成本项目。

(1) 土地征用及拆迁补偿费，是指为取得土地开发使用权(或开发权)而发生的各项费用，包括土地买价或出让金、大市政配套费、契税、耕地占用税、土地使用费、土地闲置费、农作物补偿费、危房补偿费、土地变更用途和超面积补交的地价及相关税费、拆迁补偿费用、安置及动迁费用、回迁房建造费用等。

(2) 前期工程费，是指项目开发前期发生的政府许可规费、招标代理费、临时设施费以及水文地质勘察、测绘、规划、设计、可行性研究、咨询论证费、筹建、场地通平等前期费用。

(3) 建筑安装工程费，是指开发项目开发过程中发生的各项主体建筑的建筑工程费、安装工程费及精装修费等。

(4) 基础设施建设费，是指开发项目在开发过程中发生的道路、供水、供电、供气、供暖、排污、排洪、消防、通信、照明、有线电视、宽带网络、智能化等社区管网工程费和环境卫生、园林绿化等园林、景观环境工程费用等。

(5) 公共配套设施费，是指开发项目内发生的、独立的、非营利性的且产权属于全体业主的，或无偿赠与地方政府、政府公共事业单位的公共配套设施费用等。

(6) 开发间接费，指企业为直接组织和管理开发项目所发生的，且不能将其直接归属于成本核算对象的工程监理费、造价审核费、结算审核费、工程保险费等。为业主代扣代缴的公共维修基金等不得计入产品成本。

(7) 借款费用，是指符合资本化条件的借款费用。

房地产企业自行进行基础设施、建筑安装等工程建设的，可以比照建筑企业设置有关成本项目。

(二) 房屋开发成本的核算

1. 土地征用及拆迁补偿费的核算。房屋开发过程中发生的土地征用及拆迁补偿费。能分清成本核算对象的，应直接计入有关房屋开发成本核算对象的“土地征用及拆迁补偿费”成本项目。

借：开发成本——房屋开发成本——土地征用及拆迁补偿费

　　贷：银行存款

房屋开发过程中发生的自用土地征用及拆迁补偿费，如分不清成本核算对象的，应将其支出先通过“开发成本——自用土地开发成本”账户进行汇集，待土地开发完成投入使用时，再按一定标准将其分配计入有关房屋开发成本核算对象。

借：开发成本——房屋开发成本

　　贷：开发成本——自用土地开发成本

房屋开发占用的土地，如属企业综合开发的商品性土地的一部分，则应将其发生的土地征用及拆迁补偿费，先在“开发成本——商品土地开发成本”账户进行汇集，待土地开发完成投入使用时，再按一定标准将其分配计入有关房屋开发成本核算对象。

借：开发成本——房屋开发成本

　　贷：开发成本——商品土地开发成本

2. 前期工程费的核算。房屋开发过程中发生的规划、设计、可行性研究以及水文地质勘察、测绘、场地平整等各项前期工程支出，能分清成本核算对象的，应直接计入，不能分清的，应按一定的标准将其分配计入有关房屋开发成本核算对象的“前期工程费”成本项目。

借：开发成本——房屋开发成本——前期工程费

　　贷：银行存款

3. 基础设施费的核算。房屋开发过程中发生的供水、供电、供气、排污、排洪、通信、绿化、环卫设施以及道路等基础设施支出，一般应直接或分配计入有关房屋开发成本核算对象的“基础设施费”成本项目。

借：开发成本——房屋开发成本——基础设施费

　　贷：银行存款

4. 建筑安装工程费的核算。房屋开发过程中发生的建筑安装工程支出，应根据工程的不同施工方式，采用不同的核算方法。采用发包方法进行建筑安装工程施工的房屋开发项目，其建筑安装工程支出，应根据企业承付的已完工程价款确定，直接计入有关房屋开发成本核算对象的“建筑安装工程费”成本项目。

借：开发成本——房屋开发成本——建筑安装工程费

　　贷：应付账款——应付工程款

如果开发企业对建筑安装工程采用招标方式发包，并将几个工程一并招标发包，则在工程完工结算工程价款时，应按各项工程预算造价的比例，计算它们的标价即实际建筑安装工程费。

【例 6-3】 某开发企业将两幢商品房建筑安装工程进行招标，标价为 2 160 000 元，这两幢商品房的预算造价为：F01 商品房为 1 260 000 元，F02 商品房为 1 008 000 元。则在工程完工结算工程价款时，应按如下方法计算各幢商品房的实际建筑安装工程费。

某项工程实际建筑安装工程款＝工程造价×该项工程预算造价÷各项工程预算造价合计

F01 商品房　2 160 000×1 260 000÷2 268 000＝1 200 000(元)

F02 商品房　2 160 000×1 008 000÷2 268 000＝960 000(元)

采用自营方式进行建筑安装工程施工的房屋开发项目，其发生的各项建筑安装工程支出，一般可直接计入有关房屋开发成本核算对象的“建筑安装工程费”成本项目。

借：开发成本——房屋开发成本——建筑安装工程费

　　贷：库存材料/应付职工薪酬/银行存款

如果开发企业自行施工大型建筑安装工程，可以设置“工程施工”“施工间接费用”等账户，用来核算和归集各项建筑安装工程支出，月末将其实际成本转入“开发成本——房屋开发成本”账户，并记入有关房屋开发成本核算对象的“建筑安装工程费”成本项目。

企业用于房屋开发的各项设备，即附属于房屋工程主体的各项设备，应在出库交付安装时，计入有关房屋开发成本核算对象的“建筑安装工程费”成本项目。

借：开发成本——房屋开发成本——建筑安装工程费

　　贷：库存设备

5. 配套设施费的核算。房屋开发成本应负担的配套设施费，是指开发小区内不能有偿转让的公共配套设施支出。在具体核算时，应根据配套设施的建设情况，采用不同的费用归集和核算方法。

(1) 配套设施与房屋同步开发，发生的公共配套设施支出，能够分清并可直接计入有关成本核算对象的，直接计入有关房屋开发成本核算对象的“配套设施费”项目。

借：开发成本——房屋开发成本——配套设施费

贷：应付账款——应付工程费

如果发生的配套设施支出，应由两个或两个以上成本核算对象负担的，应先在“开发成本——配套设施开发成本”账户进行汇集，待配套设施完工时，再按一定标准(如有关项目的预算成本或计划成本)，分配计入有关房屋开发成本核算对象的“配套设施费”成本项目。

借：开发成本——房屋开发成本——配套设施费

贷：开发成本——配套设施开发成本

(2) 配套设施与房屋非同步开发，即先开发房屋，后建配套设施，或房屋已开发等待出售或出租，而配套设施尚未全部完成，在结算完工房屋的开发成本时，对应负担的配套设施费，可采取预提的办法。即根据配套设施的预算成本(或计划成本)和采用的分配标准，计算完工房屋应负担的配套设施费用，计入有关房屋开发成本核算对象的“配套设施费”成本项目。

借：开发成本——房屋开发成本——配套设施费

贷：预提费用

预提数与实际支出数的差额，在配套设施完工时调整有关房屋开发成本。

6. 开发间接费的核算。企业内部独立核算单位为开发各种开发产品而发生的各项间接费用，应先通过“开发间接费用”账户进行归集，每月终了，再按一定标准分配计入各有关房屋开发成本核算对象的“开发间接费用”成本项目。

借：开发成本——房屋开发成本——开发间接费用

贷：开发间接费用

【例 6-4】某房地产开发企业在 2015 年，共发生有关房屋开发支出，见表 6-2 所示。

表 6-2　某房地产开发企业 2015 年有关房屋开发支出表

单位：元

项　目	F01 商品房	F02 商品房	F03 出租房	F04 周转房
支付征地拆迁费	100 000	80 000		
结转自用土地征地拆迁费	75 000	75 000		
应付承包设计单位前期工程费	30 000	30 000	30 000	30 000
应付承包施工企业基础设施工程款	90 000	70 000	70 000	70 000
应付承包施工企业建筑安装工程款	600 000	480 000	450 000	450 000
分配配套设施费(水塔)	80 000	65 000	60 000	60 000
预提配套设施费(幼托)	80 000	72 000	64 000	64 000
分配开发间接费用	80 000	66 000	62 000	62 000

根据上表资料，该房地产开发企业应作会计分录如下。

1. 在用银行存款支付征地拆迁费时，应作：

借：开发成本——房屋开发成本　　　　180 000

　　贷：银行存款　　　　180 000

2. 结转出租房、周转房使用土地应负担的自用土地开发成本时，应作：

借：开发成本——房屋开发成本　　　　150 000

　　贷：开发成本——自用土地开发成本　　　　150 000

3. 将应付设计单位前期工程款入账时，应作：

借：开发成本——房屋开发成本　　　　120 000

　　贷：应付账款——应付工程款　　　　120 000

4. 将应付施工企业基础设施工程款入账时，应作：

借：开发成本——房屋开发成本　　　　300 000

　　贷：应付账款——应付工程款　　　　300 000

5. 将应付施工企业建筑安装工程款入账时，应作：

借：开发成本——房屋开发成本　　　　1 980 000

　　贷：应付账款——应付工程款　　　　1 980 000

6. 分配应由房屋开发成本负担的水塔配套设施支出时，应作：

借：开发成本——房屋开发成本　　　　265 000

　　贷：开发成本——配套设施开发成本——水塔　　265 000

7. 预提应由房屋开发成本负担的幼托设施支出时，应作：

借：开发成本——房屋开发成本　　　　280 000

　　贷：预提费用——预提配套设施费　　　　280 000

8. 分配应由房屋开发成本负担的开发间接费用时，应作：

借：开发成本——房屋开发成本　　　　270 000

　　贷：开发间接费用　　　　270 000

（二）房屋开发成本的结转

房屋开发项目竣工验收后，应按各种房屋的用途，将房屋的实际开发成本分别转入有关“开发产品”账户。

1. 竣工商品房、代建房的开发成本应结转“开发产品——房屋”账户。

2. 竣工后直接投入使用的出租房、周转房的开发成本，应分别计入“出租开发产品”和“周转房”账户。

3. 若竣工后暂不使用，应计入“开发产品——房屋”账户，待投入使用后再转入“出租开发产品”和“周转房”账户。

“开发产品”账户应按房屋类别分别设置商品房、代建房、出租房、周转房等二级账户，并按各成本核算对象进行明细分类核算。

六、配套设施开发成本的核算

(一) 配套设施的构成内容及其费用归集原则

1. 配套设施的构成内容。房地产开发企业开发的配套设施，通常包括两类：一类是在开发小区内开发不能有偿转让的公共配套设施，如水塔、锅炉房、居委会、派出所、消防、托儿所、自行车棚等；另一类是能有偿转让的城市规划中规定的大配套设施项目，包括：开发小区内营业性公共配套设施，如商店、银行、邮局等；开发小区内非营业性配套设施，如中小学、文化店、医院等；在开发项目外为居民服务的给排水、供电、供气的增容增压、交通道路等。这类配套设施，如果没有投资来源，不能有偿转让，也将它归入第一类中，计入房屋开发成本。

2. 配套设施费用归集原则。按照现行财务制度规定，城市建设规划中的大配套设施项目不得计入商品房成本。因为这些大配套设施，国家有这方面的投资。

为反映企业开发建设中各种配套设施所发生的支出，准确地计算房屋和各种大配套设施的开发成本，对配套设施支出的归集原则如下：

(1) 对能分清并直接计入某个成本核算对象的第一类配套设施支出，可直接计入有关房屋等开发成本，并在“开发成本——房屋开发成本”账户中归集其发生的支出(水塔、锅炉房、托儿所、派出所等)。

(2) 对不能直接计入有关房屋开发成本的第一类配套设施支出，应先在“开发成本——配套设施开发成本”账户进行归集，于开发完后再按一定标准分配计入有关房屋等开发成本。

(3) 对能有偿转让的第二类大配套设施支出，应在“开发成本——配套设施开发成本”账户进行归集。

(二) 配套设施成本项目的确定与设置

根据《企业产品成本核算制度(试行)》的规定，对配套设施的开发成本原则上，应设置土地征用及拆迁补偿费或批租地价、前期工程费、基础设施费、建筑安装工程费、配套设施费和开发间接费六个成本项目。但在实务中，对于不能有偿转让、不能直接计入各成本核算对象的各项公共配套设施，如果工程规模较大，可以将各配套设施作为成本核算对象；如果工程规模不大，与其他项目建设地点较近，开竣工时间相差不多，并由同一施工单位施工的，也可以考虑将它们合并作为一个成本核算对象，待工程完工计算出开发总成本后，按照各项目的预算成本(或计划成本)的比例，先计算出各配套设施的开发成本后，再按一定标准，将各配套设施开发成本分配计入各有关房屋等开发成本。

由于这些配套设施的支出最终要由房屋等开发成本来负担，为简化核算手续，在核算时一般只设置如下四个成本项目：①土地征用及拆迁补偿费或批租地价；②前期工程费；③基础设施费；④建筑安装工程费。

对这些配套设施，发生的其他配套设施支出，以及本身应负担的开发间接费用，也可直接分配计入有关房屋开发成本。

(三) 配套设施开发成本的核算

企业发生的各项配套设施支出，应在“开发成本——配套设施开发成本”账户进行核算，并按成本核算对象和成本项目进行明细分类核算。

1. 已发生的土地征用及拆迁补偿费或批租地价、前期工程费、基础设施费、建筑安装工程费等支出，可直接计入配套设施开发成本明细分类账的相应成本项目。

借：开发成本——配套设施开发成本

　　贷：银行存款/应付账款——应付工程款

2. 对能有偿转让大型配套设施分配的其他配套设施支出，应计入各大配套设施开发成本明细分类账的“配套设施费”项目。

借：开发成本——配套设施开发成本——××(商店、银行)

　　贷：开发成本——配套设施开发成本——××(水塔、锅炉房)

3. 对能有偿转让大配套设施分配的开发间接费用，应计入各配套设施开发成本明细分类账的“开发间接费用”项目。

借：开发成本——配套设施开发成本

　　贷：开发间接费用

4. 对配套设施与房屋等开发产品不同步开发或房屋等开发完成等待出售或出租，而配套设施尚未全部完成的，经批准后可按配套设施的预算成本或计划成本，预提配套设施费，将它计入房屋开发成本明细分类账的“配套设施费”项目。

借：开发成本——房屋开发成本

　　贷：预提费用

因为一个开发小区的开发，时间较长，有的需要几年，开发企业在开发进度安排上，有时先建房屋，后建配套设施。这样，往往是房屋已经建成而有的配套设施可能尚未完成，或者是商品房已经销售，而幼托、消防设施等尚未完工的情况。这种房屋开发与配套设施建设的时间差，使得那些已具备使用条件并已出售的房屋应负担的配套设施费，无法按配套设施的实际开发成本进行结转和分配，只能以未完成配套设施的预算成本或计划成本为基数，计算出已出售房屋应负担的数额，用预提方式计入出售房屋等的开发成本。开发产品预提的配套设施费的计算，一般可按以下公式进行计算：

某项开发产品预提的配套设施费＝该项开发产品预算成本(或计划成本)

×配套设施费预提率

配套设施费预提率＝[该配套设施的预算成本(或计划成本)÷应负担该配套设施费各开发产品的预算成本(或计划成本)合计]×100%

式中，应负担配套设施费的开发产品一般应包括开发房屋、能有偿转让在开发小区内开发的大配套设施。

【例 6-5】某开发小区内幼托设施开发成本应由 F01、F02 商品房，F03 出租房、F04 周转房和 201 大配套设施商店负担。由于幼儿园设施在商品房等完工出售、出租时尚未完工，为了及时结转完工的商品房等成本，应先将幼儿园设施的配套设施费预提计入商品房等的开发成本。假定各项开发产品和幼托设施的预算成本如下：

F01 商品房　　2 000 000 元

F02 商品房　　1 800 000 元

F03 出租房　　1 600 000 元

F04 周转房　　1 600 000 元

201 大配套设施——商店　　1 000 000 元

250 幼儿园设施　　640 000 元

则：幼儿园设施的配套设施费预提率

＝640 000÷(2 000 000＋1 800 000＋1 600 000＋1 600 000＋1 000 000)×100%

＝640 000÷8 000 000×100%＝8%

各项开发产品预提幼儿园设施的配套设施费为：

F01 商品房　　2 000 000×8%＝160 000(元)

F02 商品房　　1 800 000×8%＝144 000(元)

F03 出租房　　1 600 000×8%＝128 000(元)

F04 周转房　　1 600 000×8%＝128 000(元)

201 大配套设施——商店　　1 000 000×8%＝80 000(元)

按预提率计算各项开发产品的配套设施费时，其与实际支出的差额，应在配套设施完工时，按预提数的比例，调整增加或减少有关开发产品的成本。

现举例说明配套设施开发成本的核算。

【例 6-6】2015 年某房地产开发企业 10 月份根据建设规划要求，在开发小区内负责建设一间超级市场、一座水塔和一所幼儿园。上述设施均发包给施工企业施工，其中商店建成后，有偿转让给商业部门。水塔和幼儿园的开发支出按规定计入有关开发产品的成本。水塔与商品房等同步开发，幼儿园与商品房等不同步开发，其支出经批准采用预提办法。上述各配套设施发生有关支出，详见表 6-3 所示。

表 6-3 某房地产开发企业 2015 年有关配套设施开发支出表

单位：元

项　目	201 超市	251 水塔	252 幼儿园
支付征地拆迁费	100 000	10 000	100 000
支付承包设计单位前期工程费	60 000	40 000	60 000
应付承包施工企业基础设施工程款	100 000	60 000	100 000
应付承包施工企业建筑安装工程款	400 000	490 000	380 000
分配配套设施费(水塔)	70 000		
预提配套设施费(幼托)	80 000		
分配开发间接费用	110 000		
合计	920 000	600 000	640 000

根据上表资料，企业应作如下会计处理。

1. 用银行存款支付征地拆迁费时，作如下会计分录：

借：开发成本——配套设施开发成本　　210 000

　　贷：银行存款　　210 000

2. 用银行存款支付设计单位前期工程款时，作如下会计分录：

借：开发成本——配套设施开发成本　　160 000

　　贷：银行存款　　160 000

3. 将应付施工企业基础设施工程款和建筑安装工程款时，作如下会计分录：

借：开发成本——配套设施开发成本　　1 530 000

　　贷：应付账款——应付工程款　　1 530 000

4. 分配应计入超市配套设施开发成本的水塔设施支出时，作如下会计分录：

借：开发成本——配套设施开发成本——超市　　70 000

　　贷：开发成本——配套设施开发成本——水塔　　70 000

5. 分配应记入商店配套设施开发成本的开发间接费用时，作如下会计分录：

借：开发成本——配套设施开发成本——超市　　110 000

　　贷：开发间接费用　　110 000

6. 预提应由超市配套设施开发成本负担的幼儿园设施支出时，作如下会计分录：

借：开发成本——配套设施开发成本——幼儿园　　80 000

　　贷：预提费用——预提配套设施费　　80 000

同时应将各项配套设施支出分别计入各配套设施开发成本明细分类账、超市配套设施开发成本明细分类账，详见表 6-4 所示。

表 6-4　配套设施开发成本明细分类账

项目编号名称：201 超市商场　　　　　　　　　　　　　　　　　　　　　　　单位：元

2015 年	摘　要	借方金额	借方余额	明细账户借方发生额					
				土地征用及拆迁补偿费	前期工程费	基础设施费	建安工程费	配套设施费	开发间接费
	本年累计	660 000	660 000	100 000	60 000	100 000	400 000		
(略)	分配水塔设施费	70 000	730 000					70 000	
	分配开发间接费	110 000	840 000						110 000
	预提幼儿园设施费	80 000	920 000					80 000	

(四) 已完配套设施开发成本的结转

已完成全部开发工程并经验收的配套设施，应按其不同情况和用途结转其开发成本。

1. 对能有偿转让的大配套设施，如上述超市商场设施，应在完工验收后将其实际成本自“开发成本——配套设施开发成本”账户的贷方转入“开发产品——配套设施”账户的借方，作会计分录如下：

借：开发产品——配套设施(超市)　　　　920 000

　　贷：开发成本——配套设施成本　　　　920 000

配套设施有偿转让收入，应作为经营收入处理。

2. 按规定应将其开发成本分配计入商品房等开发产品成本的公共配套设施。对这类设施的水塔，在完工验收后，应将其发生的实际开发成本按一定的标准(有关开发产品的实际成本、预算成本或计划成本)，分配计入有关房屋和大配套设施的开发成本，作会计分录如下：

借：开发成本——房屋成本　　　　530 000(不能转让)

　　开发成本——配套设施成本　　　　70 000(有偿转让)

　　贷：开发成本——配套设施成本　　　　600 000(分不清对象)

3. 对用预提方式将配套设施支出记入有关开发产品成本的公共配套设施，如幼托设施，应在完工验收后，将其实际发生的开发成本冲减预提的配套设施费，作会计分录如下：

借：预提费用——预提配套设施费　　　　640 000

　　贷：开发成本——配套设施成本　　　　640 000

如预提配套设施费大于或少于实际开发成本，可将其多提数或少提数冲减有关开发产品成本或作追加的分配。如有关开发产品已完工并办理竣工决算，可将其差额冲减或追加分配于尚未办理竣工决算的开发产品的成本。

七、代建工程开发成本的核算

(一) 代建工程开发成本项目的设置

1. 代建工程概念及内容。代建工程是指开发企业接受委托单位委托，代为开发的各项工程，或参加委托单位招标，经过投标中标后承建的开发项目。其主要包括建设场地、各种房屋和市政工程。例如，城市道路、园林绿化、基础设施等。

2. 代建工程成本项目。代建工程开发成本核算时，应设置土地征用及拆迁补偿费；前期工程费；基础设施费；建筑安装工程费和开发间接费等五个成本项目。在实际工作中，应根据代建工程支出内容设置使用。

(二) 代建工程成本的核算

现行会计制度规定：企业代委托单位开发的土地(即建设场地)、各种房屋所发生的各项支出，应分别通过“开发成本——商品性土地开发成本”和“开发成本——房屋开发成本”账户进行核算，并在这两个账户下分别按土地、房屋成本核算对象和成本项目归集各项支出，进行代建工程项目开发成本的明细分类核算。除土地、房屋以外，企业代委托单位开发的其他工程，如市政工程等，其所发生的支出，则应通过“开发成本——代建工程开发成本”账户进行核算。因此，开发企业在“开发成本——代建工程开发成本”账户核算的，仅限于企业接受委托单位委托，代为开发的除土地、房屋以外的其他工程发生的支出。当开发企业发生各项代建工程支出和对代建工程分配开发间接费用时，借记“开发成本——代建工程开发成本”账户，贷记“银行存款”“应付账款——应付工程款”“原材料”“应付职工薪酬”“开发间接费用”等账户。

同时应按成本核算对象和成本项目分别归类计入各代建工程开发成本明细分类账。代建工程开发成本明细分类账的格式，与房屋开发成本明细分类账基本相同。

完成全部开发过程并经验收的代建工程，应按其实际开发成本，借记“开发产品”账户，贷记“开发成本——代建工程开发成本”账户；在将代建工程移交委托代建单位，办妥工程价款结算手续后，按代建工程开发成本，借记“主营业务成本”账户，贷记“开发产品”账户。

【例 6-7】某市房地产开发公司接受市政工程管理部门的委托，代为扩建某小区旁边一条道路。扩建过程中，用银行存款支付拆迁补偿费 600 000 元，前期工程费 320 000 元，应付基础设施工程款 1 080 000 元，分配开发间接费用 160 000 元。

在发生上述各项扩建工程开发支出和分配开发间接费用时，应作：

借：开发成本——代建工程开发成本　　　　2 160 000

　　贷：银行存款　　　　　　　　　　　　　　920 000

应付账款——应付工程款　　1 080 000
开发间接费用　　160 000

道路扩建工程完工并经验收，结转已完工程成本时，应作：

借：开发产品——代建工程(道路)　　2 160 000
贷：开发成本——代建工程开发成本　　2 160 000

第三节　房地产开发产品的核算

开发产品指企业已经完成全部开发建设过程，并已验收合格，符合国家建设标准和设计要求，可以按合同规定的条件移交订购单位，或作为对外销售的待售、转让、出租或结算的开发产成品。

一、开发产品的构成及计价

(一) 开发产品的构成

开发产品主要由开发完成的土地(建设场地)、房屋、配套设施和代建工程等构成。

1. 开发建设的土地(建设场地)。主要包括：为有偿转让或出租而开发的商品性建设场地，属于企业的最终产品；为建设商品房、经营房和周转房而开发的自用建设场地，它属于企业的中间产品，如果近期不使用，已完成的自用建设场地也视为企业的最终产品。

2. 开发建设的房屋。主要包括：为销售而开发的商品房；为出租经营而开发的出租房；为安置被拆迁居民周转使用而开发的周转房；代为开发建设的房屋。

3. 开发建设的配套设施。主要包括：一类是在开发小区内开发不能有偿转让的公共配套设施，如水塔、锅炉房、居委会、派出所、消防、托儿所、自行车棚等，该类配套设施属于企业的中间产品，其开发完成后，计入开发小区内的房屋开发成本；另一类是能有偿转让的城市规划中规定的大配套设施项目，包括：开发小区内营业性公共配套设施，如商店、银行、邮局等；开发小区内非营业性配套设施，如中小学、文化店、医院等；在开发项目外为居民服务的给排水、供电、供气的增容增压、交通道路等。该类配套设施属于企业最终产品，开发完成后，作为企业的开发产品。

4. 开发建设的代建工程。企业接受其他单位委托，代为开发建设的各项工程，包括建设场地、房屋和其他工程。

(二) 开发产品的计价

开发产品按开发过程中发生的实际成本计价。应计入商品房成本的不能转让的公共配套设施，如果不能与商品房建设同步，结转商品房成本负担的配套设施费时，可采用预提的方法予以确定。

二、开发产品的核算

(一) 开发产品增加的核算

房地产开发企业对已完成开发过程的商品房、代建房、出租房、周转房，应在竣工验收以后将其开发成本结转“开发产品”账户。会计人员应根据房屋开发成本明细分类账记录的完工房屋实际成本，借记“开发产品”账户，贷记“开发成本——房屋开发成本”账户。“开发产品”账户应按房屋类别分别设置商品房、代建房、出租房、周转房等二级账户，并按各成本核算对象进行明细分类核算。

【例 6-8】某房地产开发企业，本月完工经验收合格的商品房 1 135 000 元、出租房 736 000 元、周转房 736 000 元。根据资料应作如下会计分录：

借：开发产品——商品房　　　　1 135 000
　　　　　　——出租房　　　　　736 000
　　　　　　——周转房　　　　　736 000
　贷：开发成本——房屋开发成本　　　2 607 000

(二) 开发产品减少的核算

企业开发完成的产品，由于其减少的原因不同，现行会计制度规定，应根据具体情况进行开发产品减少的会计处理。

1. 对外销售及代建工程移交。在销售或移交、转让开发产品时，确认收入；期末按实际成本结转已售开发产品成本。其会计处理如下：

借：主营业务成本
　贷：开发产品

2. 分期收款销售。是指商品已经交付，但货款需分期收回的一种销售方式。在该方式下，销货方将商品交付给购货方，通常就表明商品所有权上的主要风险和报酬已经转移给了购货方。因此，销货方应当于发出商品时就确认销售收入。其会计处理如下：

借：主营业务成本
　贷：开发产品

3. 房地产出租。房地产开发企业在销售开发产品的同时，也将其开发的一部分产品(如写字楼、高级公寓等)对外出租，以收取租金的方式猎取收益。尤其是一些专做商业地产的房地产企业，往往在产品开发之前就已经和承租方签订租赁合同，不但保证了产品按期交付使用，避免给承租方造成损失，而且还能根据承租方自身的需求开发产品，房地产企业也因此能够取得更好的投资回报。所以房地产出租业务是房地产企业取得收入的重要方式之一。

将开发的土地和房屋用于出租的，应于移交使用时，按土地和房屋的实际成本，借记“投资性房地产”账户，贷记“开发产品——出租房(或商品性土地)”账户。

出租土地、房屋时，收取的租金收入应计入“主营业务收入——出租产品租金收入”账户；为出租开发产品而发生的修理费及摊销，应计入“主营业务成本——出租房摊销(或出租房维修)”账户。

【例 6-9】某房地产开发公司将开发完成的一栋办公楼出租给某单位使用，办公楼的实际成本为 7 000 000 元，每年计提折旧 600 000 元，出租过程中发生维修费用 100 000 元。出租 5 年后终止租赁合同，将出租办公楼对外销售。根据上述资料，做会计分录如下：

(1) 结转出租开发产品成本

借：投资性房地产　　7 000 000

　　贷：开发产品——出租房　　7 000 000

(2) 假设投资性房地产按成本计量模式计量，每年计提房屋折旧

借：主营业务成本——出租房摊销　　600 000

　　贷：投资性房地产累计折旧(摊销)　　600 000

(3) 支付开发产品维修费

借：主营业务成本——出租房维修　　100 000

　　贷：银行存款　　100 000

(4) 5 年后出租的开发产品对外销售

出租开发产品折余价值＝7 000 000－600 000×5＝4 000 000(元)

借：主营业务成本——商品房销售成本　　4 000 000

　　投资性房地产累计折旧(摊销)　　3 000 000

　　贷：投资性房地产　　7 000 000

根据《企业会计准则第 3 号——投资性房地产》第 11 条规定：采用公允价值模式计量的，不对投资性房地产计提折旧或进行摊销，应当以资产负债表日投资性房地产的公允价值为基础调整其账面价值，公允价值与原账面价值之间的差额计入当期损益。

投资性房地产计提折旧或摊销，可参照工业企业固定资产折旧平均年限法来进行。

4. 将开发的房屋用于拆迁居民周转使用的，应于移交使用时，按房屋的实际成本，借记“周转房”账户，贷记“开发产品——房屋”账户。

周转房是指企业用于安置拆迁居民周转使用、产权归企业所有的各种房屋。包括：开发过程中已明确为安置拆迁居民周转使用的房屋；企业开发完成的商品房，在尚未销售前用于安置拆迁居民周转使用的部分；搭建的用于安置拆迁居民周转使用的临时性简易房屋。其核算内容包括周转房的摊销、维修及销售等核算。

会计核算上设置“周转房”资产类账户，并在其下设“在用周转房”和“周转房摊销”

两个二级账户进行核算。

发生周转房的摊销、维修业务，应计入“开发成本”账户，其中：周转房摊销，采用“平均年限法”进行。周转房的销售，应视同开发产品销售，应计入“主营业务收入”账户，同时结转已售开发产品成本，计入“主营业务成本”账户。

【例 6-10】某房地产开发公司开发完成的用于安置拆迁居民周转使用的房屋，其实际成本为 4 000 000 元，本月应计提摊销额 25 000 元，周转房在使用过程中发生维修费用 50 000 元。3 年后将该周转房作为商品房对外销售。根据上述资料，作会计分录如下。

(1) 开发完的周转房交付使用

借：周转房——在用周转房　　4 000 000

　　贷：开发产品——房屋　　4 000 000

(2) 本月应计提摊销额

借：开发成本　　25 000

　　贷：周转房——周转房摊销　　25 000

(3) 支付维修费

借：开始成本　　50 000

　　贷：银行存款　　50 000

注：能确认归属的周转房摊销、维修费用，直接计入“开发成本”账户，不能确认归属的，先计入“开发间接费用”账户，待期末再按一定的标准分配计入各有关工程的开发成本。

(4) 结转对外销售周转房成本

销售时周转房折余价值＝4 000 000－25 000×12×3＝3 100 000(元)

借：其他业务成本　　3 100 000

　　周转房——周转房摊销　　900 000

　　贷：周转房——在用周转房　　4 000 000

第四节　房地产开发企业营业收入的核算

一、营业收入的范围和实现

(一) 营业收入核算的特殊性

1. 营业收入具有多样性。房地产开发企业开发的产品多样性就决定了其收入的多样性。如商品房销售收入、转让开发产品收入、出租开发产品收入、配套设施销售收入、代建工程收入等。

2. 营业收入的坏账风险较小。房地产开发企业销售开发产品时，通常采取预售方式和银行按揭贷款方式；甚至是在没有建成产品时就先行收到款项，所以较少发生坏账。

(二) 营业收入的内容

收入是指企业在销售商品、提供劳务及让渡资产使用权等日常活动中所形成的经济利益的总流入。房地产开发企业的营业收入，是指房地产开发企业在开始经营过程中取得的收入，主要包括：销售开发产品、材料，提供劳务，代建房屋及代建其他工程，出租开发产品，以及其他多种经营活动等取得的收入。

(三) 营业收入确认的条件

企业会计准则规定的收入确认的条件是——销售商品收入，应当在下列条件均能满足时予以确认。

1. 企业已将所有权上的主要风险和报酬转移给买方。

2. 企业既没有保留通常与所有权相联系的继续管理权，也没有对已售出的商品实施控制。

3. 与交易相关的经济利益能够流入企业。

4. 相关的收入和成本能够可靠计量。

根据这一规定，中国房地产收入的确定时点，一般认为是在为客户办理房产证时，即在产权变更时确认收入。但在一般情况下，由于房屋在移交手续办妥后，客户就可持相关单证到有关部门办理房地产有关权证，房地产商实际上已经取得了收取房款的法律保障，因此，与房屋所有权相关的主要风险和报酬已转移给买主；同时，根据房地产管理有关规定，房地产开发企业出售房屋办妥移交手续后，应移交该开发项目给区域内的物业管理公司管理，房地产开发企业不再拥有管理权和控制权；而与收入相关的成本由于房屋已经建成而使之能够可靠计量。基于上述原因，在会计实务中房地产收入，在满足以下条件时即可确认：①开发产品已竣工并经有关部门验收合格，房屋面积业经有关部门测定；②已与客户签订的正式房屋销售合同；③标的物——房屋已经客户验收，对房屋的结构、销售面积及房款购销双方均无异议，并与客户办妥了交付入住手续，双方均已履行了合同规定的义务。

企业当期的合同收入和费用的确认方法，与施工企业相同，可采用完工百分比法进行。

二、主营业务收入的核算

房地产开发企业在销售、转让和出租环节，主要应设置“主营业务收入”“主营业务成本”“其他业务收入”“其他业务成本”“营业税金及附加”“应收账款”“银行存款”“开发产品”“投资性房地产”“预收账款”“应交税费”等账户。

在设置损益类账户时，应注意不同的房地产开发企业对于主营与非主营业务的划分是不同的，如开发产品租赁收入，有的企业作为主营业务，而有的企业则作为非主营业务。另外为管理的需要，应在上述账户下设置多级明细账户进行明细核算，如：主营业务收入——开发产品销售收入——××项目。

(一) 开发产品销售、转让收入的核算

企业销售商品房，将发票提交给买方，并办理移交手续后，按销售价款借记“银行存款”“应收账款”等账户，贷记“主营业务收入——商品房销售收入”账户。月末按已售商品房的实际成本，借记“主营业务成本——商品房销售成本”账户，贷记“开发产品——商品房”账户。

企业对外转让商品性土地，在办理转让手续且将账单交付给买方，按转让价格借记“银行存款”“应收账款”等账户，贷记“主营业务收入——土地转让收入”账户。月末按已对外转让的商品性土地的实际成本，借记“主营业务成本——土地转让成本”账户，贷记“开发产品——土地”账户。

企业有偿转让的配套设施，在办理财产交接手续且将配套设施工程价款账单提交给买方，按转让价格借记“银行存款”“应收账款”等账户，贷记“主营业务收入——配套设施销售收入”账户。月末按已转让配套设施的实际成本，借记“主营业务成本——配套设施销售成本”账户，贷记“开发产品——配套设施”账户。

企业将完工的代建工程交付委托单位时，在办理财产交接手续且将代建工程价款结算账单提交给委托单位后，按其工程价款借记“银行存款”“应收账款”等账户，贷记“主营业务收入——代建工程结算收入”账户。月末按代建工程的实际成本，借记“主营业务成本——代建工程结算成本”账户，贷记“开发产品——代建工程”账户。

【例 6-11】某房地产开发企业 2016 年 4 月发生如下经济业务。

1. 销售给甲公司办公楼一栋，实际售价为 4 000 000 元，收取货款 3 000 000 元，其余未收。会计分录如下。

借：银行存款　　3 000 000
　　应收账款——甲公司　　1 000 000
　　贷：主营业务收入——商品房销售收入　　4 000 000

2. 企业将开发完工的商品性土地 100 亩转让给乙单位，转让价为 3 000 000 元，款已收妥入账。会计分录如下。

借：银行存款　　3 000 000
　　贷：主营业务收入——土地转让收入　　3 000 000

3. 企业将开发完工的配套设施——商店转让给丙单位，转让价为 2 000 000 元，款未

收到。会计分录如下。

借：应收账款——丙单位　　2 000 000

　　贷：主营业务收入——配套设施销售收入　　2 000 000

4. 企业将受托完工的道路修建工程移交给委托单位，全部价款为 5 000 000 元，受托时预收工程款 1 500 000 元，交付时，余款收妥入账。会计分录如下。

借：银行存款　　3 500 000

　　预收账款——委托单位　　1 500 000

　　贷：主营业务收入——代建工程结算收入　　5 000 000

5. 月末，结转本月销售、转让开发产品的实际成本。其中，办公楼实际成本为 3 000 000 元、商品性土地实际成本为 800 000 元、配套设施——商店实际成本为 700 000 元、道路修建工程实际成本为 3 000 000 元。会计分录如下。

借：主营业务成本——商品房销售成本　　3 000 000

　　　　　　　　——土地转让成本　　800 000

　　　　　　　　——配套设施销售成本　　700 000

　　　　　　　　——代建工程结算成本　　3 000 000

　　贷：开发产品——商品房　　3 000 000

　　　　　　　　——土地　　800 000

　　　　　　　　——配套设施　　700 000

　　　　　　　　——代建工程　　3 000 000

（二）开发产品分期收款销售收入的核算

分期收款销售是指商品已经交付，但货款需分期收回的一种销售方式。在该方式下，销货方将商品交付给购货方，通常就表明商品所有权上的主要风险和报酬已经转移给了购货方。因此，销货方应当于发出商品时就确认销售收入。需要特别注意的是：货款按合同约定的收款日期分期收回，强调的只是货款要分期结算而已，与风险和报酬的转移没有关系，所以企业不应该按照合同约定的收款日期分期确认收入。也就是销货方应于发出商品时，按照从购货方已收或应收的合同或协议价款确认收入，并结转已售开发产品成本。

【例 6-12】某房地产开发企业采用分期收款方式向丁单位出售商品房，其售价为 18 000 000 元，丁单位收到商品房时，首付 20%的房款。其余款于每季季末支付，分 3 次等额付清。该商品房实际成本为 15 000 000 元。根据资料，应作如下会计处理。

1. 销售商品房收到 20%的首付款：

借：银行存款　　3 600 000

　　应收账款——丁单位　　14 400 000

贷：主营业务收入——商品房销售收入 18 000 000

借：主营业务成本——商品房销售成本 15 000 000

贷：开发产品——商品房 15 000 000

2. 企业在第 2、3、4 次收到房款时，应作如下会计处理：

借：银行存款 4 800 000

贷：应收账款——丁单位 4 800 000

(三) 开发产品出租租金收入的核算

房地产开发企业用于出租的房屋和土地，应通过“投资性房地产”账户进行核算，其具体业务主要有以下几个方面。

1. 企业将开发完工的用于出租的商品房或商品性土地出租时，借记“投资性房地产”账户，贷记“开发产品——出租房(或商品性土地)”账户。

2. 企业按出租协议规定收取租金收入时，借记“银行存款”“应收账款”等账户，贷记“主营业务收入——房屋出租收入”账户。

3. 出租开发产品在出租过程中，计提折旧(或摊销)、支付维修费用，借记“主营业务成本——出租房摊销(或出租房维修)”账户，贷记“投资性房地产累计折旧(摊销)”“银行存款”等账户。

4. 出租开发产品对外销售或转让时，应按转让价格，借记“银行存款”“应收账款”等账户，贷记“主营业务收入——商品房销售收入”等账户。同时，按出租开发产品的原价扣除其累计折旧额后，借记“主营业务成本——商品房销售成本”账户，按出租房屋累计折旧，借记“投资性房地产累计折旧(摊销)”账户，按出租开发产品的原价，贷记“投资性房地产”账户。

【例 6-13】某省会城市的万隆房地产开发公司将开发的某小区地下一层租给某大型超市，根据合同规定，租期 10 年，每年租金 1 800 000 元，租金按月支付。出租的地下一层面积为 2 000m^2，开发成本为 12 000 000 元。企业对出租房采用成本计量模式计量，出租房屋每月应计提折旧(或摊销)25 000 元。根据业务资料，本月应作如下会计处理。

(1) 签订租赁合同，缴纳印花税，结转出租房屋成本。

应交印花税＝1 800 000×1‰＝1 800(元)

根据银行缴税付款凭单，作如下会计分录：

借：管理费用——印花税 1 800

贷：银行存款 1 800

同时，结转出租房开发成本：

借：投资性房地产 12 000 000

贷：开发产品——出租房 12 000 000

(2) 每月月末收到租金，作如下会计分录。

借：银行存款　　150 000

　　贷：主营业务收入——出租房租金收入　　150 000

(3) 计算本月应负担的销售环节税费，应作如下会计分录。

应交营业税＝150 000×5%＝7 500(元)

应交城市维护建设税＝7 500×7%＝525(元)

应交教育费附加＝7 500×3%＝225(元)

借：营业税金及附加　　8 250

　　贷：应交税费——应交营业税　　7 500

　　　　　　　　——应交城市维护建设税　　525

　　　　　　　　——应交教育费附加　　225

(4) 每月计提房屋折旧或摊销。

借：主营业务成本——出租房摊销　　25 000

　　贷：投资性房地产累计折旧(摊销)　　25 000

(5) 出租的房产，按规定应缴纳房产税、土地使用税。假设出租的房产土地使用税适用税率为 18 元/m^2，房产税率为 12%。则有：

应交房产税＝1 800 000×12%＝216 000(元)

应交土地使用税＝2 000×18＝36 000(元)

根据银行付款凭单，作如下会计分录：

借：管理费用——应交房产税　　216 000

　　　　　　——应交土地使用税　　36 000

　　贷：银行存款　　252 000

(四) 其他业务收入的核算

房地产开发企业的非主营业务收入，可参照其他企业的相关业务核算办法进行。

第五节 房地产开发企业“营改增”的核算

从 2016 年 5 月 1 日起，备受关注的“营改增”将扩大试点行业范围。其中，建筑业、房地产业、金融业、生活服务业四个行业将纳入“营改增”试点范围。直此，现行营业税纳税人全部改征增值税，其中建筑业和房地产业适用 11% 税率。营改增的推出对地产行业短期内不会带来剧烈变化，但对未来将产生深远的影响。特别是对从事商业地产的去库存起到了积极的促进作用。

房地产开发企业的销售环节税费，包括价内税费和价外税两种，其中价内税，除城市维护建设税及教育费附加外，还包括土地增值税。由于城市维护建设税及教育费附加与一般企业计算、交纳方法一样，所以在此只介绍房地产开发企业应交土地增值税的计算与缴纳，以及房地产业“营改增”核算的相关内容。

一、应交土地增值税的核算

(一) 应交土地增值税的计算

土地增值税是对转让国有土地使用权、地上建筑物及附着物并取得收入的单位和个人，就其转让房地产所取得的增值额征收的一种税。就其实质讲，是对土地收益或地租课税。它是以转让房地产取得的收入，减除法定扣除项目金额后的增值额作为计税依据，其计算公式如下：

土地增值税的应纳税额＝土地增值额×适用税率

土地增值额指转让土地使用权、地上建筑物及附着物取得收入与扣除项目金额的差额。

土地增值额＝出售房地产总收入－允许扣除项目金额

其中，出售房地产总收入为：转让国有土地使用权、房屋建筑物及其附着物时取得的全部收入。

根据《中华人民共和国土地增值税暂行条例》第 6 条规定，增值额的扣除项目金额是指税法规定准予纳税人从转让收入中减除项目的金额，它包括：取得土地使用权所支付的金额；房地产开发土地的成本、费用；新建房及配套设施的成本、费用，或者旧房及建筑物的评估价格；与转让房地产有关的税金及财政部规定的其他扣除项目，等等。

《中华人民共和国土地增值税暂行条例实施细则》第 7 条中条例第 6 条所列的计算增值额的扣除项目，具体为：

1. 取得土地使用权所支付的金额，是指纳税人为取得土地使用权所支付的地价款和按国家统一规定交纳的有关费用。

2. 开发土地和新建房及配套设施(以下简称房地产开发)的成本，是指纳税人房地产开发项目实际发生的成本(以下简称房地产开发成本)，包括土地征用及拆迁补偿费、前期工程费、建筑安装工程费、基础设施费、公共配套设施费、开发间接费用。

(1) 土地征用及拆迁补偿费，包括土地征用费、耕地占用税、劳动力安置费及有关地上、地下附着物拆迁补偿的净支出、安置动迁用房支出等。

(2) 前期工程费，包括规划、设计、项目可行性研究和水文、地质、勘察、测绘、“三通一平”等支出。

(3) 建筑安装工程费，是指以出包方式支付给承包单位的建筑安装工程费，以自营方式发生的建筑安装工程费。

(4) 基础设施费，包括开发小区内道路、供水、供电、供气、排污、排洪、通信、照明、环卫、绿化等工程发生的支出。

(5) 公共配套设施费，包括不能有偿转让的开发小区内公共配套设施发生的支出。

(6) 开发间接费用，是指直接组织、管理开发项目发生的费用，包括工资、职工福利费、折旧费、修理费、办公费、水电费、劳动保护费、周转房摊销等。

3. 开发土地和新建房及配套设施的费用(以下简称房地产开发费用)，是指与房地产开发项目有关的销售费用、管理费用、财务费用。

财务费用中的利息支出，凡能够按转让房地产项目计算分摊并提供金融机构证明的，允许据实扣除，但最高不能超过按商业银行同类同期贷款利率计算的金额。其他房地产开发费用，按本条 1、2 项规定计算的金额之和的 5%以内计算扣除。

凡不能按转让房地产项目计算分摊利息支出或不能提供金融机构证明的，房地产开发费用按本条 1、2 项规定计算的金额之和的 10%以内计算扣除。

上述计算扣除的具体比例，由各省、自治区、直辖市人民政府规定。

4. 旧房及建筑物的评估价格，是指在转让已使用的房屋及建筑物时，由政府批准设立的房地产评估机构评定的重置成本价乘以成新度折扣率后的价格。评估价格须经当地税务机关确认。

5. 与转让房地产有关的税金，是指在转让房地产时缴纳的营业税、城市维护建设税、印花税。因转让房地产交纳的教育费附加，也可视同税金予以扣除。

6. 根据条例第 6 条 5 项规定，对从事房地产开发的纳税人可按本条 1、2 项规定计算的金额之和，加计 20%的扣除。

另外，纳税人成片受让土地使用权后，分期分批开发、转让房地产的，其扣除项目金额的确定，可按转让土地使用权的面积占总面积的比例计算分摊，或按建筑面积计算分摊，也可按税务机关确认的其他方式计算分摊。

根据《中华人民共和国土地增值税暂行条例》规定，房地产开发企业缴纳土地增值税，实行四级超额累进税率。土地增值税四级超额累进税率，如表 6-5 所示。

表 6-5 土地增值税四级超额累进税率表

档次	级距	税率	速算扣除系数	税额计算公式	说明
1	增值额未超过扣除项目金额 50%的部分	30%	0	增值额 30%	扣除项目指取得土地使用权所支付的金额；开发土地的成本、费用；新建房及配套设施的成本、费用或旧房及建筑物的评估价格；与转让房地产有关的税金；财政部规定的其他扣除项目
2	增值额超过扣除项目金额 50%，未超过 100%的部分	40%	5%	增值额 40%−扣除项目金额 5%	
3	增值额超过扣除项目金额 100%，未超过 200%的部分	50%	15%	增值额 50%−扣除项目金额 15%	
4	增值额超过扣除项目金额 200%的部分	60%	35%	增值额 60%−扣除项目金额 35%	

土地增值税是不受物业的年限限制，只要是豪宅物业有增值便适用此规定，“如果有购房发票但无增值者可免征增值税”。计算土地增值税，分为无购房发票与有发票两种。

第一种方法为：无购房发票的按照房管局评估价总额的3%。

第二种方法为：有发票的征收方法，其税率为：增值额未超过50%的征收增值额的30%；增值额为50%～100%的征收增值额的40%；增值额为100%～200%的征收增值额的50%；增值额超过扣除项目金额200%以上的征收增值额的60%。

(二) 应交土地增值税的核算

房地产开发企业会计核算时，应通过设置“营业税金及附加”和“应交税费——应交土地增值税”账户来进行。

【例6-14】某房地产开发企业出售房地产取得收入5 000 000元；支付土地使用权价款700 000元、开发土地发生成本费用500 000元、建造配套设施支付500 000元、转让房地产时交纳相关税费300 000元。根据资料，具体计算如下：

扣除项目金额＝700 000＋500 000＋500 000＋300 000＝2 000 000(元)

土地增值额＝5 000 000－2 000 000＝3 000 000(元)

土地增值额与扣除项目金额比＝3 000 000÷2 000 000＝150%

由于企业的土地增值额超过50%，但未超过200%，所以适用的增值税率分别为30%、40%和50%。

应交土地增值税＝1 000 000×30%＋1 000 000×40%＋1 000 000×50%＝1 200 000(元)

＝3 000 000×50%－2 000 000×15%＝1 200 000(元)

借：营业税金及附加　　　　　　　　　1 200 000

　　贷：应交税费——应交土地增值税　　　　1 200 000

【例6-15】企业将一套以前年份购入价为3 000 000元的房产转让，卖出时房管局的评估价为3 500 000元，出售时企业无购房发票。则企业需缴纳的土地增值税，应以房管局评估价的3%计算缴纳，即：应交土地增值税＝3 500 000×3%＝105 000(元)

二、房地产开发企业“营改增”的核算

“营改增”后，房地产企业适用税率从5%的营业税率变更为11%的增值税税率，企业只有拥有足够可抵扣的进项税额，才能保证税负不上升。在消费型增值税下，企业外购的生产资料和固定资产支出越多，可抵扣的进项税额就越多。如果在全部成本中占有较大比重的人工成本、财务费用等不可抵扣项较多，则“营改增”的减税效果就会变得较小。

根据《关于全面推开营业税改征增值税试点的通知》(财税〔2016〕36号)、《纳税人转让不动产增值税征收管理暂行办法》(国家税务总局公告2016年第14号)以及《房地产开发企业销售自行开发的房地产项目增值税征收管理暂行办法》(国家税务总局公告2016年

第18号)，对纳税人转让其取得的不动产，包括以直接购买、接受捐赠、接受投资入股、自建、房地产开发企业销售自行开发的房地产项目以及抵债等各种形式取得的不动产，在流转环节缴纳增值税有了新政策。

(一) 房地产开发企业可以抵扣的进项税额

经国务院批准，自2016年5月1日起，在全国范围内全面推开营业税改征增值税试点，为便于征纳双方执行，根据《财政部国家税务总局关于全面推开营业税改征增值税试点的通知》(财税〔2016〕36号)及现行增值税有关规定，构成房地产开发企业开发成本的有关支出可以抵扣进项税额。

1. 土地征用及拆迁补偿费。2016年5月1号营业税改征增值税之后，房地产开发项目选择一般计税方法的，可以扣除土地价款，但不包括企业直接支付给住户的拆迁补偿款。

根据《关于全面推开营业税改征增值税试点的通知》(财税〔2016〕36号)附件2《营业税改征增值税试点有关事项的规定》规定：房地产开发企业中的一般纳税人销售其开发的房地产项目(选择简易计税方法的房地产老项目除外)，以取得的全部价款和价外费用，扣除受让土地时向政府部门支付的土地价款后的余额为销售额。纳税人按照上述规定从全部价款和价外费用中扣除的向政府支付的土地价款，以省级以上(含省级)财政部门监(印)制的财政票据为合法有效凭证。

2. 前期工程费。根据财税〔2016〕36号文件的规定，设计费按6%缴纳增值税，所以，房地产开发企业的前期工程费可按6%抵扣进项税。上述费用若是从小规模纳税人取得的代开增值税专用发票，则可按3%抵扣进项税。同时，财税〔2016〕36号文附件4规定，境外设计费、策划费是免税的，因此不能抵扣进项税。

3. 基础设施费。是指道路、供水、供电、供热、通信、照明、绿化等(建筑业11%)基础设施费用，上述费用若是从小规模纳税人取得代开增值税专用发票，则可按 3%抵扣进项税。

4. 建筑安装工程费。根据财税〔2016〕36号文件的规定，房地产开发企业自行采购材料或设备的，可按17%抵扣进项税；由建筑业一般纳税人提供的建安服务取得，则可按11%抵扣进项税。

5. 配套设施费。接受建筑业提供的建筑装饰材料和给排水、采暖、卫生、通风、照明、通信、煤气、消防、中央空调、电梯、电气、智能化楼宇设备及配套设施服务，并取得财政部门认证的增值税专用发票，则可按11%抵扣进项税。

6. 开发间接费用。如果存在动产租赁、车辆维修费、办公用品等，一般纳税人可按17%抵扣进项税，小规模纳税人可按3%抵扣进项税。

此外，开发企业发生的广告费、咨询评估鉴证费、通信费、业务招待费等，只要取得符合要求的增值税发票，可按6%抵扣进项税。

但是，下列情况不允许扣除进项税额：

1. 纳税人取得的增值税扣税凭证不符合有关规定，其进项税额不得从销项税额中抵扣。如：超过认证期限的进项税额，认证不符无法再更正的进项税额。

2. 用于简易计税方法计税项目、非增值税应税项目、免征增值税项目、集体福利或个人消费购进货物或应税劳务。

3. 非正常损失的购进货物及相关应税劳务。其中，非正常损失是指管理不善造成被盗、丢失、霉烂变质以及被执法部门依法没收或强令自行销毁的货物。

4. 非正常损失在产品或产成品所耗用的购进货物或应税劳务。

（二）一般纳税人转让取得的不动产缴纳增值税的有关规定

1. 一般纳税人转让其 2016 年 4 月 30 日前取得(不含自建)的不动产，可以选择适用简易计税方法计税，以取得的全部价款和价外费用扣除不动产购置原价或者取得不动产时作价后的余额为销售额，按照 5%的征收率计算应纳税额。

纳税人应按照上述计税方法向不动产所在地主管地税机关预缴税款，向机构所在地主管国税机关申报纳税。

2. 一般纳税人转让其 2016 年 4 月 30 日前自建的不动产，可以选择适用简易计税方法计税，以取得的全部价款和价外费用为销售额，按照 5%的征收率计算应纳税额。纳税人应按照上述计税方法向不动产所在地主管地税机关预缴税款，向机构所在地主管国税机关申报纳税。

3. 一般纳税人转让其 2016 年 4 月 30 日前取得(不含自建)的不动产，选择适用一般计税方法计税的，以取得的全部价款和价外费用为销售额计算应纳税额。纳税人应以取得的全部价款和价外费用扣除不动产购置原价或者取得不动产时的作价后的余额，按照 5%的预征率向不动产所在地主管地税机关预缴税款，向机构所在地主管国税机关申报纳税。

4. 一般纳税人转让其 2016 年 4 月 30 日前自建的不动产，选择适用一般计税方法计税的，以取得的全部价款和价外费用为销售额计算应纳税额。纳税人应以取得的全部价款和价外费用，按照 5%的预征率向不动产所在地主管地税机关预缴税款，向机构所在地主管国税机关申报纳税。

5. 一般纳税人转让其 2016 年 5 月 1 日后取得(不含自建)的不动产，适用一般计税方法，以取得的全部价款和价外费用为销售额计算应纳税额。纳税人应以取得的全部价款和价外费用扣除不动产购置原价或者取得不动产时的作价后的余额，按照 5%的预征率向不动产所在地主管地税机关预缴税款，向机构所在地主管国税机关申报纳税。

6. 一般纳税人转让其 2016 年 5 月 1 日后自建的不动产，适用一般计税方法，以取得的全部价款和价外费用为销售额计算应纳税额。纳税人应以取得的全部价款和价外费用，按照 5%的预征率向不动产所在地主管地税机关预缴税款，向机构所在地主管国税机关申报纳税。

(三) 小规模纳税人转让取得、自建不动产缴纳增值税有关规定

针对小规模纳税人，不动产的转移分为两种不同的情况，分别是转让取得的不动产差额征税和转让自建的不动产全额征税。

1. 小规模纳税人转让其取得的不动产，除个人转让其购买的住房外，按照以下规定缴纳增值税：小规模纳税人转让其取得(不含自建)的不动产，以取得的全部价款和价外费用扣除不动产购置原价或者取得不动产时的作价后的余额为销售额，按照 5%的征收率计算应纳税额。

2. 小规模纳税人转让其自建的不动产，以取得的全部价款和价外费用为销售额，按照5%的征收率计算应纳税额。

除其他个人之外的小规模纳税人，应按照本条规定的计税方法向不动产所在地主管地税机关预缴税款，向机构所在地主管国税机关申报纳税；其他个人按照本条规定的计税方法向不动产所在地主管地税机关申报纳税。

(四) 房地产开发企业新旧项目计税有关规定

房地产开发企业自行开发的房地产项目适用一般计税方法计税，自行开发的房地产老项目适用简易计税方法计税。

房地产开发企业中的一般纳税人(下称“一般纳税人”)销售自行开发的房地产项目，适用一般计税方法计税，按照取得的全部价款和价外费用，扣除当期销售房地产项目对应的土地价款后的余额计算销售额。销售额的计算公式如下：

销售额＝(全部价款和价外费用－当期允许扣除的土地价款)÷(1＋11%)

当期允许扣除的土地价款按照以下公式计算：

当期允许扣除的土地价款＝(当期销售房地产项目建筑面积÷房地产项目可供销售建筑面积)×支付的土地价款

当期销售房地产项目建筑面积，是指当期进行纳税申报的增值税销售额对应的建筑面积。

房地产项目可供销售建筑面积，是指房地产项目可以出售的总建筑面积，不包括销售房地产项目时未单独作价结算的配套公共设施的建筑面积。

支付的土地价款，是指向政府、土地管理部门或受政府委托收取土地价款的单位直接支付的土地价款。

一般纳税人销售自行开发的房地产老项目，可以选择适用简易计税方法按照 5%的征收率计税。一经选择简易计税方法计税的，36 个月内不得变更为一般计税方法计税。

房地产老项目是指《建筑工程施工许可证》注明的合同开工日期在 2016 年 4 月 30 日前的房地产项目；《建筑工程施工许可证》未注明合同开工日期或者未取得《建筑工程施工

许可证》但建筑工程承包合同注明的开工日期在2016年4月30日前的建筑工程项目。一般纳税人销售自行开发的房地产老项目适用简易计税方法计税的，以取得的全部价款和价外费用为销售额，不得扣除对应的土地价款。

预缴税款一般纳税人采取预收款方式销售自行开发的房地产项目，应在收到预收款时按照3%的预征率预缴增值税。应预缴税款按照以下公式计算：

应预缴税款＝预收款÷(1＋适用税率或征收率)×3%

适用一般计税方法计税的，按照11%的适用税率计算；适用简易计税方法计税的，按照5%的征收率计算。

(五) 代收的住宅专项维修资金免收增值税

根据财税〔2016〕36号文件的规定，房地产主管部门或者其指定机构、公积金管理中心、房地产开发企业以及物业管理单位代收的住宅专项维修资金免收增值税，除此之外的所有代收费用作为价外费用缴纳增值税。

(六) 房地产开发企业应交增值税的核算

为全面核实增值税计算、解缴和抵扣，需要在“应交税费”总账账户下，设置“应交增值税”和“未交增值税”两个二级明细账户。现举例如下：

【例6-16】公司为某单位代建办公楼一栋，本月从建筑施工方取得成本费用11 100 000元增值税专用发票，价款10 000 000元，税款1 100 000元，同时收到代建工程结算价款15 000 000元。(如工程所需材料、设备由房地产开发企业自行采购，可按17%抵扣进项税。)

借：开发成本　　10 000 000
　　应交税费——应交增值税(进项税额)　　1 100 000
　　贷：银行存款　　11 100 000

借：银行存款　　15 000 000
　　贷：主营业务收入　　13 513 513
　　　　应交税费——应交增值税(销项税)　　1 486 487

应纳税额＝1 486 487－1 100 000＝386 487(元)

转出本月应交未交增值税时：

借：应交税费——应交增值税(转出未交增值税)　　386 487
　　贷：应交税费——未交增值税　　386 487

本月上交上期未交增值税时：

借：应交税费——未交增值税　　386 487
　　贷：银行存款　　386 487

【例6-17】公司全体职工每人发放春节福利用品，支付银行存款5 850元，增值税发票载明销售额5 000元，进项税额850元。其会计处理：

借：应付职工薪酬——非货币福利　　　　5 850
　　贷：银行存款　　　　5 850
借：管理费用等　　　　5 850
　　贷：应付职工薪酬——非货币福利　　　　5 850

【复习思考题】

1. 开发成本的成本项目构成有哪些？
2. 开发间接费用包括哪些？如何进行分配？
3. 简述商品房销售方式。如何确认商品房销售收入及成本？会计处理如何？
4. 什么是土地增值税？如何计算和缴纳？
5. 实施“营改增”对房地产开发企业的税负影响如何？

【会计职业判断能力训练】

一、填空题

1. 房地产开发企业的会计核算同其他行业的会计核算相比，具有________、________、________和________四个特点。

2. 房地产开发产品成本，在核算上将其费用分为________、________、________、________、________和________六个成本项目。

3. 开发产品主要包括________、________、________、________等。

4. 财务制度规定，出租经营的开发产品应视为企业的________。

5. 房地产开发企业的主营业务收入包括________、________、________、________、________等。

6. 房地产开发企业的周转房是指用于安置被拆迁居民周转使用的，产权归____所有的各种房屋。

7. 企业将开发的房屋安置拆迁户，应按________进行实物量管理和结转。

8. 出租开发产品是指房地产开发企业开发完成、用于出租经营的________。

9. 出租开发产品按月计提的摊销(折旧)额应计入________账户。

10. 房地产开发企业开发的配套设施，一类是开发小区内开发的________的公共配套设施，一类是________的城市规划中规定的大型配套设施项目。

11. 按财务制度规定，不能有偿转让的开发小区内公共配套设施发生的支出可以计入________。

12. “开发间接费用”账户用以核算开发企业________为开发产品而发生的各项间接费用。

13. 企业在开发房屋过程中发生的土地征用及拆迁补偿费、前期工程费、基础设施费，如果费用发生时分不清成本核算对象，或应由两个或两个以上成本核算对象负担的，应先通过 ____________，账户进行归集。

14. 若公共配套设施与商品房没有同步建设，即商品房已建成出售，而配套设施尚在建设之中，未全部完成，为及时结转已完商品房成本对应负担的配套设施费，按规定报批后可采用预先计入商品房成本。待公共配套设施完工后，按配套设施工程的_________、_______________、_________冲销的配套设施费，并调整有关成本核算对象的成本。

15. 房地产开发企业将开发的营业性配套设施作为本企业从事第三产业用房，应视同_________________进行处理。

二、单项选择题

1. 房地产开发企业为将一处商品房出租而对其进行了装修，发生的装修费应在(　　)账户中核算。

A. “主营业务成本”　　B. “开发成本”

C. “出租开发产品”　　D. “开发间接费用”

2. 对出租的商品房进行修理，发生的修理费应记入(　　)账户。

A. “主营业务成本”　　B. “开发成本”

C. “开发间接费用”　　D. “开发产品”

3. 房地产开发企业对周转房进行了修理，其修理费用应记入(　　)账户。

A. “开发产品”　　B. “主营业务成本”

C. “开发间接费用”　　D. “销售费用”

4. 分期收款开发产品的成本应(　　)结转。

A. 在合同成立时一次　　B. 按收款比例

C. 在全部房款收齐后　　D. 按月

5. 开发成本中的公共配套设施费包括开发项目内的(　　)设施支出。

A. 照明　　B. 锅炉　　C. 环卫　　D. 供电

6. (　　)属于房地产开发企业的其他业务收入。

A. 出租开发产品租金收入　　B. 配套设施销售收入

C. 土地转让收入　　D. 商品房售后服务收入

三、多项选择题

1. 周转房计提摊销额应借记(　　)账户。

A. “开发成本”　　B. “主营业务成本”

C. “开发间接费用”　　D. “周转房摊销”

2. 开发成本中的基础设施费包括开发小区的(　　)工程支出。

A. 绿化　　B. 排污　　C. 居委会　　D. 自行车棚

3. 开发成本中的前期工程费包括(　　)。

A. 土地征用费　　B. 勘测测绘费

C. 规划设计费　　D. 项目可行性研究费

4. 企业代管房发生的收入与支出应在(　　)账户中核算。

A. "主营业务收入"　　B. "其他业务收入"

C. "主营业务成本"　　D. "其他业务成本"

5. 开发成本中的土地征用及拆迁补偿费包括(　　)。

A. 耕地占用费　　B. 三通一平费

C. 劳动力安置费　　D. 安置动迁用房支出

6. 企业在房屋建设过程中进行的建筑安装工程，采用自营方式的企业，即房地产开发企业组织自有的工程队进行施工的工程，发生的建筑安装工程费，根据实际情况可以通过(　　)账户进行核算。

A. "开发成本——房屋开发"　　B. "工程施工"

C. "开发产品"　　D. "施工间接费用"

7. 房地产开发企业的房屋包括(　　)。

A. 商品房　　B. 经营房　　C. 周转房　　D. 代建房

四、判断题

1. 房地产开发企业在开发商品房过程中发生的配套设施支出都可以计入商品房成本。(　　)

2. 因为出租的土地不会发生损耗，故在出租期间不用摊销其价值。(　　)

3. 土地开发过程中发生的费用，都应在"开发成本——土地开发"账户中核算。(　　)

4. 公共配套设施与商品房非同步建设时，对应负担的配套设施费，可采用预提方法预先计入商品房成本。(　　)

5. 商品房售后服务收入属于房地产开发企业的其他业务收入。(　　)

【会计职业实践能力训练】

以下各房地产开发单位均为非营业税改增值税单位。具体业务情况如下：

一、红源房地产开发公司开发兴隆家园小区，规划建造住宅 31 200m^2，邮局 300m^2、锅炉房 90m^2，其中邮局建好后将有偿转让给本市邮政局。该小区发生的土地征用及拆迁补偿费、前期工程费、基础设施费按各项开发产品的建筑面积进行分配。

兴隆家园小区在开发过程中，发生了下列开发业务：

1. 用银行存款支付土地征用及拆迁补偿费 13 400 000 元、前期工程费 420 000 元，基础设施费 6 740 000 元。土地开发完工，结转其开发成本。

2. 将建筑面积 3 120m^2 的 1 号楼的建筑安装工程发包给中华建筑公司施工，工程标价为

2 560 000 元，已预付工程款 2 000 000 元，工程完工验收后用银行存款支付余款。

3. 用银行存款支付各项开发间接费用 501 200 元。经分配，1 号楼应负担的开发间接费用 8 000 元。锅炉房工程完工，结算工程价款 350 000 元。

4. 计算 1 号楼应负担的锅炉房开发成本。结转 1 号楼的开发成本。

5. 邮局工程完工，支付工程价款 249 600 元，并结转成本。

要求：编制相应的会计分录。

二、兴华房地产开发公司接受市电信公司的委托，代为建设办公楼，其发生经济业务如下：用银行存款支付土地征用及拆迁补偿费、前期工程费，共计 320 000 元，结转应付建筑安装工程费 4 600 000 元，应负担的开发间接费用为 20 000 元。工程完工验收合格，结转其开发成本。

要求：编制相应的会计分录。

三、快乐房地产开发公司于 2015 年 4 月份将一幢开发完工的商品房采用分期收款方式出售给江南纺织厂作为职工宿舍，房屋售价 3 600 000 元，合同规定，价款分三次支付：第一次在 2015 年 5 月移交房屋时支付价款的 50%；第二次在 2015 年 9 月支付价款的 30%；第三次在 2015 年 12 月将价款全部付清。该商品房开发成本为 3 000 000 元。

要求：编制相应的会计分录。

四、胜利房地产开发公司在 2015 年发生了下列有关出租开发产品的经济业务：

1. 企业开发的一幢商品房于 4 月份完工，经计算其实际开发成本为 1 500 000 元，5 月初签订出租合同，将其用于出租。

2. 每月计提该出租房的摊销额，出租房的预计摊销年限为 60 年，预计净残值率为 4%。

3. 10 月份，该出租房的承租人退租，公司委托江南建筑公司对该出租房进行装修，装修完工用银行存款支付装修费 300 000 元。

4. 12 月初，对装修后的出租房对外销售，收入价款 2 000 000 元存入银行。

要求：编制相应的会计分录。

五、大禹房地产开发公司发生下列周转房业务：

1. 为安置安民小区的动迁居民，将其建造的 57#楼作为周转房，实际成本为 2 600 000 元。

2. 公司计提 57#周转房的月摊销额 5 000 元。

3. 57#楼周转房发生修理费用 20 000 元，以银行存款支付。

4. 57#楼周转房使用两年后，公司将其作为商品房对外销售，售房收入 3 700 000 元已存入银行，该房累计摊销额为 120 000 元(5 000×24)。

要求：编制相应的会计分录。

六、昌盛房地产开发公司发生下列业务：

1. 公司出售商品住宅一栋，取得价款收入 7 600 000 元，已存入银行，该住宅的实际开发成本为 6 200 000 元。

2. 公司出租写字楼一栋，收到本月的租金 100 000 元，已存入银行，同时计提月摊销额 10 000 元。

3. 公司为某公司代建办公楼一幢，按照代建合同规定，竣工后一次结算。该工程本月已全部竣工并验收合格，同委托方结算工程价款 3 100 000 元，其代建工程开发成本为 2 200 000 元。

4. 公司将剩余材料出售，收到价款 45 000 元，已存入银行，该材料的成本为 40 000 元。

要求：编制相应的会计分录。

七、某房地产企业出售房地产的收入为 3 750 000 元，取得土地使用权所支付的价款为 600 000 元，开发土地的成本费用共 300 000 元，建造房屋及配套设施成本、费用共 1 300 000 元，转让房地产发生的有关税金为 300 000 元。

要求：计算该企业应上交土地增值税额并作出相应的会计处理。

第七章

物业管理企业会计

【教学目的及要求】

了解物业管理企业生产经营特点，明确会计核算特点，掌握物业管理企业存货、负债、经营收入和成本费用、税金等特殊业务的核算方法。

【本章重点及难点】

物业管理企业会计核算的特点；物业管理企业存货、负债、经营收入和成本费用、税金等特殊业务的核算。

【本章教学时数】

4 学时。

第一节　物业管理企业会计概述

一、物业及物业管理的概念

(一) 物业的概念

物业是指以土地及土地上的建筑物形式存在的不动产。一般包括以下三方面内容。

1. 物业是已建成并具有使用功能的各类可供居住和非居住的房屋。

2. 物业包括与房屋相配套的设备和市政、公用设施。

3. 物业包括与房屋相配套的房屋内部各项设施以及房屋相邻的场地、停车场、小区干道等。

物业与房地产在概念上既有联系又有不同，房地产是指房地产的投资开发、建造、流通、消费的整个过程，而物业是指房地产进入消费领域的房地产产品。

(二) 物业管理的概念

物业管理是指物业产权人、使用人委托物业管理企业运用现代化的经营手段和修缮技术，对已经投入使用的种类物业(包括房屋及其设备以及相关的居住环境等)统一进行维护、修缮、服务和管理的活动。其内涵如下：

1. 物业管理的对象。物业，具体包括已建成、投入或即将投入使用的物业。

2. 物业管理的服务对象。人，即物业产权人和使用权人。

3. 物业管理是专业化和综合性的管理。它是由专门的物业管理企业组织专门的人员，按照物业产权人和使用权人的要求实施的综合性管理；其目的是提高物业的经济价值和使用价值，为物业产权人和使用人创造一个舒适方便的居住和工作环境。因此，物业管理是融管理、服务、经营为一体的服务性行业，其实质是一种经营性服务。

(三) 物业管理的内容

因物业管理是一个综合管理的业务，所以其涉及的内容非常广泛，大致可以分为三类：

1. 专项业务管理。主要是指物业管理。包括基础工作管理和物业综合管理两方面。

基础工作管理
- 房屋建筑管理
- 设备管理

物业综合管理
- 交通管理
- 消防管理
- 安全管理
- 绿化管理
- 清洁管理

2. 物业管理与社区服务相结合业务。包括家务总揽、教育卫生、文化娱乐和社会福利等。

3. 一业为主，多种经营。包括不动产投资咨询、中介服务、住房交换、房屋改建以及旅游、餐饮、商场等。

二、物业管理企业会计核算的特点

(一) 物业管理会计对象相对简单

物业管理企业既不涉及生产活动，也不涉及销售活动，多数情况下只涉及提供维修、维护管理服务。因而，其资金运动过程及形式相对简单。

(二) 物业管理会计对资金运动的监督要求更加全面

会计监督本是会计的基本职能之一，但物业管理会计的监督职能表现得更为全面和与众不同。它不仅包括一般意义的企业自主行为的事前、事中和事后监督，而且还包括来自于政府部门、特别是物业业主等的监督。

(三) 会计信息使用者对信息的要求较为特殊

在一般行业会计中，会计信息的最主要使用者是投资者、经营者、债权人等；而物业管理会计的信息使用者不仅包括上述最主要使用者，而且还包括消费者这一主要信息使用者，即业主。业主对物业管理收费的使用情况及其效益等信息是最关心的，因此，会计信息中自然就会充分体现出这些信息以满足需求。

物业管理是一个新兴行业，为了规范物业管理企业的财务行为，保证会计信息质量，1998 年 4 月 30 日，财政部正式颁布了《物业管理企业财务管理规定》，1999 年 12 月 1 日，财政部颁布了《物业管理企业核算补充规定》，并明确物业管理企业自 2000 年 1 月 1 日起执行《房地产开发企业会计制度》和《物业管理企业会计核算补充规定》。2001 年财政部又颁布了《企业会计制度》，规定除金融企业外的其他企业全部执行《企业会计制度》。

值得一提的是：会计账户设置上的差异。物业企业会计核算除设置包括一般行业企业会计账户外，还设置了一些特殊的会计账户。如：“采购保管费”“代收款项”“代管基金”和“在建工程”等账户。

第二节 物业管理企业存货的核算

一、物业管理企业存货的概述

(一) 存货及组成内容

物业管理企业的存货是指企业为满足物业管理、物业经营、物业大修理及其他业务等在物业管理业务中耗用而储备的各种物资。其主要内容包括原材料、燃料、低值易耗品、物料用品和库存商品等。

1. 原材料。是指物业管理企业为完成其经营业务的主体物资资料，是企业库存和在途的构成物业管理企业经营服务成本的各种主要材料、辅助材料、修理备用件等，如钢材、木材、水泥、砂子、砖瓦等。

2. 燃料。是指物业管理企业储备的各种固体、液体和气体燃料，包括生产加工、供热等耗用的煤炭、天然气、液化气、煤气和石油制品等。

3. 低值易耗品。是指物业管理企业不作为固定资产核算的各种用具、家具等，包括修理工具、管理用具、家具用品、劳保用品、玻璃器皿以及在经营过程中周转使用的包装容器等。

4. 物料用品。是指物业管理企业储备的除原材料、燃料、低值易耗品以外的经营管理用品，包括日常用品、办公用品、包装用品和其他用品等。

5. 待售物品。即库存商品。是指为销售而库存的各类物品，如为业主代装的防盗门、晒衣架、隔离栏、灭火机、抽水马桶、浴缸、洁具等商品及设备。

(二) 存货的计价方法

物业管理企业购进存货，其初始成本的确定，可参照施工企业、房地产开发企业存货核算，并按实际成本计价。发出存货计价方法与工业企业相同。因此，在此不再赘述。

二、待售物品的核算

物业企业购入的待售物品，即库存商品，是指供应给业主所需要的防盗门、晒衣架、抽水马桶、浴缸、涂料、卫生洁具等商品及设备，以及物业管理企业不单独核算的小卖店所购入的各种满足人们需求的商品。由于待售物品的购入与销售属于商品流通企业经营范围，因此，其核算应按商品流通企业会计核算方法进行。(特别提示：其销售收入属于其他业务收入，即非主营业务收入。)

第三节　物业管理企业代收款项和代管基金的核算

一、代收款项的核算

代收款项是指物业管理企业因代收代交有关费用等应付给有关单位的款项，如代收水电费、煤气费、有线电视费、企业受物业产权人的委托代为收取的房租等。会计上设置“代收款项”负债类账户来核算。

【例 7-1】南海物业公司向物业产权人及使用人收取水费 10 000 元，供水公司按 3%支付代收代交的手续费。业务处理如下。

借：库存现金　　　　10 000
　　贷：代收款项　　　　10 000
借：代收款项　　　　10 000
　　贷：库存现金　　　　9 700
　　　　主营业务收入　　　300

二、代管基金的核算

代管基金是由物业管理企业代管的，需要由房屋出售人、物业所有人及使用人共同交纳的用于物业管理企业为物业所有人、使用人提供房屋共用部位、共用设施设备维修服务的一笔维修基金。

代管基金要求专款专用、专户存储，并定期接受物业管理委员会或业主所有人、使用人的检查和监督。会计上设置“代管基金”账户和“在建工程——物业工程”账户来核算。“代管基金”账户，属于负债类账户，其借方登记企业支付的维修基金，贷方登记收到的代管基金本息、企业有偿使用的产权属于业主的商业用房和共用设施设备的租赁费、有偿使用费等；余额在贷方，表示尚未使用的维修基金数。

在实际工作中，有人把物业管理企业戏称为物业修理企业，究其原因，就是物业管理企业每天都要面临着为业主维修，如下水道堵塞、单元门锁损坏、房屋漏水、道路塌陷等大大小小的维修项目。对于物业管理企业而言，对设施设备、房屋建筑物的维修与维护是其最基本的业务。因此，物业管理企业能否及时保质保量地对设施设备、房屋建筑物进行维修与维护，是考核物业管理企业服务质量的重要指标之一。

物业设备维修与维护是指物业管理企业以及各级政府的房地产管理部门、城建部门、供电部门、自来水公司、燃气公司的单位对辖区内的各种物业设备的使用、维护、维修与保养，保证物业设备的正常使用，提高物业设备的完好率，延长物业设备的使用寿命，以最大限度地满足业主对设备使用的需要。

房屋维修管理又称房屋修缮管理，它是指物业管理机构的房屋管理与修缮部门对其所经营管理的房产，进行修缮技术管理。具体内容包括房屋的安全检查、房屋维修的施工管理、房屋修缮的行政管理以及房屋的日常保养等内容。在物业管理过程中，搞好房屋的维修管理，不仅有利于延长房屋的使用寿命，增强其使用的安全性能，也有利于美化环境，使物业管理企业在用户心中建立良好的形象和信誉，从而促进物业管理行业的发展。

根据房屋的损坏程度并按房屋维修的性质，可以分为小修、中修、大修、翻修及综合维修五类。

根据2003年11月国家发改委和建设部发布的《物业服务收费管理办法》，物业共用部位、共用设施设备的大修、中修和更新改造费用应通过专项维修基金予以列支，不得计入物业服务支出或者物业管理成本。

（一）共用物业设备大修理的核算

共用物业设备大修工程的费用应由专项维修基金列支。维修工程若有物业管理企业自行组织维修的，实际发生工程支出时，借记“在建工程”账户，贷记“银行存款”“原材料”“物料用品”“应付职工薪酬”等账户；工程完工，工程款经由业主委员会或物业产权人、使用人签字确认后进行转账时，借记“代管基金”账户，贷记“主营业务收入——物业大修收入”账户，同时借记“主营业务成本——物业大修成本”账户，贷记“在建工程”账户。由外单位承接大修任务的，工程完工，其工程款经由业主委员会或者物业产权人、使用人签证认可后与承接单位进行结算，借记“代管基金”账户，贷记“银行存款”等账户。

【例 7-2】南海物业管理有限公司于 2016 年 1 月 30 日采用出包方式委托外单位对民家小区的共用天然气管道进行改造，工程款共计 450 000 元，工程竣工后经物业产权人确认后与承包方结算工程款。委托外单位维修时除签订维修合同外，一般还要填制“设备委托维修申请表”如表 7-1 所示。

表 7-1 设备委托维修表

南海物业管理有限公司　　　　2016 年 1 月 30 日

设备编号	设备名称	设备型号	技术规格	数量	维修费用	维修单位
HT-130	天然气管道			50	450 000	万达设备维修公司
内部检测判断结果： 由于小区承接市政供气原有供气系统设备不能满足需要。 检测人：张艺涛　　日期：2016 年 1 月 10 日						
维修时间：20 天						
维修内容：燃气设备更新改造。						
工程部意见：同意 签名：刘刚　　日期：2016 年 1 月 11 日						
维修主管经理意见：同意 签名：李鹤彤　　日期：2016 年 1 月 11 日						
总经理意见：同意 签名：杨阳　　日期：2016 年 1 月 11 日						

根据有关凭证公司编制如下会计分录：

借：代管基金——共用设施设备维修基金　　450 000

　贷：银行存款——代管基金存款　　450 000

【例 7-3】南海物业公司 2016 年 1 月份对民家小区的排水系统进行大修，共领用原材料 240 000 元，物料用品 48 000 元，应分配维修人员的薪酬 41 000 元，工程完工后经物业产权人确认，工程造价为 350 000 元。

根据有关凭证公司编制会计分录如下。

1. 南海物业管理有限公司发生维修成本时：

借：在建工程——物业工程(排水系统维修工程)　　329 000

　贷：原材料　　240 000

　　　物料用品　　48 000

　　　应付职工薪酬　　41 000

2. 工程竣工后经物业产权人确认后结算工程款并结转维修成本时：

借：代管基金——房屋维修基金(排水系统) 350 000
　　贷：主营业务收入——物业大修收入 350 000

同时，结转成本：

借：主营业务成本——物业大修成本 329 000
　　贷：在建工程——物业工程(排水系统维修工程) 329 000

【例 7-4】南海物业公司 2015 年 1 月收到 A 座产权人交来维修基金 50 000 元；2016 年 4 月某公共部位需要维修，经协商，设备维修作价 30 000 元。物业公司在维修中领用材料 13 000 元，支付维修人员工资 15 000 元，大修完成后，经业主委员会签证后确认合格。账务处理如下。

借：银行存款——代管基金存款 50 000
　　贷：代管基金——共用设施设备维修基金 50 000

借：在建工程——物业工程 28 000
　　贷：应付职工薪酬 15 000
　　　　原材料 13 000

借：代管基金——共用设施设备维修基金 30 000
　　贷：主营业务收入——物业大修收入 30 000

借：主营业务成本——物业大修成本 28 000
　　贷：在建工程——物业工程 28 000

【例 7-5】南海物业公司有偿使用产权属于业主的公用设施设备等，向业主支付的使用费 10 000 元；商业用房的使用费 20 000 元。

借：管理费用 10 000
　　贷：代管基金——共用设施设备维修基金 10 000

借：其他业务成本——商用房使用费 20 000
　　贷：代管基金——共用设施设备维修基金 20 000

(二) 房屋专项维修工程的核算

根据 2003 年 11 月国家发改委和建设部发布的《物业服务收费管理办法》的规定，房屋维修费用由专项维修基金列支的房屋维修工程，主要包括中修、大修和翻修工程等。

1. 中修工程。指房屋少量部件已损坏或已不符合建筑结构的要求，需要进行局部维修，在维修中只牵动或拆换少量主体构件，而保持原房屋规模和结构的工程。这类工程的特点是：工地较为集中，项目较少，工程量较多，带有周期性。如屋面的局部面层重做，整幢楼门窗整修等工程。中修工程适用于一般损坏房屋，一次费用在该建筑物同类结构新建造价的 20%以下；中修后的房屋，70%以上必须符合基本完好或完好房的要求。

中修工程主要包括：少量结构构件已形成危险点的房屋；一般损坏而需要进行局部

修复的房屋；整幢房屋的公用生活设备需要局部更换、改装、新装工程及单个项目维修的房屋。

2. 大修工程。指房屋主体结构大部分严重损坏，无倒塌或局部倒塌危险的房屋；公用生活设备(包括上、下水，通风、采暖等)必须进行拆换、改装、新装的工程。这类工程一般需要牵涉和拆换部分主体构件，但不需全部拆除，此外工程的地点集中，项目齐全，具有整体性。大修工程还常常和房屋的抗震加固、局部改善房屋居住使用条件相结合。大修工程往往适用于严重损坏的房屋。房屋大修后应达到基本完好或完好标准的要求。大修工程所需费用应在同类结构新建房屋费用的25%以上。

大修工程主要包括：主体结构的大部分严重损坏，有倒塌或有局部倒塌危险的房屋；整幢房屋的公用生活设备必须进行管道更换，需要改装、新装的房屋；因为改善居住条件，需要进行局部改建、新装的房屋；需对主体结构进行专项抗震加固的房屋，等等。

3. 翻修工程。指将原来房屋全部拆除后，另行设计，在原地或移动后更新建造的工程。当原有房屋已失去修缮价值或因自然灾害等因素房屋不能继续使用时，往往采用翻修的方式。翻修工程应尽量选用原房屋构件和旧料，其费用应低于同类结构的新建房屋。翻修后的房屋必须符合完好房屋标准的要求。

翻修工程主要包括：主体结构全部或大部分损坏，失去正常使用功能，有倒塌危险的房屋；因自然灾害破坏严重，不断继续使用的房屋；主体结构，围护结构简陋，无修理价值的房屋；地处陡峭易滑坡地区或地处地势较洼、长期积水又无法排出地区的房屋，等等。

根据2003年11月国家发改委和建设部发布的《物业服务收费管理办法》的规定，物业管理企业发生的中修工程、大修工程以及翻修工程应按如下原则进行会计处理：维修工程若有物业管理企业自行组织维修的，实际发生工程支出时，借记“在建工程”账户，贷记“银行存款”“原材料”“物料用品”“应付职工薪酬”等账户；工程完工，工程款经由业主管理委员会或物业产权人、使用人签字确认后进行转账时，借记“代管基金”账户，贷记“主营业务收入——物业大修收入”账户，同时借记“主营业务成本——物业大修成本”账户，贷记“在建工程”账户。

由外单位承接大修任务的，工程完工，其工程款经业主管理委员会或者物业产权人、使用人签证认可后与承接单位进行结算，借记“代管基金”账户，贷记“银行存款”等账户。

【例7-6】南海物业公司2016年1月对某小区10号楼房屋屋顶进行大修，共领用原材料450 000元，应分配维修人员的薪酬50 000元，工程完工后经物业产权人确认，工程造价为630 000元。

根据有关凭证公司编制会计分录如下。

1. 南海物业管理有限公司发生维修成本时：

借：在建工程——物业工程(房屋维修工程)　　500 000

　　贷：原材料　　450 000

　　　　应付职工薪酬——工资　　50 000

2. 工程竣工后经物业产权人确认后结算工程款并结转维修成本时：

借：代管基金——房屋维修基金(房屋维修工程)　　　　630 000

　　贷：主营业务收入——物业大修收入　　　　　　　　630 000

同时，结转成本：

借：主营业务成本——物业大修成本　　　　　　　　500 000

　　贷：在建工程——物业工程(房屋维修工程)　　　　　500 000

【例 7-7】南海物业公司于 2016 年 1 月 30 日采用出包方式委托某市第一建筑工程公司对某小区房屋地基进行防震加固，工程款共计 4 850 000 元，工程竣工后经物业产权人确认后与承包方结算工程款。

根据有关凭证公司编制会计分录如下：

借：代管基金——共用设施设备维修基金　　　　　　4 850 000

　　贷：银行存款——代管基金存款　　　　　　　　　4 850 000

需要注意的是：如果物业管理企业对开发商或物业产权人提供的管理用房进行维修工程发生的支出，金额较大时，应先计入“长期待摊费用”账户，在有效使用期限内分期摊销计入“主营业务成本”账户；金额较小时，可直接计入“主营业务成本”账户。

【例 7-8】南海物业公司于 2016 年 1 月 5 日对开发商提供的办公管理用房进行大修，消耗原材料 94 000 元，支付维修费 50 000 元。企业按 5 年摊销该维修费用。

根据有关凭证公司编制会计分录如下。

1. 南海物业管理有限公司发生维修成本时：

借：在建工程——物业工程(办公用房大修工程)　　　　144 000

　　贷：原材料　　　　　　　　　　　　　　　　　　94 000

　　　　银行存款　　　　　　　　　　　　　　　　　50 000

2. 工程竣工后时：

借：长期待摊费用——办公用房大修工程　　　　　　144 000

　　贷：在建工程——物业工程(办公用房大修工程)　　　144 000

3. 2016 年每月末及以后 4 年每月末摊销维修成本时：

借：主营业务成本——物业管理成本　　　　　　　　2 400 [(144 000÷(5×12)]

　　贷：长期待摊费用——办公用房大修工程　　　　　2 400

此外，物业管理企业还需承担相关设为设施的综合维修。综合维修工程。指成片多幢的楼房或面积较大的单幢房屋，大部分严重损坏，进行有计划的成片维修和为改变该片(幢)房屋的面貌的维修工程，也就是指大、中、小修一次性应进行全面维修的工程。综合维修后的房屋必须符合基本完好房或完好房屋标准要求，其费用应控制在该片(幢)建筑物同类结构新建造价的 20%左右。

综合维修工程的会计核算参照前述的小修工程、中修工程以及大修工程的会计处理，在此就不再赘述。

第四节　物业管理企业收入的核算

物业管理企业收入是指从事物业管理和其他经营活动所取得的各项主营业务收入。主要包括主营业务收入和其他业务收入两大类。其中，主营业务收入是指在从事物业管理活动中，为物业产权人、使用人提供维修、管理和服务等劳务取得的各项收入，如物业管理收入、物业经营收入和物业大修收入。其他业务收入是指企业除主营业务收入以外的其他业务活动所取得的收入，包括房屋中介代销手续费收入、材料物资销售收入、废品回收收入、商业用房经营收入及无形资产转让收入等。

会计上设置“主营业务收入”账户来核算，且在其下设置“物业管理收入”“物业经营收入”“物业大修收入”三个明细账户，以及“其他业务收入”账户。

一、物业管理收入的核算

物业管理收入是指物业管理企业利用自身的专业技术，为物业产权人、使用人提供服务，为保持房产物业完好无损而从事的日常维修、管理活动取得的收入。一般包括公共性服务收入、公众代办服务费收入和特约服务收入三部分。

(一) 公共性服务收入的核算

为物业产权人、使用人提供公共卫生清洁、公共设施的维修保养和保安、绿化而收取的公共性服务收入。它是物业管理活动的主要内容，即是物业管理的主要经营收入。其提供服务的具体内容包括：管理、服务人员的工资和按规定提取的福利费；公共设施、设备日常运行、维修及保养费；绿化服务费；清洁卫生费；保安费；办公费；物业管理单位固定资产折旧费；法定税费。物业管理企业是通过收取物业管理费的形式实现其对业主物业的管理和服务。

物业费计算依据：房屋的建筑面积(自用＋公用)、物业管理服务收费标准。

各套房屋建筑面积＝该套房屋自用建筑面积×(1＋共用建筑面积分摊率)

其中，共用建筑面积分摊率＝该幢房屋共用建筑面积÷该幢房屋自用建筑面积总和×100%

注意区分的内容：

- 各套房屋自用建筑面积：指一套房屋内自用的起居室(厅)、卧室、办公室、厨房、卫生间、储藏室、过道和阳台等。
- 各套房屋公用建筑面积：公共使用的门厅、楼梯、电梯、公用通道、垃圾管道以及突出屋面的有围护结构的楼梯间、水房间、电梯机房等部位。
- 自用设备：一套住宅内部，由住宅的业主、使用人自用的门窗、卫生洁具及通向总管的供热、排水、排气、燃气管道、电线等设备。

- 共用设备：一幢住宅内部，由整幢住宅的业主、使用人共同使用的供水管道、排水管道、照明灯具、垃圾管道、电视天线、水箱、水泵、电梯、消防等设备。

影响收费标准测算因素：根据本地区综合服务项目劳动付出状况；物价指数变动情况；住房的经济承受能力；小区的档次。

具体收费办法：按月或定期收取均可，分月计算确认经营收入。

物业管理企业收取该项服务费时，借记“库存现金”“银行存款”，贷记“主营业务收入——物业管理收入——公共服务收入”账户。

【例 7-9】南海物业公司 6 号楼建筑面积共为 6500m^2，其各套房屋自用面积总和为 5 420m^2，公用面积为 1 080m^2。4 单元 402 室业主自用建筑面积 100m^2。每月每平方米收费标准为 0.85 元。试计算该业主一年需交的公用性服务费。

计算 402 室公用性服务的收费的建筑面积：

分摊率＝1 080÷5 420×100%＝20%

该套房屋的建筑面积＝自用＋公用＝100×(1＋20%)＝120(m^2)

预收一年的公共服务费：

预收费用＝120×0.85×12＝1 224(元)

借：库存现金　　1 224

　　贷：预收账款——公共性服务收入　　1 224

月末结转收入：

借：预收账款——公共性服务收入　　102

　　贷：主营业务收入——物业管理收入——公共服务收入　　102

(二) 公众代办服务费收入的核算

公众代办服务费收入是指物业管理企业接受业主和租房户委托代收代缴水电费、煤气费、有线电视费、电话费等服务而收取一定的代办服务手续费收入。它构成企业的物业管理收入。

公用事业、环卫、治安等部门委托物业管理企业收费，须经房屋所在地的物价部门认可后，方可向房屋业主和租房户收取。

为了反映和监督企业代收款项的增减变动情况，企业应单独设置“代收款项”账户，并按代收代交费用种类设置明细账户进行核算。企业收到代收的各种款项时，借记“银行存款”“库存现金”等账户，贷记“代收款项”账户；将款项交给有关单位并取得代收、代办手续费收入时，借记“代收款项”账户，贷记“银行存款”“主营业务收入——物业管理收入——代办服务收入”等账户。

【例 7-10】南海物业公司向业主和租房户收取代缴水费 20 000 元，按 2%收取代办服务费。

借：库存现金　20 000

　贷：代收账款——代收水费　19 600

　　主营业务收入——物业管理收入——代办服务收入　400

借：代收账款——代收水费　19 600

　贷：银行存款　19 600

（三）特约服务收入的核算

物业特约服务是指物业管理企业根据管辖区内的物业产权人、使用人的需求提供特殊服务，如提供家政服务、家教服务、家庭护理服务、装修装饰服务、礼仪服务等。由于物业管理企业提供的特约服务一般不包含在物业服务合同范围之内，因此该项服务收费标准一般应由物业企业管理部门统一制订、明码实价，并采取双方自愿原则。

特约服务收入是指物业管理企业根据管辖区内的物业产权人、使用人的需求提供特殊服务所收取的费用。物业管理企业收取该项服务费时，借记“库存现金”“银行存款”，贷记“主营业务收入——物业管理收入——特约服务收入”账户。

【例 7-11】南海物业公司南海小区特约服务收费价目表，如表 7-2 所示。

表 7-2　南海物业公司南海小区特约服务收费价目表

特约服务类别	服务项目	收费标准	备　注
装修装饰服务	木工	8 元/小时	
	油工	10 元/小时	
	瓦工	8 元/小时	
	特殊工艺品加工	面议	代请
	其他装修、装饰服务(布艺、贴画、雕饰)	面议	代请
家政服务	买菜煮饭	4 元/小时(普通)	特需，收费面议
	木地板保洁	15 元/m^2(含地板蜡)	特需，收费面议
	陶瓷、大理石地板保洁	12 元/m^2(含地板蜡)	特需，收费面议
	地毯保洁	面议	代请
	家具保洁	4 元/小时	不含洗涤剂
	玻璃清洗	2 元/m^2(双面清洗)	不含洗涤剂
	纱窗清洗	2.5 元/m^2	不含洗涤剂
	百叶窗清洗	3.5 元/m^2(双面清洗)	不含洗涤剂
	抽油烟机清洗	30 元/台/次	特需，收费面议
	其他家政服务	面议	代购商品、代交费用等
家教服务	家教(小学)	30 元/小时	代请
	家教(初中)	50 元/小时	代请

(续表)

特约服务类别	服务项目	收费标准	备　注
家教服务	家教(高中)	60～100 元/小时	代请
	英语补习	70～80 元/小时	代请
	音乐、舞蹈、美术补习	100～200 元/小时	代请
	其他家教服务	面议	代请
家庭护理服务	幼儿护理	面议	代请
	老人护理	面议	代请
	病人护理	30 元/8 小时	包食宿、代请
	医院陪床	40 元/8 小时	包食宿、代请
	其他护理	面议	代请

根据上述收费标准南海物业公司 2016 年 1 月为南海小区 402 室业主提供病人护理服务 1 周，每天 8 小时，每 8 小时收费 30 元；并收取相关费用。会计分录如下：

借：库存现金　　210

　　贷：主营业务收入——物业管理收入——特约服务收入　　210

二、物业经营收入的核算

物业经营收入是指物业管理公司通过经营业主或物业产权人、使用人提供的房屋建筑物和共用设施设备取得的经营收入，如开发房产的销售或租赁、经营停车场、游泳池、各类球场地等。

特别值得一提的是：物业经营收入是以物业产权人、使用人提供的房屋建筑物和公共设施直接用于经营，不需要对其进行任何的添加。如果对其进行了添加，就改变了原有建筑物和公共设施的用途和功能，如从事饭店、健身房、歌舞厅、美容美发、超市等经营活动取得的收入，则属于其他业务收入的范围。

物业管理企业收到各种经营收入时，借记“库存现金”“银行存款”账户，贷记“主营业务收入——物业经营收入”账户。

【例 7-12】南海物业公司取得南海小区 2016 年 1 月份游泳池收入 17 800 元，停车场收入 49 000 元，地下室出租收入 37 200 元，上述款项通过银行转账收讫。

借：银行存款　　104 000

　　贷：主营业务收入——物业经营收入(游泳池收入)　　17 800

　　　　——物业经营收入(停车场收入)　　49 000

　　　　——物业经营收入(地下室出租收入)　　37 200

三、物业大修收入的核算

物业大修收入是指物业管理企业接受业主委员会或物业产权人、使用人的委托，对房屋共用部位、共用设施设备进行大修等工程活动取得的收入。

物业管理企业的大修资金来源于业主交纳的维修基金。具体业务举例，在代管基金的核算中讲过，不再赘述。

四、其他业务收入的核算

其他业务收入是指物业管理企业从事主营业务以外的其他业务活动所取得的收入，是物业管理企业为追求更大的经济利益，利用自身的优势，从事房屋中介、材料物资销售、废旧物资回收以及商业用房经营等活动取得的收入。

为了反映和监督物业管理企业的其他业务的房屋中介代销手续费收入、材料物资销售收入、废品回收收入、商业用房经营收入的实现和结转情况，物业管理企业应设置“其他业务收入”账户。该账户贷方登记企业实现的各项其他业务收入数；借方登记企业各项其他业务收入的结转数，月末将本月实现的其他业务收入结转到“本年利润”账户；期末无余额。该账户按其他业务收入的类别设置明细分类账户，一般包括“房屋中介代销手续费收入”“材料物资销售收入”“废品回收收入”“商业用房经营收入”等明细账户。

(一) 房屋中介代销手续费收入

房屋中介代销手续费收入是指物业管理企业在从事物业维修和服务的同时，受房地产开发商的委托，对其开发的房屋从事代理销售活动所取得的代销手续费收入。物业管理企业代房地产开发企业销售房屋，按照销售房屋的收入金额，收取代销手续费。收到手续费时，借记“库存现金”“银行存款”账户，贷记“其他业务收入——房屋中介代销手续费收入”账户。

【例 7-13】南海物业公司代南海小区开发商销售房屋。本月销售房屋 5 套，金额 1 800 000 元，按销售金额的 5‰收取手续费共计 45 000 元，银行转账收讫。

借：银行存款　　　　45 000

　　贷：其他业务收入——房屋中介代销手续费收入　　45 000

(二) 商业用房经营收入

商业用房经营收入，是指物业管理企业利用业主管理委员会或者物业产权人、使用人提供的商业用房，从事经营活动所取得的收入。如开办的便利店、染洗店、洗浴中心、彩印扩洗店、美容美体店、餐饮饭店、歌舞厅等为物业产权人、使用人提供方便取得的经营收入。

商业用房虽然是物业产权人、使用人为物业管理企业提供的，但一般来讲，物业管理企业往往根据经营实际需要，对其进行必要的改造，添加经营设施、设备，从而增加这些房屋的经济功能，才能进行营业性的经营活动。由于这种商业用房的经营收入不仅仅是房屋本身带来的，而是企业利用房屋作为载体从事某种营业性经营活动所带来的收益。因此，根据《物业管理企业财务管理规定》的规定，它不属于物业管理企业的主营业务收入，只能作为物业管理企业的其他业务收入核算。

物业管理企业利用商业用房所从事的经营行业，如开办的便利店、染洗店、洗浴中心、美容美体、美发店、餐饮饭店、歌舞厅等这些行业的经营活动一般实行先收款后服务。顾客到收银处按要求的服务项目交费后，凭付款单据，由服务员提供服务。每日终了，收银员与服务员进行钱、证核对，无误后将现金(或支票)连同营业日报表等原始单据交会计部门，会计部门据以借记“银行存款”“库存现金”账户，贷记“其他业务收入——商业用房经营收入”账户。

【例 7-14】 2016 年 1 月 31 日南海物业公司财务部收到南海小区彩印扩洗店交来的营业日报表，见表 7-3 所示，连同现金 2 620 元。

表 7-3　营业日报表

日期	顾客	品名	数量	服 务 种 类			收费金额(元)	领取时间
				PS 照片	彩扩	数码照相		
1.31	张洁	生活照	50	√			100	2.5
1.31	刘红	老照片	2		√		100	2.10
1.31	李玉	婚纱照	1			√	2 416	2.12
1.31	王翠	工作照	2	√			4	2.16
合计							2 620	

借：库存现金　　　　　　　　　　　　　　　　2 620

　　贷：其他业务收入——商业用房经营收入　　　　2 620

(三) 材料物资销售收入

材料物资销售收入是指物业管理企业将不需要的材料物资对外转让、出售所取得的收入。物业管理企业对外出售、转让材料物资时，借记“银行存款”“库存现金”账户，贷记“其他业务收入——材料物资销售收入”账户。

【例 7-15】 南海物业公司将积压的钢材 5 吨，对外转让出售，每吨售价 1 100 元，收到转账支票一张，并送存银行。

借：银行存款　　　　　　　　　　　　　　　　5 500

　　贷：其他业务收入——材料物资销售收入　　　　5 500

(四) 废品回收收入的核算

废品回收收入是指物业管理企业在从事物业经营管理过程中所形成或回收的废旧物资，对外出售所取得的收入。物业管理企业对外出售物业经营管理过程中所形成或回收的废旧物资时，借记“银行存款”“库存现金”账户，贷记“其他业务收入——废品回收收入”账户。

【例 7-16】南海物业公司对外出售废品一批，共计 690 元，现金收讫。

借：库存现金　　　　　　　　　　　　　　　690

　　贷：其他业务收入——废品回收收入　　　　　　　690

第五节　物业管理企业成本费用的核算

成本是企业为生产产品、提供劳务而发生的各种耗费。费用是企业为销售商品、提供劳务等日常活动所发生的经济利益的流出。费用与成本是两个并行使用的概念，成本是按一定对象所归集的费用，是对象化了的费用，是按产品品种等成本计算对当期发生的费用进行归集而形成的。

物业管理企业发生的全部费用，通常包括主营业务成本、其他业务支出和期间费用等。按费用发生的具体用途不同，物业企业的成本可进一步划分为物业管理成本、物业经营成本和物业大修成本等。而每一种类的成本，均可由直接人工费、直接材料费、间接费用等项目构成。其中：实行一级成本核算的企业，可不设间接费用，其有关支出直接计入管理费用。

一、物业管理成本的核算

为物业产权人、使用人提供公共性服务、公众代办性服务及特约服务所发生直接费用支出。按物业管理内容的不同，物业管理成本还可进一步分为公共性服务成本、公众代办性服务成本和特约服务成本三类。会计上设置“主营业务成本——物业管理成本”账户来核算，并在其下设置三个明细账户进行明细核算。

(一) 公共性服务成本的核算

公共性服务成本是指物业公司在对公共设施如电梯、水泵、消防、水箱、停车场等维修保养，以及对公共环境的清洁、绿化、保安等服务活动中发生的各项支出。该项服务，既可由物业公司自行经营，也可采用对外出包方式完成。

1. 公共设施设备维修业务的核算。物业管理企业公共设备日常维修与维护发生的费用主要包括共用设备计提的折旧费以及某些专业技术很强的设备采用出包方式支付的维修保养费等。企业发生上述费用时，应借记“主营业务成本——物业管理成本——公共性服务成本”账户，贷记“累计折旧”“银行存款”“原材料”等账户。

【例 7-17】南海物业公司 2016 年 4 月份发生公共设施维修、清洁费用 2 000 元。

借：主营业务成本——物业管理成本——公共性服务成本　　2 000

　　贷：应付职工薪酬(自营方式)　　　　　　　　　　　　2 000

原材料(维修用料)(自营方式)

或 贷：银行存款(出包方式) 2 000

【例 7-18】 2016 年 1 月南海物业公司在某小区的设备维修部门应计提折旧费 4 600 元。

根据固定资产折旧计算表公司编制会计分录如下：

借：主营业务成本——物业管理成本——公共性服务成本 4 600

贷：累计折旧 4 600

【例 7-19】 南海物业公司将某小区的电梯维修保养出包给宏大电梯服务公司，按合同规定每月初预付维修保养费 4 000 元，年末清算实际维修保养费为 50 100 元。

根据有关会计凭证公司编制会计分录如下：

每月初预付费用时：

借：主营业务成本——物业管理成本——公共性服务成本 4 000

贷：银行存款 4 000

年末结算差额时：

借：主营业务成本——物业管理成本——公共性服务成本 2 100(50 100−4 000×12)

贷：银行存款 2 100

2. 房屋日常维修业务的核算。房屋日常养护是指为确保物业产权人房屋的完好和正常使用所进行的经常性的日常修理、季节性预防保养以及房屋的正确使用维护管理等工作，房屋在长期的使用过程中，难免要遭受各种因素的影响而导致损坏，致使其相关功能下降，通过对房屋的日常养护，可以维护房屋和设备的功能，使发生的损失及时得到修复，最大限度地延长房屋的使用寿命。

物业管理企业为保证房屋正常使用而发生的日常维修保养费用，应计入物业管理成本的公共性服务成本。发生时借记“主营业务成本——物业管理成本——公共性服务成本”账户，贷记“原材料”“应付职工薪酬”“银行存款”“物料用品”“低值易耗品”等账户。

【例 7-20】 2016 年 1 月 16 日，南海物业公司对其服务的某小区园区装饰品进行清洗，领用洗涤剂 5 000 元，清洗刷 1 000 元，结算养护人员工资 2 000 元。

根据有关凭证公司编制会计分录如下：

借：主营业务成本——物业管理成本——公共性服务成本 8 000

贷：应付职工薪酬——工资 2 000

物料用品——洗涤剂 5 000

——清洗刷 1 000

3. 房屋小修工程业务的核算。房屋小修工程也称零星修理工程或养护工程，是指及时地修复小损、小坏部位，以保持原来房屋的完好等级为目的的日常养护工程。小修工程虽小，但关系到业主日常生活的使用便利，服务性极强，因此必须及时修理维护，力争做到小修不过夜。

小修工程主要包括：屋面补漏，修补面层、泛水、屋脊；钢、木门窗的整修，拆换五金，配玻璃，换窗纱，油漆；修补楼地面面层；抽换个别楞木；修补内外墙面、抹灰及粉刷天棚、窗台腰线；拆砖挖补局部墙体、个别拱圈、拆换个别过梁；抽换个别木梁、屋架上下正弦、木柱脚、修补木楼梯；水、电、暖、气等设备的故障排除及零部件的维修；下水管道、窨井的修补疏通，阴沟、散水、落水管的修补以及房屋的检查；危险构件的临时加固，等等。

小修工程特点是：项目简单、零星分散、修理量大、涉及面广、时间要求急促，通常可根据房管员掌握或业主申报的情况有计划地组织维修。

物业管理企业对于服务区域内的房屋进行小修时，必须确认责任归属，区别情况对待。若属于人为破坏，则需由当事人进行赔偿，其会计处理为：借记“其他应收款”账户，贷记“原材料”“应付职工薪酬”“银行存款”等账户；若属于自然原因造成，则会计处理为，借记“主营业务成本——物业管理成本——公共性服务成本”账户，贷记“原材料”“应付职工薪酬”“银行存款”“物料用品”等账户。

【例 7-21】2016 年 1 月 9 日，南海物业公司接到举报其服务的某小区 3 号楼 1101 室业主小孩对楼道内墙壁进行涂鸦，影响到其他业主的居住环境，企业对该楼道墙面进行重新粉刷，耗用立邦漆一桶 600 元，人工费 100 元，事后 1101 室业主付现结算。

根据有关凭证公司编制会计分录如下。

确认 1101 室业主责任后并进行粉刷时：

	借方	贷方
借：其他应收款——1101 室业主	700	
贷：原材料——涂料(立邦漆)		600
应付职工薪酬——工资		100

收到 1101 室业主交付现金时：

	借方	贷方
借：库存现金	700	
贷：其他应收款——1101 室业主		700

【例 7-22】2016 年 1 月 10 日，南海物业公司对其服务的某小区 3 号居民楼楼道防盗门门锁进行更换，领用门锁 12 套，计 6 000 元。

根据有关凭证公司编制会计分录如下：

	借方	贷方
借：主营业务成本——物业管理成本——公共性服务成本	6 000	
贷：物料用品——门锁		6 000

业主个人房屋设备维修的核算。业主或使用者个人房屋设备维修属于有偿服务，其收取的维修费用应作为物业管理企业的物业管理收入。

物业服务企业收取业主个人房屋设备修理费用时，借记“库存现金”“银行存款”“应收账款”等账户，贷记“主营业务收入——物业管理收入”账户；发生维修成本时，借记“主营业务成本——物业管理成本——公共性服务成本”账户，贷记“原材料”“应付职工薪酬”“物料用品”等账户。

【例 7-23】南海物业公司财务部门收到报送的维修单(一式三联，第一联客服留存、第二联财务记账、第三联用户留存)见表 7-4。

表 7-4　维修单

南海物业公司	2016 年 1 月 8 日			
报修人：丁一	地址：某小区 2 号楼 130		联系电话：12345678901	
接单人：王义	派单人：王义		维修人：刘彤	
申报时间：2016 年 1 月 8 日		预约时间：2016 年 1 月 8 日		
完成时间：2016 年 1 月 8 日		完成状态：维修完毕		
报修项目：下水管道堵塞				
维修情况：下水管道堵塞，利用疏通机和专用溶通剂，疏通 2 小时，疏通完毕，问题解决。				
维修服务费用及材料消耗	规格/人数	数量	单价	总价(元)
专用溶通剂	2 L	1	50	50
人工费	3 人	2 小时	10	60
维修服务费			30	30
合计(人民币大写)：壹佰肆拾元整	现金收讫			
用户意见：维修及时，满意。 签名：丁一 日期：2016 年 1 月 8 日				
工程部主管签字：王伟	财务部签字：杨红		统计签字：李华	

根据维修单第二联，公司编制如下会计分录：

借：库存现金　　140

　　贷：主营业务收入——物业管理收入　　140

同时：

借：主营业务成本——物业管理成本(公共性服务成本)　　110

　　贷：应付职工薪酬——工资　　60

　　　　物料用品——马桶溶通剂　　50

4. 共用设施设备和房屋的专项修理核算，已在前面“代管基金”核算中述及，故此不再赘述。

(二) 公众代办性服务成本的核算

公众代办性服务，是指物业管理企业为了方便居民，提高办事效率和服务质量代有关部门收取水费、电费、煤(燃)气费、有线电视费和电话费等服务，并向委托的相关部门收取一定的手续费的一种服务方式。

物业管理企业接受业主和租房户委托代收代缴水电费、煤气费、有线电视费、电话费等服务所发生的各项必要支出。因此，它的成本主要是人工费和应分摊的各种间接费用。人工费的核算主要是通过“作业派工单”和“工资结算汇总表”所列人工费成本核算。发生公众代办性服务成本时借记“主营业务成本——物业管理成本——公众代办性服务成本”账户，贷记“应付职工薪酬”“应交税费”“库存现金”等账户。

【例 7-24】南海物业公司的某小区 2016 年 1 月根据“作业派工单”和“工资结算汇总表”，各种公众性代办服务累计工时 1 500 小时，小时工资率为 6 元/小时。按代收手续费 4 200 元的 5%计征营业税。

借：主营业务成本——物业管理成本——公众代办性服务成本　　9 210
　　贷：应付职工薪酬——工资　　9 000
　　　　应交税费——应交营业税　　210
　　　　库存现金(代办时的交通等费用)　　0

(三) 特约服务成本的核算

特约服务成本是指物业管理企业为管辖区内的物业产权人、使用人提供特殊服务所发生的各项支出，特约服务成本主要部分是人工费和所需材料费。人工费可按服务所需时间和难易程度，结合物业管理企业的具体规定和“作业派工单”“工资结算汇总表”所列人工费成本核算；所耗材料应根据领料单和购料单实际成本计算。发生特约服务成本时借记“主营业务成本——物业管理成本——特约服务成本”账户，贷记“应付职工薪酬”“原材料”“物料用品”“低值易耗品”等账户。

【例 7-25】2016 年 1 月南海物业公司某小区，为该小区一期 5 号楼 1 单元 101 室业主进行木地板保洁，根据“领料单”“作业派工单”和“工资结算汇总表”耗用洗涤用品 30 元，地板蜡 60 元，实际分摊人工费 270 元。

借：主营业务成本——物业管理成本——特约服务成本　　360
　　贷：物料用品——洗涤用品　　30
　　　　　　　　——地板蜡　　60
　　　　应付职工薪酬　　270

二、物业经营成本的核算

物业管理公司经营业主或物业产权人、使用人提供的各种建筑物和附属设备，为保证物业产权人、使用人提供的各种建筑物和附属设备能正常运营而发生的各项费用支出。如房屋出租，停车场管理、游泳池、球场的管理支出等。主要包括出租房屋的摊销，经营中经营管理人员的工资及福利费，耗用的材料费以及应支付给物业产权人、使用人的租赁费、承包费等。

出租房屋的摊销是房屋租赁服务成本的主要内容，出租房屋按月摊销，其摊销额应根据出租房屋的账面原值和月摊销率计算，出租房屋的月摊销率和月摊销额的计算公式为：

月摊销率＝(1－出租房屋预计净残值率) ÷(出租房屋预计摊销年限×12)

月摊销额＝出租房屋账面原值×月摊销率

其中，出租房屋预计摊销年限可比照房地产企业同类结构房屋的折旧年限计算，预计净残值率一般可按出租房屋账面原值的3%～5%计算。

为了核算出租房屋的成本，物业管理企业应在“库存商品”账户下设“出租房屋摊销”明细账户，按月计提的出租房屋的摊销额，计入房屋租赁成本，借记“主营业务成本——物业经营成本——房屋出租成本”账户，贷记“库存商品——出租房屋摊销”。

物业经营成本中的经营中经营管理人员的工资及福利费，耗用的材料费以及应支付给物业产权人、使用人的租赁费、承包费发生时，应借记“主营业务成本——物业经营成本”账户，贷记“应付职工薪酬”“原材料”“物料用品”“低值易耗品”等账户。

【例7-26】 南海物业公司南海小区2016年1月向业主委员会支付停车场经营承包费12 500、游泳池经营承包费13 600元。

借：主营业务成本——物业经营成本(停车场经营成本)　　12 500
　　　　　　　　——物业经营成本(游泳池经营成本)　　13 600
　贷：银行存款　　26 100

同时，增加代管基金

借：银行存款——代管基金存款　　26 100
　贷：代管基金——共用设施设备维修基金　　26 100

【例7-27】2016年南海物业公司某小区，有出租房10套，计每月摊销成本6 000元。

借：主营业务成本——物业经营成本——房屋出租成本　　6 000
　贷：库存商品——出租房屋摊销　　6 000

三、物业大修成本的核算

物业大修成本是受业主委员会或物业产权人、使用人的委托，对房屋共用部位、共用设施设备进行大修、更新改造及对业主委员会或物业产权人、使用人提供的管理用房、商业用房进行装饰等工程发生的各项必要支出。

物业大修工程，可由物业管理企业自营，也可对外出包。核算时，会计上设置“在建工程——物业工程”账户来进行核算。

(一) 自营工程的核算

自营工程发生的各项工程费用，包括人工费、材料费、机械使用费、其他直接费和间接费用等。

【例7-28】南海物业公司2016年2月对某小区1号楼房顶进行维修，实际发生工程支出30 000元。工程完工，工程款经业主管理委员会签证认可后支付，共计50 000元。

借：在建工程——物业工程(1 号楼房顶工程)　　30 000
　　贷：银行存款　　30 000
借：代管基金——共用设施设备维修基金　　50 000
　　贷：主营业务收入——物业大修收入　　50 000
借：主营业务成本——物业大修成本　　30 000
　　贷：在建工程——物业工程(1 号楼房顶工程)　　30 000

【例 7-29】某物业公司 2016 年 4 月对业主委员会提供的管理用房进行装饰，耗用材料 49 000 元，工资 20 600 元；该房装修后可用两年。

借：在建工程——物业工程(装修工程)　　69 600
　　贷：应付职工薪酬　　20 600
　　　　原材料　　49 000
借：长期待摊费用　　69 600
　　贷：在建工程——物业工程(装修工程)　　69 600
借：管理费用　　2 900
　　贷：长期待摊费用　　2 900

(二) 出包工程的核算

物业管理企业委托外单位承包工程时，其工程的具体支出在承包单位进行核算，而物业管理企业只与承包单位进行工程价款业务的结算。其业务核算，只有实际支付工程款时与自营成本核算不同，其他业务完全相同。

物业大修成本的核算在前面的代管基金核算中也有述及。

四、物业企业其他业务成本的核算

物业管理企业除主营业务以外，为取得更多收益，广开经营门路，发展物业管理业务以外的各种服务业务。其他业务成本是指除主营业务成本以外的其他日常活动所发生的支出。主要包括房屋中介机构的支出，销售的材料物资的成本以及商业用房经营成本等。

为了反映和监督物业管理企业其他业务成本的发生、结转情况，企业应设置“其他业务成本”账户。该账户借方登记各类其他业务成本的发生数；贷方登记其他业务成本的结转数；期末将借方归集的全部发生的其他业务成本结转到“本年利润”账户，结转后，期末无余额。为详细反映各类其他业务成本，该账户应按其他业务成本的种类设置“房屋中介代销成本”“材料物资销售成本”“废品回收成本”“商业用房经营成本”等明细账户。

(一) 房屋中介代销业务的核算

房屋中介代销成本，是指物业管理企业在从事物业维修和服务的同时，受房地产开发商的委托，对其开发的房屋从事代理销售活动所发生的各项费用支出。实际发生费用支出时，借记“其他业务成本——房屋中介代销成本”账户，贷记“库存现金”“银行存款”“应付职工薪酬”“原材料”“库存商品”“物料用品”等账户。

【例 7-30】南海物业公司代南海小区开发商销售房屋。领用办公用品 1 000 元。

借：其他业务成本——房屋中介代销成本　　1 000

　　贷：物料用品　　1 000

(二) 材料物资销售业务的核算

材料物资销售成本，是指物业管理企业将不需要的材料物资对外转让、出售所发生的材料物资成本。物业管理企业对外出售、转让材料物资结转成本时，借记“其他业务成本——材料物资销售成本”账户，贷记“原材料”“物料用品”等账户。

【例 7-31】南海物业公司将积压的钢材 5 吨，对外转让出售，每吨成本 3 000 元，结转积压钢材成本。

借：其他业务成本——材料物资销售成本　　15 000

　　贷：原材料——钢材　　15 000

(三) 废品回收业务的核算

废品回收成本，是指物业管理企业在从事物业经营管理过程中所形成或回收的废旧物资时，所发生的各项费用支出。实际发生费用支出时，借记“其他业务成本——废品回收成本”账户，贷记“库存现金”“银行存款”等账户。

【例 7-32】南海物业公司回收废品一批，共计 330 元，现金付讫。

借：其他业务成本——废品回收成本　　330

　　贷：库存现金　　330

(四) 商业用房经营业务的核算

商业用房经营成本包括对物业产权人、使用人所提供的经营用房添加的经营设备设施的支出，从事便利店、染洗店、洗浴中心、彩印扩洗店、美容美发店、餐饮店、歌舞厅等的经营成本。实际发生商业用房经营成本时，借记“其他业务成本——商业用房经营成本”账户，贷记“库存现金”“银行存款”“应付职工薪酬”“原材料”“库存商品”“物料用品”“累计折旧”等账户。

【例 7-33】2016 年 1 月南海物业公司对南海小区经营的彩印扩洗店进行结账。消耗原材料 2 400 元；结算职工薪酬 11 556 元；计提固定资产折旧 5 688 元；城市维护建设税 42 元、教育费附加 18 元。

借：其他业务成本——商业用房经营成本　　19 704
　贷：原材料　　2 400
　　应付职工薪酬　　11 556
　　累计折旧　　5 688
　　应交税费——应交城市维护建设税　　42
　　　　　——应交教育费附加　　18

第六节　物业管理企业“营改增”的核算

物业管理企业是为业主或用户提供良好的生活或工作环境，具有独立法人地位的经济实体。目前，物业管理企业所涉及的税金及附加主要税种有：营业税、城建税、教育费附加、企业所得税和个人所得税等，2016 年 5 月 1 日起，建筑业纳入“营改增”试点后，物业管理企业还需将缴纳营业税变为缴纳增值税。故此，本节主要介绍未纳入试点企业应缴营业税和试点企业应缴增值税的核算两部分内容。

一、物业管理企业应交营业税的核算

(一) 营业税的计征范围及计税依据

根据《中华人民共和国营业税暂行条例》及其细则规定，物业管理企业取得的经营收入，以及出租资产、转让无形资产、开展专项有偿服务和其他代理业务的手续费等其他业务收入均应计征营业税。

但根据《国家税务总局关于物业管理企业的代收费用有关营业税问题的通知》的规定，物业管理单位代有关部门收取的暖气费、水费、电费、燃(煤)气费、有线电视收视费、维修基金、房租的行为，属于营业税“服务业”税目中的“代理”业务，因此，对物业管理单位代有关部门收取的暖气费、水费、电费、燃(煤)气费、有线电视费、维修基金、房租不计征营业税，对其从事此项代理业务取得的手续费收入应当征收营业税。对其从事物业管理服务取得的其他全部收入(含规定收费标准基础外各种加收金额)，应按照“服务业”税目 5%税率计算征收营业税。具体计税依据规定如下：

1. 对物业管理企业不征营业税的代收基金，系指建设部、财政部《关于印发〈住宅共用部位共用设施设备维修基金管理办法〉的通知》(建住房〔1998〕213 号)中规定的“住宅共用部位共用设施设备维修基金”。

2. 对物业管理企业代收的“住宅共用部位共用设施设备维修基金”，凭其持有的地方财政局统一监制“××省(市)住宅维修基金专用发票”或“××省(市)住房资金管理中心(含所属分中心)”为其出具的《住房维修基金交存书》上注明的实际发生额认定。

3. 对物业管理企业不征收营业税的代收房租，凭其与代收房租委托方实际房租转交结算发生额认定。

4. 对物业管理企业超出上述认定范围的代收款项，一律视同其相关业务收入或价外收入，照章征收营业税。

5. 物业管理企业从事物业管理服务取得收入后，必须向付款方开具由地方税务机关统一印制的服务业专用发票。

（二）应交营业税的计算

1. 管理性质的收入缴纳营业税的计算。属于管理性质的收入要按5%缴纳营业税。具体包括以下几个。

(1) 物业管理公司以下四项收入，均属于提供劳务而获得的收入，属于营业税中“服务业”税目，按5%征收营业税。

① 物业管理公司为业主提供服务而收取的管理费。

② 物业管理公司为业主提供服务而收取的服务费。如：保洁费、停车费、保安费、公共设施养护费等。

③ 收取的维修费用，包括维修材料费及人工费。

④ 居民租住共有住宅的租金收入。

(2) 物业公司收取业主的装修保证金，如果到期退还给业主及租住户的，不征收营业税；如果到期不退还或作为业主装修违规行为予以没收的，属于物业管理公司管理性收入之外的价外费用收入，均应并入该物业公司营业额，征收5%的营业税。

(3) 物业管理公司向房屋业主收取的公共维修基金，所有权属于业主管理委员会，物业公司仅是代管使用，专款专用，按时列支，暂不征收营业税。如果物业公司从维修基金中以提供维修劳务形式提取劳务收入，则应征5%的营业税。

2. 代办性质的收入缴纳营业税的计算。以下两项均属物业公司提供代办服务而取得的服务性收入，按5%征收营业税。主要包括：代办购物手续费，代办收费取得的收入。如：为房屋业主代收代缴水、电、煤气、电话费等各项业务而收取的手续费。

3. 多种经营取得收入缴纳营业税的计算。主要包括：①物业公司下属的中介咨询机构的咨询劳务收入。②物业公司兼营的餐饮服务收入。③物业公司举办的娱乐业务场所的收入。④物业公司下属的独立核算的商店销售货物取得的收入。

上述①、②项收入，属于服务业收入，按5%征收营业税。③项收入属于娱乐业收入按5%～20%税率征收营业税。④项收入属于增值税征收范围，征收增值税。

值得注意的是，当物业公司兼有不同税目应税行为时，应分别核算不同税目的营业额，未分别核算的，从高适用税率。其计算公式如下：

应纳税额＝营业额×税率

（三）应交营业税的核算

企业核算营业税时，应在“应交税费”账户下设“应交营业税”明细账户。企业按规定计算营业税时，借记“营业税金及附加”“固定资产清理”等账户，贷记“应交税费——应交营业税”账户；实际缴纳时借记“应交税费——应交营业税”账户，贷记“银行存款”账户。

【例 7-34】南海物业公司 2016 年 1 月份取得主营业务收入 3 000 000 元，其他业务收入 1 000 000 元。

根据有关凭证公司编制会计分录如下。

1. 计算 2016 年 1 月份的应交营业税(4 000 000×5% =200 000)时：

借：营业税金及附加　　　　　　　　200 000

　　贷：应交税费——应交营业税　　　　　200 000

2. 下月初缴纳时：

借：应交税费——应交营业税　　　　200 000

　　贷：银行存款　　　　　　　　　　　　200 000

二、物业管理企业“营改增”会计核算

物业管理企业作为建筑业一分子，2016 年 5 月 1 日起，实施“营改增”试点后将会受到一定的影响。直此，由现行营业税纳税人全部改征增值税纳税人，物业管理企业如为一般纳税人，其收取的物业费适用税率为 6%，有形动产租赁、销售货物收入适用税率为 17%；同时，其采购的办公用品、固定资产、不动产等都可进行进项税的抵扣。有关规定具体如下。

（一）一般纳税人不动产租赁应缴增值税的规定

1. 根据财税〔2016〕36 号文件附件 1《营业税改征增值税试点实施办法》附“税目解释”的规定，停车服务属于销售服务；租赁服务、经营性租赁服务、车辆停放服务按不动产租赁服务缴纳增值税。增值税一般纳税人不动产租赁的适用税率为 11%。

2. 如果公司服务业连续 12 月销售总额小于 500 万元，可以不登记为一般纳税人，并按小规模纳税人计算缴纳增值税。根据国家税务总局关于发布《纳税人提供不动产经营租赁服务增值税征收管理暂行办法》的公告(国家税务总局公告 2016 年第 16 号)第 4 条规定，征收率为 5%。

3. 根据《营业税改征增值税试点有关事项的规定》，一般纳税人出租的不动产是 2016 年 4 月 30 日之前取得的，可以选择简易办法，按征收率 5%缴纳。

(二) 代收水电费、暖气费缴纳增值税的规定

物业公司代收水电费、暖气费，缴纳营业税时实行差额征税，开具代开普通发票，而营改增试点政策中并未延续差额征税政策。对此问题，国家税务总局正在研究解决。在新的政策出台之前，可暂按以下情况区分对待：

1. 如果物业公司以自己名义为客户开具发票，属于转售行为，应该按发票金额缴纳增值税。

2. 如果物业公司代收水电费、暖气费等，在总局明确之前，可暂按代购业务的原则掌握，同时具备以下条件的，暂不征收增值税。

(1) 物业公司不垫付资金。

(2) 自来水公司、电力公司、供热公司等(简称销货方)，将发票开具给客户，并由物业公司将该项发票转交给客户。

(3) 物业公司按销货方实际收取的销售额和增值税额与客户结算货款，并另外收取手续费。

(三) 物业管理企业营改增会计核算

【例 7-35】某物业公司为增值税一般纳税人，2016 年 5 月当月物业费收入 1 060 000 元，同期采购办公用品等成本支出 117 000 元，取得增值税专用发票上注明的进项税额为 17 000 元。根据上述资料，企业可作会计处理如下：

借：管理费用　　100 000
　　应交税费——应交增值税(进项税)　　17 000
　　贷：银行存款　　117 000

借：银行存款　　1 060 000
　　贷：主营业务收入——物业经营收入　　1 000 000
　　　　应交税费——应交增值税(销项税)　　60 000

纳税人当期应缴纳的增值税为：1 060 000÷(1+6%)×6%－17 000＝43 000(元)

借：应交税费——应交增值税(转出未交增值税)　　43 000
　　贷：应交税费——应交增值税(未交增值税)　　43 000

【例 7-36】某物业公司为增值税小规模纳税人，营改增后物业费当月收入(含税)1 030 000 元。纳税人当期应缴纳的增值税为：1 030 000÷(1+3%)×3%＝30 000(元)

借：银行存款　　1 030 000
　　贷：主营业务收入——物业经营收入　　1 000 000
　　　　应交税费——应交增值税　　30 000

【复习思考题】

1. 物业管理企业会计核算特点如何？
2. 物业管理企业存货的种类，其实际成本构成如何？
3. 物业管理企业的采购保管费如何进行核算？
4. 物业管理企业的主营业务收入内容及核算方法是什么？
5. 物业管理企业的主营业务成本内容及核算方法是什么？
6. “营改增”对物业管理企业会计核算有哪些影响？

【会计职业判断能力训练】

一、单项选择题

1. 下列经济活动中属于物业管理内容的有(　　)。
   A. 小区内绿化管理　　B. 生产某一产品的生产管理
   C. 运输货物的管理　　D. 提供贷款的管理
2. 属于物业管理企业的特殊存货有(　　)。
   A. 材料　　B. 燃料　　C. 低值易耗品　　D. 待售物品
3. 物业管理企业的其他业务收入包括(　　)。
   A. 停车场收入　　B. 物业大修收入
   C. 商业用房经营收入　　D. 代收水电费收入
4. 物业管理企业的物业管理收入不包括(　　)。
   A. 公共服务收入　　B. 公众代办性服务收入
   C. 物业大修收入　　D. 特约服务收入

二、多项选择题

1. 物业管理企业的采购保管费可按(　　)方法分配。
   A. 实际分配率分配法　　B. 先进先出法
   C. 计划分配率分配法　　D. 月末一次加权平均法
2. 属于物业管理企业主营业务成本的有(　　)。
   A. 公共性服务成本　　B. 特约服务成本
   C. 代办性成本　　D. 房屋中介代销手续费
3. 下列属于物业管理企业其他业务收入的有(　　)。
   A. 房屋中介代销手续费收入　　B. 物业经营收入
   C. 商业用房经营收入　　D. 修理电梯收入
4. 物业管理企业的营业税金及附加包括(　　)。
   A. 营业税　　B. 城市维护建设税

C. 教育费附加　　　　　　　　　　D. 增值税

三、判断题

1. 物业管理企业应设置“代管基金”和“代收款项”账户。(　　)

2. 物业管理企业的待售物品，应通过“原材料”账户核算。(　　)

3. 物业管理企业的应交税金核算包括土地使用税。(　　)

4. 代收代缴业主水电费而取得的手续费收入属于物业经营收入。(　　)

5. 公共性服务成本包括公共设施的使用管理和维修保养费用、清洁费用、绿化费用、保安费用等支出。(　　)

【会计职业实践能力训练】

以下各物业管理企业均为非营业税改增值税单位。具体业务情况如下。

一、某物业管理公司收到小区产权人交来房屋共用部位维修基金 20 000 元，4 月小区内花坛需要整修，经协商，整修作价 10 000 元，公司在整修过程中发生支出 8 000 元，其中：维修人工费 5 000 元，库存材料 3 000 元。大修完成后，经业主委员会签证确认合格。

要求，根据业务编制有关会计分录。

二、某物业管理公司 2016 年 5 月发生管理费用 28 540 元，其中：行政管理人员工资 16 000 元，福利费 2 240 元，行业保险费 1 000 元，折旧费 8 000 元，低值易耗品摊销 1 200 元，印花税 100 元。

要求，根据业务编制有关会计分录。

三、某物业管理公司 2016 年 4 月发生以下采购业务。

1. 3 日从武汉钢铁公司购入钢材 10 吨，单价 1 800 元，运费 600 元，各项费用均已转账支付，材料入库。

2. 9 日转账支付购入立邦涂料 2 000 元，16 日涂料到达验收入库。

3. 20 日公司为业主修理房顶，领用钢材 5 400 元、涂料 2 000 元。

4. 本月采购部门共发生采购人员工资 3 000 元，福利费 420 元，采购部门固定资产折旧费 200 元，现金支付办公费 300 元。

要求，根据业务编制会计分录，并按实际分配率分配法分配采购保管费。

四、某物业公司 2016 年 9 月共发生各种收入如下。

1. 为房屋产权人提供公共性服务，收取服务费 10 000 元。

2. 将业主委员会委托出租的理发室出租，收到租金 5 000 元。

3. 成功介绍一套住宅，取得中介代销手续费 2 000 元。

4. 收到代收代缴业主的水电费 30 000 元，按 1%收取代办服务费，并转账上缴水电公用事业部门。

要求，根据业务编制有关会计分录。

五、某物业公司2016年4月共发生各种费用支出如下。

1. 为房屋产权人提供公共性服务，领用材料500元，支付电费2 000元。

2. 将业主委员会委托出租的理发室出租，用现金支付业主委员会使用费2 000元。

3. 成功介绍一套住宅，发生中介代销费用等500元，用现金支付。

要求，根据业务编制会计分录。

第八章

旅游企业会计

【教学目的及要求】

了解旅游企业的基本业务内容及特点，明确旅游企业会计核算的特点，熟练掌握其收入及成本的构成及账务处理方法。

【本章重点及难点】

旅游企业业务收入及成本的核算。

【本章教学时数】

4 学时。

第一节　旅游企业会计核算特点

一、旅游企业的主要业务及特点

旅游企业以旅游资源为凭借对象，以服务设施为条件，通过组织许多旅行游览活动向游客出售劳务的服务性企业。旅游企业通常是由以下单位构成：旅行社、旅游宾馆饭店、旅游车船公司、旅游商店等。

（一）旅行社的主要业务特点

1. 没有固定服务场所，不需为客人提供服务设施。旅行社组织旅游者，借助于交通部门、饭店、宾馆等实现对各地文物古迹、自然风光的游览。旅行社除了自身的办公场所外，其他活动就是导游人员为旅游者翻译导游。

2. 占用流动资金少。不需为经营活动储备物资。组团社一般向国外旅行社收取一定数量的预付款，而且旅行团入境后，其所需的费用应立即汇到。所以组团社不仅不需要垫付资金，而且还能从收到旅行团费用到向接团社拨付费用时的时间差中，取得为数可观的存款利息。

3. 服务活动的依存性强。在旅行社的服务活动中，组团社与接团社之间的关系是相互依存的，各接团社之间也是互为条件、互为依存的。旅行团旅游全程的各个点除了各负其责外，还必须相互配合、相互衔接，否则将会造成不良影响，导致客源枯竭，给旅行社带来经济上的重大损失。

(二) 宾馆饭店的主要业务特点

1. 经营项目多、投资大。随着社会的发展，人们需求的多样化，宾馆饭店为适应客人的生活习惯，满足旅游者的不同需要，从单纯地经营客房、餐饮、经营商品，发展成为大范围、多项目的综合性企业，并配备各种服务设施，宾馆饭店需要大规模的投资。

2. 对服务人员的要求高。随着国际旅游的广泛开展，旅游宾馆饭店正逐渐成为接待外国游客的重要基地，因此，必须通过对服务人员严格的培训，才能全面提高工作人员的素质，达到较高的服务水准。

3. 经营季节性强。旅游是一项季节性很强的活动，从而使旅游宾馆饭店也受季节的影响。旅游淡季，游客减少，宾馆饭店的利用率大幅下降；旅游旺季，又供不应求。所以，往往采用变动价格或变化服务方式来有效地调节淡、旺季之间的经营，使淡季不淡，旺季又不至于过分拥挤。

(三) 旅游车船公司的主要业务特点

最大的特点：其经营上的流动性。必须在运输服务的过程中，为客人提供参观游览的条件，利用优质服务创造更多的收益。

(四) 旅游商店的主要业务特点

1. 服务对象主要是旅游者。旅游商店的存在依赖于旅游者，没有旅游者，旅游商店无法实现其经济效益。

2. 旅游者的活动特点决定销售网点的布局。在销售网点的布局上，旅游商店主要设置在旅游城市的商业繁华地带，旅游景点附近或宾馆内。

3. 销售商品的目的主要是为满足旅游者的旅游需求，即旅游完美、更具纪念意义。

4. 经营活动波动性较大。旅游商店主要依赖于旅游者，旅游量的大小直接影响它的经营活动。而旅游量的大小则受多种因素的影响，缺少长期性和稳定性的特点。

5. 旅游商店有一定的外汇收支业务。

旅游企业的主要业务是招揽游客，组织游客按一定的路线游览，并从中获取报酬。它具有投资少、利润多、收效快的特点，素有“无烟工业”之称。

二、旅游企业会计核算特点

旅游企业属于第三产业，其生产特点是以出售劳务服务为中心，辅之以地产特色商品销售，直接为消费者服务。与工、商企业相比，旅游企业会计核算具有如下特点。

(一) 核算内容多、方法简单

旅游企业业务涉及的内容繁多而复杂，需综合运用交通运输及商品流通会计核算方法；但营业成本构成比较简单，只包括在经营过程中耗用或发生的直接材料、代收代付费用、商品的进价和其他直接费用，不包括其他行业企业中通常包含的人工费，以及其他间接费用等。这是由旅游企业主要是以提供劳务为主，且服务往往是综合性的，在各项劳务之间分摊人工费及间接费用，很难确认哪种劳务花费了多少工时，应负担多少工资，因此没有一个合理的标准和分摊依据来分配直接人工费。所以旅游企业不将直接人工费计入营业成本，而是直接将其计入销售费用。

(二) 旅游企业生产过程即消费过程

旅游企业为社会提供各种劳务，其生产过程往往就是销售过程，甚至是消费过程。所以企业一定期间的直接成本，既可理解为生产成本，也可理解为销售成本，所以统称为“主营业务成本”，直接同“主营业务收入”相配比，计算当期损益。

(三) 一般只核算总成本

旅游企业一般只算总成本，不计算单位成本。因为旅游企业提供的劳务成本中耗用品种多、用量少，且接受服务的对象繁多，不易逐个计算单位成本，所以，通常情况下，企业只核算总成本，不核算单位成本。只核算原材料成本，不核算全部成本。

期末，不存在在产品成本计算问题。旅游企业提供劳务的周期一般较短，成本计算期末(一般为月末)没有或较少有未完成的劳务，所以一般月末不存在营业成本在上下期成本之间分配问题。

(四) 货币核算具有涉外性

涉外的旅行社、宾馆和饭店等旅游企业，在会计核算时，应按照我国外汇管理条例和外汇兑换管理办法，办理外汇存入、转出和结算的业务，有外汇业务的企业，应采用复式货币记账，核算外币和人民币，并计算汇总损益。

正是由于会计核算内容具有其特殊性，所以与工商企业会计相比，其个性表现在经营收入和经营成本的核算上。

第二节　旅游企业销售价格确定与结算

一、旅游品种销售价格的确定

旅游经营收入是旅游企业为旅游者提供服务所取得的收入，制定合理的旅游品种售价是维持企业生存、提高竞争力的关键所在。由于旅游景点、旅游天数、提供膳食标准、住宿、交通工具的不同，其价格也不同。一般旅行社的销售价格是由购入成本和利润两部分构成，通常根据购入成本加毛利来确定。

实务中常见的销售价格有以下几种。

(一) 组团包价

组团包价是指由组团社根据成团人数、等级、路线、时间和提供服务的质量等制定的价格。一般包括综合服务费、住宿费、餐饮费、车费、保险费、文娱活动费、城市间交通费和专项附加费等。

(二) 半包价

半包价是指不包含午餐、晚餐费用的综合包价。

(三) 小包价

小包价仅包括住宿费、早餐费、保险费、接送服务费、国内城市间交通费及手续费。

(四) 单项服务价格

单项服务价格是指旅行社接受旅客的委托为其提供单项旅游服务的价格。其收费标准是旅行社按每个单项服务的购入成本加毛利来确定的。

(五) 特殊形式的旅游收费

特殊形式的旅游收费，是指旅行社开展的新婚旅游、生态旅游、森林旅游、体育旅游、学术交流旅游等特殊形式的旅游收费。

二、旅游企业收入的结算方式

旅游企业按照一定的价格，通过提供劳务或出租、出售等方式所取得的货币收入为其营业收入，主要包括旅行社组团、接团收入，饭店出租客房、提供餐饮、出售商品及其他服务项目所取得的收入。随着我国旅游事业的飞速发展，旅游收入已成为我国国民经济收入的重要组成部分。

旅游企业营业收入的取得主要有三种方式：一是预收，即在提供服务之前，预先收取全部或部分服务费。如，饭店在客房预订确认后，会向客人收取一部分订金，长住户也往往要在年初支付该年的全部费用。二是现收，即在为客人提供服务的同时收取服务费，如顾客选择旅行社的产品(旅游线路)后，会采取现收的形式和旅行社进行结算。三是事后结算，即在向客人提供服务以后，一次性或定期进行结算，如饭店和旅行社之间采用事后结算方式，组团社与地接社之间也采用事后结算方式。

第三节　旅行社经营业务的核算

一、旅行社经营业务的核算

(一) 旅行社营业收入的构成

旅行社在经营服务过程中，为旅客提供各种服务、按国家规定标准收取或收受的代付的交通费、房费、餐费、文娱费等在内的全部收入。包括：

1. 综合服务收入。我国旅行社接待外国游客来华旅游及接待港澳台地区游客来大陆旅游时，在我国境内旅游期间所提供的各项服务，包括宾馆住房、用餐、国内城市间和市内交通、翻译与导游、文娱活动、参观游览、各种附加费等，向旅游者(或组团旅行社)所收取的全部综合服务包价收入。

2. 组团外联收入。由我国组团旅行社对外招徕组织外国游客来华旅游及港澳台地区来大陆旅游，或组织我国境内人员出国、出境旅游，并负责全程陪同接待，提供的各项服务，包括宾馆住房、用餐、国际国内旅游交通、全程翻译导游、文娱活动、参观游览、各种附加费等，向旅游者收取的全部综合服务包价收入。

3. 零星服务收入。各种旅行社组织或接待的零星散客及接受旅游者小包价、半包价和单项委托代办(如单订城市之间的交通票、单订房、单订市面上内交通或接送服务等)事项，向旅游者收取的小包价、半包价或单项服务收入。

4. 劳务收入。各接待旅行社派出翻译、导游人员参加组团社所组织的旅游团的全陪服务，按照收费标准，向组团社收取的陪同劳务费收入。它不包括全程陪同人员的城市间交通费、陪同期间住房费以及旅游者用餐时的餐费。

5. 票务收入。各旅行社代理国际和国内各民航公司、铁路局、轮船公司出售机票、火车票、轮船票所收取的代办票务手续费收入。

6. 地游及加项收入。各旅行社在接待旅游者过程中，除包价以外由旅游者临时提出增加服务项目，如去附近地区一二日游，或临时增加市内外的参观游览项目，或增加游江、游湖、地方风味餐等，向旅游者收取的加项服务收入。

7. 其他收入。除以上各项收入外的其他服务收入，如为旅游者或国内出国人员代办国际行李托运、报关、保险等取得的服务收入。

(二) 旅游企业收入的确认及核算

我国目前多数旅行社与外国旅游行机构的结算经常采用“预先收取、最终结算”的方式。即在游客来华旅游之前的规定期限内，按计划的旅游人数、线路、等级、项目预收全部费用，待全部旅华日程结束后再按实际费用最终结算，多退少补。这样旅行社的预收费用不应立即作为“主营业务收入”。只有当旅游活动结束，实际费用确定后，才能构成主营业务收入。因此，《旅游、饮食服务企业财务制度》中规定：旅行社(包括组团社和接团社)组织境外旅游者到境内旅游，应以旅行团队离境(或离开本地)时确认主营业务收入实现；旅行社组织境内旅游者在境内旅游，接团社应以旅行团队离开本地时，组团社以旅行团队旅行结束返回时主营业务收入实现；旅行社组织境内旅游者到境外旅游，应以旅行团队旅行结束返回时主营业务收入实现。

企业实现的主营业务收入，应按实际价款核算，企业当期发生的销售折扣、销售退回及折让，冲减当期主营业务收入。

值得注意的是，在实际工作中，为了简化核算工作，旅游企业一般在期末确认销售收入和销售成本。

会计核算时，应有“主营业务收入”账户下按业务性质设置以下二级账户：综合服务收入、组团外联收入、零星服务收入、劳务收入、票务收入、地游及加项收入、其他收入。

另外，旅行社对营业收入不区分主营业务收入和其他业务收入，凡是企业在营业中取得的收入一律计入“主营业务收入”账户，与营业无关的收入计入“营业外收入”账户。

旅行社主营业务收入的核算可分为组团社和接团社主营业务收入的核算。

1. 组团社主营业务收入的核算。凡是有外联权的一类组团社，为确保旅游活动的顺利进行，均应按旅游线路提供各项服务、按规定的价格标准综合计费。组团社在与外国旅游机构进行往来款项结算时，除应设置“主营业务收入”账户外，还应设置“应收账款”和“财务费用”等账户。应收账款如为外币，发生的汇兑损益，计入“财务费用”账户。

【例 8-1】 某旅行社与国外旅行社签订合同，预定某旅行团一行 20 人于 2016 年的 3 月 1 日来华旅游。按计划游览项目共收包价费用 460 000 元，按合同约定的汇率 1 美元等于 8.4 人民币折合为 54 760 美元。

(1) 1 月 1 日收到预定金 30 000 美元，当月市场汇率为 1 美元等于 8.6 人民币。

借：银行存款　　　　　　　　　　258 000(30 000×8.6)

贷：应收账款　　　　　　　　　　252 000(30 000×8.4)

　　财务费用　　　　　　　　　　6 000(30 000×0.2)

(2) 2 月 1 日又收到该旅行团旅费 24 760 美元，市场汇率为 1 美元等于 8.3 人民币。

借：银行存款　　　　　　　　　　205 508(24 760×8.3)

　　财务费用　　　　　　　　　　2 476(24 760×0.1)

　　贷：应收账款　　　　　　　　207 984(24 760×8.4)

(3) 3 月 15 日该团全部旅游活动结束，根据有关记录实际费用为 440 000 元，需退还对方 20 000 元，当日汇率 1 美元等于 8.4 人民币，折合美元为 238 美元。

借：应收账款　　　　　　　　　　20 000

　　贷：银行存款　　　　　　　　20 000

(4) 将上述结算款项转为主营业务收入。

借：应收账款　　　　　　　　　　440 000

　　贷：主营业务收入　　　　　　440 000

2. 接团社主营业务收入的核算。接团社的主营业务收入是由组团社按拨款标准及双方协议价格拨付给接团社的综合服务费、餐费、城市间交通费等旅游团费，对组团社而言构成营业成本的一部分，对接团社而言则是主营业务收入的一部分。接团社应以向组团社发出账单的时间和金额作为计算主营业务收入的依据。(账单是指接团社在旅行团离开本地后，向组团社投送的旅游团费用结算通知单。)

由于接团社一般是先提供服务，然后向组团社投单。因此，接团社的核算也应设置“应收账款”账户。

【例 8-2】某接团社 3 月 1 日以转账支票支付某组团社游客的综合服务费 20 000 元。

借：应收账款——某组团社　　　　20 000

　　贷：银行存款　　　　　　　　20 000

【例 8-3】3 月 10 日旅行团结束旅游离开，根据游客消费账单所列项目计 45 000 元，办理费用结算并转作收入。其中，票务收入 10 000 元，地游及加项收入 15 000 元。

借：应收账款——某组团社　　　　45 000

　　贷：主营业务收入——综合服务费　　20 000

　　　　　　　　　——票务收入　　　　10 000

　　　　　　　　　——地游及加项收入　15 000

【例 8-4】3 月 12 日收到某组团社拨来的旅游费用结算款 45 000 元。

借：银行存款　　　　　　　　　　45 000

　　贷：应收账款——某组团社　　　45 000

二、旅行社营业成本的核算

(一) 旅行社营业成本的构成

旅游经营业务的营业成本是指直接用于接待旅游者并为其提供各项服务所发生的全部支出，主要包括旅游者的膳食费、住宿费、游览船(车)票、门票以及交通费、文娱费、行李托运费、票务费、专业活动费、签证费、导游费、劳务费、宣传费、保险费、机场费等。如果由旅行社自行安排旅游车辆的，还包括其耗用的汽油费、车辆折旧费、司机工资等。其营业成本的构成内容，具体如下：

1. 组团外联成本。是指各组团社组织的外联接待包价旅游团体或个人，按规定开支的住宿费、餐饮费、旅游交通费、陪同费、杂费及其他支出等。

2. 综合服务成本。是指组团社组织接待的包价旅游团体，按规定开支的住宿费、餐饮费、旅游交通费、陪同费、杂费及其他支出等。

3. 零星服务成本。是指接待零星散客、委托代办的零星散客时，按规定开支的住宿费、餐饮费、旅游交通费、导游费，以及代办托运服务、手续费等。

4. 劳务成本。是指组团社支付给外请旅游翻译、导游人员的有关费用等。

5. 票务成本。是指旅行社在代购票时，按规定向有关交通部门支付的购票手续费以及退票损失等。

6. 地游及加项成本。是指旅行社在接待游客旅游计划项目外，因游客要求增加项目而按规定开支的综合服务费、超公里费、游江费及风味费等。

7. 其他服务成本。是指不属于以上各项的成本支出等。

(二) 旅行社成本费用的核算

为核算旅游企业营运成本及费用，会计上需设置“主营业务成本”“销售费用”“管理费用”“财务费用”等账户。旅行社营业成本，如：代收代付费用，应计入“主营业务成本”；社内工作人员工资，计入“销售费用”。

【例 8-5】旅行社收到外地旅行团汇来的预定金 10 000 元。

借：银行存款　　　　10 000

　　贷：应付账款　　　　10 000

【例 8-6】仓库发出各种物料用品，其中：营业部门领用 1 000 元；企业管理部门领用 500 元。

借：销售费用　　　　1 000

　　管理费用　　　　500

　　贷：物料用品　　　　1 500

【例 8-7】分配并发放本月职工工资 72 000 元。其中：营业部门人员工资 50 000 元；管理部门人员工资 22 000 元。并按工资总额的 14%计提职工福利费。

借：应付职工薪酬 72 000
　　贷：银行存款 72 000
借：销售费用 50 000
　　管理费用 22 000
　　贷：应付职工薪酬 72 000
借：营业费用 7 000
　　管理费用 3 080
　　贷：应付职工薪酬 10 080

【例 8-8】某旅行社 3 月份拨付给接团社综合服务费 260 790 元，支付城市间交通费 24 500 元、餐费 7 320 元、专项附加费 12 960 元。根据有关凭证，应作如下会计处理。

支付各种款项时，应及时分别记入有关账户：

借：主营业务成本——综合服务费 260 790
　　　　　　　　——城市间交通费 24 500
　　　　　　　　——餐费 7 320
　　　　　　　　——专项附加费 12 960
　　贷：银行存款 305 570

月末，结转营业成本时：

借：本年利润 305 570
　　贷：主营业务成本 305 570

【例 8-9】外地旅游团到达，进行旅游活动，支付门票费、房费、交通费等 15 000 元。

借：主营业务成本 15 000
　　贷：银行存款 15 000

【例 8-10】计提本月固定资产折旧费，营业部门计提折旧费 6 000 元；管理部门计提折旧费 2 000 元。

借：销售费用 6 000
　　管理费用 2 000
　　贷：累计折旧 8 000

【例 8-11】外地旅游团结束旅游活动，将收到的预定金转作主营业务收入。

借：应付账款 10 000
　　贷：主营业务收入 10 000

【例 8-12】旅行社收到通过银行划转来的外地旅游团的收入 30 000 元。

借：银行存款 30 000
　　贷：主营业务收入 30 000

第四节　餐饮经营业务的核算

一、餐饮经营业务特点

餐饮业是一个涉及千家万户的行业，是指从事加工烹制、出售饮食制品并为顾客提供场所、设备和服务的行业。如：大、中、小餐厅，酒店、面馆、咖啡店、小吃部，等等。其业务主要有三项：一是加工烹制食品出售；二是经营各种饮料、烟酒等；三是提供场所、用具和其他服务。

餐饮业与商业、工业相比较，具有其独特的经营特点：

从饮食制品的生产过程看，饮食业既类似于工业企业又不同于工业企业：一是饮食制品是产销直接见面；二是饮食业的产品是单件小批生产，并且大多采用手工操作，对操作者技艺要求高。从将饮食制品出售给消费者看，饮食业具有零售商业企业的性质，但又不同于零售商业企业：一是饮食业当场制作销售的是能直接食用的商品，对饮食制品的质量标准的技艺要求复杂；二是饮食业既要提供商品又要提供顾客消费的场所，同时还要提供必要的服务，随着顾客消费层次和水平的提高，服务的规格正逐步向高档化、规范化、多样化迈进。显然，饮食业具有生产、零售和服务的职能，但又明显区别于工业、零售业和服务业。

二、餐饮经营业务收入的核算

由于饮食业具有上述独有的经营特点，所以，在会计核算上也有着与生产、零售、服务业不同的特点。

饮食业的营业收入主要包括餐费收入、冷热饮收入、服务收入和其他收入。为方便顾客、提高服务质量，饮食制品销售结算方式有先就餐后结算、开单收款结算、现款销售结算、柜台结算、转账结算、信用卡结算等。无论采用哪种结算方式，均应在每日营业终了，由收款员根据当日销售情况编制“营业收入日报表”，连同收到的货款的现款一并上交财会部门，经审核无误后，借记“库存现金”“银行存款”等账户，贷记“主营业务收入”账户。

【例 8-13】某中餐厅 2016 年 3 月 18 日“营业收入日报表”列明当天应收现金 5 030 元，实收现金 5 030 元。财会部门据此作如下会计分录：

借：库存现金　　　　　　　　　　5 030

　　贷：主营业务收入　　　　　　　　5 030

三、饮食经营业务成本的核算

饮食业的营业成本从理论上讲，应该是餐饮部门加工烹制食品时发生的全部费用，包括生产费用和营业费用，如原材料、燃料、机器设备和人工的消耗等。但是，由于餐饮企业的经营特点是边生产边销售，生产周期短、生产成本和营业费用很难划分，同时饮食制品品种繁多、数量零星，各种成本难以一一计算，结合企业生产特点和管理上的要求，为简化计算工作，企业一般不按食品逐次逐件计算成本，同时根据现行的企业会计制度规定，餐饮业的营业成本只核算餐饮制品的原材料成本、商品进价成本，发生的其他费用如工资等计入有关费用中进行核算。

【例 8-14】某快餐厅采用永续盘存制，2016 年 3 月 31 日编制"月末剩余原材料、半成品和待售产成品盘存表"，如表 8-1 所示。

表 8-1　月末剩余原材料、半成品和待售产成品盘存表

制表部门：厨房　　　　2016 年 3 月 31 日　　　　单位：元

材料名称	计量单位	单价	剩余数量	半成品和待售产成品						合计	
				甲半成品			乙半成品			材料数量	金额
				数量	消耗定额	定额消耗量	数量	消耗定额	定额消耗量		
牛肉	千克	72	25							25	1 800
面粉	千克	6		32	4	192				192	1 152
鸡蛋	千克	8					120	3	360	360	2 880
合计											5 832

根据"月末剩余原材料、半成品和待售产成品盘存表"，作如下会计分录：

借：主营业务成本　　　　5 832（红字）

　　贷：原材料　　　　5 832（红字）

下月初根据"月末剩余原材料、半成品和待售产成品盘存表"，再填制领料单，作如下会计分录：

借：主营业务成本　　　　5 832

　　贷：原材料　　　　5 832

如餐饮企业采用实地盘存制，其平时领用材料不填写领料单，不进行账务处理，月末将根据厨房剩余原材料、半成品和待售产成品盘点金额加上库存材料的盘存金额，结合本月收入总额，倒挤出本月耗用的原材料成本。其计算公式如下：

本月耗用材料成本＝原材料月初仓库厨房结存＋本月收入总额－月末仓库厨房盘存总额

根据计算结果，作会计分录如下：

借：主营业务成本

　　贷：原材料

第五节　旅游饭店经营业务的核算

一、旅游饭店营业收入的核算

(一) 旅游饭店经营业务特点

旅游饭店包括宾馆、酒店、饭店和旅社等企业，是指以提供住房、生活设施的使用和服务人员的劳动服务来满足旅客需求而收取一定费用的服务业务。其主要经营业务是客房服务。客房业务具有以下三个特点：

1. 客房是一种特殊商品，不出售所有权，只出售使用权。即将同一房屋的使用权在不同时期内反复使用(出售)，客人买到的只是客房某一时期的使用权。客房可以出租但不能储存，如客房在规定的时期不能出租，其效用就自然消失，销售就无法实现。

2. 客房出租率的高低直接受旅游季节变换的影响。旅游淡季，客房供过于求，旅游旺季，客房供不应求，从而使客房的出租价格有较大弹性。

3. 旅游饭店业务的服务过程和消费过程在时间上和空间上都是统一的。

(二) 旅游饭店营业收入的构成

饭店是服务业的重要组成部分，是集旅游业、饮食业、服务业于一身的综合服务性企业。其接待的对象主要是国内外的旅游者、华侨、港澳同胞等广大顾客，这些顾客是为了观光旅游、探亲访友、参加各类会议、进行文化技术交流，以及进行商务活动等而来。他们要求企业提供综合的服务项目，包括客房服务、餐饮、商品供应、通信、健身娱乐、浏览观光、商业谈判等一系列服务项目。这些服务项目就构成了旅游饭店营业收入来源。所以，旅游饭店的营业收入是其在经营过程中提供劳务、客房出租、提供膳食和销售商品以及娱乐活动等取得的劳务收入。具体包括以下各项：

1. 客房收入。客房租金收入。

2. 餐饮收入。食品、饮料等的销售收入。

3. 商品收入。发出商品或提供劳务时收取的各种价款，包括商品销售收入、代销业务收入等。

4. 其他业务收入。电话费收入、俱乐部收入、保龄球收入、游泳池收入、门票收入、车队收入等。

(三) 旅游饭店营业收入的核算

客房经营情况的好坏主要是看其出租和收入情况，反映这一信息的是客房出租率和租金收入率两个指标。

客房收入是指通过出租客房而取得的租金收入。客房一经出租，不论房租是否收到，都应作为已销售处理。即客房收入的入账时间是客房实际出租的时间。

因客房出租有淡旺季之分，因此客房的出租价格往往随着旅游淡旺季的需求关系发生上下波动，通常客房的出租价格有标准价格、淡季价格、旺季价格、团体价格、优惠价格、折扣价格等。所以，客房实际出租的价格才是客房收入的入账价格。

客房租金收入按现行通用的作法，通常是按天数分时段计费。自客人入住客房之日起，至次日中午 12 时止，收取一天租金，到次日中午 12 时以后，18 时以前止，加收半天租金；

到次日 17 时以后，则加收一天租金。

旅游饭店的客房业务是由总台办理的。总台通常设在旅店大堂内，负责办理客房的预订、接待、入住登记、查询、退房、结账及营业日记簿的登记等工作。

收到预收的住店保证金时，借记“库存现金”账户，贷记“预收账款”账户；按当期应收的客房租金，借记“应收账款”账户，贷记“主营业务收入”账户，按当日结账客人交来的现金，借记“库存现金”账户，根据客人交回的保证金单据，冲抵应付租金，借记“预收账款”账户，贷记“应收账款”账户。

【例 8-15】某旅游饭店财务部门收到总台交来的营业日报，如表 8-2 所示。

表 8-2　营业日报

部门：　　2016 年 3 月 25 日　　单位：元

营业项目	预收保证金	今日新欠	今日交付	今日结欠	冲转预收保证金
一楼客房	200	800	600	800	
二楼客房	150	2 000	2 300	600	
三楼客房	100	1 500	700	800	
其他					
合计	450	4 300	3 600	2 200	400

根据表 8-2，作如下会计分录：

(1) 收到客人预付的客房入住保证金

借：库存现金　450

　　贷：预收账款——预收保证金　450

(2) 根据当日实现的销售收入

借：应收账款　4 300

　　贷：主营业务收入——客房收入　4 300

(3) 结账时，将预收的保证金予以冲回

借：库存现金　3 600

　　预收账款——预收保证金　400

　　贷：应收账款　4 000

二、旅游饭店营业成本的核算

旅游饭店的营业成本是指旅游饭店除客房部费用以外的各营业部门的直接成本，包括餐饮成本、商品成本、其他成本等。从理论上讲，旅游饭店的客房成本也是为宾客提供服务过程中所耗用的人力和物力，也应计入饭店成本，但是由于饭店的客房具有一次性投资较大，日常经营中耗费物资(价值损耗)较小，营业周期较短，各类经营业务之间相互交叉，直接费用和间接费用不易划分等特点，使得计算饭店的营业成本十分困难，即使计算求得，其结果也不准确。所以，企业会计制度规定，除出售商品和耗用原材料、燃料的商品部、饮食部按其销售的商品和耗用的原材料、燃料计算营业成本外，其他各项服务性的经营活动，均不核算营业成本，而将其发生的各项支出分别计入各项费用类账户。

(一) 旅游饭店成本费用的构成

旅游饭店是以提供劳务为主的产业，其劳动耗费主要是人工费和经营过程中的物化劳动耗费。按照费用细化的原则，成本是对象化了的费用，应作为营业成本；不能直接认定的费用，应作为期间费用。

1. 营业成本的内容。企业在经营过程中发生的各项直接支出，包括直接材料、客房支出、商品进价成本和其他直接支出。

(1) 直接材料，是指游客在旅游饭店餐饮消费过程中直接耗用的原材料、调料和配料等。

(2) 客房支出，是指旅游消费者在旅游饭店住宿消费过程中直接耗用的原材料、物料用品等。

(3) 商品进价成本，包括国内购进商品和国外购进商品的进价成本及进货费用。其中：国内购进商品进价成本是指购进商品原价加进货费用；而国外购进商品进价成本是指进口商品在购买中发生的实际成本，包括商品进价、进口税金、支付委托外贸部门代理进口手续费。

(4) 其他直接支出，是指除上述各种支出以外的支出。如车队发生的各种费用。

2. 期间费用。旅游饭店的期间费用，包括管理费用、财务费用和销售费用。其中销售费用是指各营业部门在经营中发生的各项费用。主要包括保险费、燃料费、水电费、差旅费、邮电费、折旧费、低耗品摊销、物料消耗、营业部门人员的工资(含奖金、津贴和补助)、职工福利费、工作餐费、服装费以及其他营业费用。

(二) 旅游饭店成本费用的核算

企业会计制度规定，旅游饭店在出售商品和耗用原材料、燃料时，其可按商品部、饮食部实际销售的商品和耗用的原材料、燃料等计算营业成本，并进行相应的会计处理。商品部出售商品的具体会计处理可参照商品流通企业会计进行核算；饮食部耗用的原材料、燃料等的具体会计处理可参照餐饮经营业务的会计处理进行。管理费用和财务费用的核算可参照工业企业会计处理进行。其他各项支出，一律计入“销售费用”账户。

【例 8-16】某旅游饭店所属车队，本月发生司机工资 10 000 元，汽油费 1 000 元，车辆折旧费 3 000 元。作如下会计分录：

借：销售费用　　14 000
　　贷：应付职工薪酬　　10 000
　　　　燃料　　1 000
　　　　累计折旧　　3 000

如果上述车队为旅游饭店内部独立核算的部门，其发生的上述费用，则作如下处理：

借：主营业务成本　　14 000
　　贷：应付职工薪酬　　10 000
　　　　燃料　　1 000
　　　　累计折旧　　3 000

第六节　旅游企业“营改增”的核算

根据“营改增”试点方案，明确自 2016 年 5 月 1 日起，全面推开营改增试点，将建筑业、房地产业、金融业、生活服务业纳入试点范围。其中，建筑业和房地产业税率确定为 11%，金融业和生活服务业则确定为 6%。

一、旅游企业“营改增”的有关规定

“营改增”后，我国对旅游收入继续执行差额征税的政策，发生变化的主要有两点：一是纳税人身份的变化，由营业税纳税人改为增值税纳税人，而增值税纳税人又区分小规模纳税人与一般纳税人，增值税税率分别为 3%、6%；二是税率的变化，由单一的 5%的营业税税率变成 6%的增值税税率或 3%的征收率。延续旅游企业差额征税的政策，在“营改增”后实务中需要关注的事项如下。

（一）执行差额征税，允许作为销售额的扣除项目

试点纳税人提供旅游服务，可以选择以取得的全部价款和价外费用，扣除向旅游服务购买方收取并支付给其他单位或者个人的住宿费、餐饮费、交通费、签证费、门票费和支付给其他接团旅游企业的旅游费用后的余额为销售额。

选择以销售额作为计税基数的试点纳税人，向旅游服务购买方收取并支付的上述费用，

不得开具增值税专用发票，可以开具普通发票。

试点纳税人按照上述规定从全部价款和价外费用中扣除的价款，应当取得符合法律、行政法规和国家税务总局规定的有效凭证。否则，不得扣除。

(二) 差额征税的计算过程

根据〔2016〕36 号文的附件 2 规定，企业发生餐饮服务，不可抵扣增值税，但住宿费可以按 6%抵扣进项税。

1. 可扣减成本的计算。如果“有效凭证”中有适用税率分别有 3%、6%、17%等不同税率的发票，在差额征税计算可扣除的成本时应以“汇总成本金额÷(1＋征收率)×征收率”来扣除。

2. 差额征税额的计算。应根据有关资料，按下列公式进行计算。

差额征税额＝(不含税收入－可扣减成本)÷(1＋税率)×税率－可抵扣的进项税

上述公司中可抵扣的进项税是指取得的日常经营中的办公用品、电话费、固定资产、无形资产、房屋等增值税专用发票中标明的税额。

二、旅游企业“营改增”的会计核算

【例 8-17】某旅游公司为一般纳税人，2016 年 7 月组织“长春—三亚”线路 7 日游活动，转账支付游客住宿费 42 400 元，并取得税务部门认可的增值税发票。旅游结束后，旅游公司及时办理了增值税认证手续。根据计算可作如下会计处理：

应交增值税进项税额＝42 400÷(1＋6%)×6%＝2 400

借：主营业务成本　　　　40 000

　　应交税费——应交增值税(进项税)　　　　2 400

　　贷：银行存款　　　　42 400

【例 8-18】某旅游餐馆每月购买适用 13%税率的原材料 200 000 元，购买适用 17%税率的酒水、饮料等原材料 100 000 元，如果不考虑其他成本，该餐馆每月营业额为 2 000 000 元。根据“营改增”的有关规定，该旅游餐馆每月应缴增值税：

不含税收入＝2 000 000÷(1＋6%)＝1 886 792(元)

销项税额＝1 886 792×6%＝113 208(元)

可扣除项目金额＝200 000÷(1＋13%)×13%＋100 000/(1＋17%)×17%=37 538.76(元)

应交增值税额＝113 208－37 538.76＝75 669.24(元)

购进材料时：

借：材料物资——原材料　　　　262 461.24

　　应交税费——应交增值税(进项税)　　　　37 538.76

　　贷：银行存款/应付账款　　　　300 000

月末，计算结转当月营业收入时：

借：银行存款/应收账款　　　　　　　　　　2 000 000

　　贷：主营业务收入　　　　　　　　　　　　1 924 330.76

　　　　应交税费——应交增值税(销项税)　　　　75 669.24

【复习思考题】

1. 旅游餐饮服务企业的特点，这些特点对会计核算会产生哪些影响?
2. 旅游经营业务收入有哪些?
3. 常见的服务经营业务有哪些，会计核算中有什么特点?
4. 饮食经营业务成本计算方法有哪些?
5. 旅店的收款方式有哪些?

【会计职业判断能力训练】

一、单项选择题

1. 一般采用先收款、后接待的原则进行旅游服务的服务形式是(　　)。

A. 国内旅行社　　B. 国际旅行社　　C. 接团社　　D. 组团社

2. 餐厅出售清炒虾仁成本为 18 元，如核定其成本加成率为 50%，则每盆清炒虾仁单价是(　　)。

A. 9 元　　B. 18 元　　C. 27 元　　D. 36 元

3. 餐饮服务企业的收款方式，通常采用(　　)的方式。

A. 先服务后收款　　B. 先收款后服务

C. 上门服务收款　　D. 立等可取收款

4. 旅馆客房业务收入的入账金额为(　　)。

A. 预收的定金　　B. 实际收款

C. 客房的实际出租价　　D. 客房规定的出租价

5. 餐饮业不宜入库管理的原材料是(　　)。

A. 粮食　　B. 豆油　　C. 调味品　　D. 蔬菜

二、多项选择题

1. 旅游经营业务的营业成本包括(　　)。

A. 导游费　　B. 宣传费　　C. 票务费

D. 住宿费　　E. 营业人员工资

2. 餐饮业的原材料包括(　　)。

A. 主食　　B. 副食　　C. 调味品

D. 燃料　　E. 物料

3. 下列(　　)行业中提供的劳务收入属于其主营业务收入。

A. 工业　　B. 房地产业　　C. 饮食业　　D. 旅游

三、判断题

1. 为规范，旅游餐饮服务行业实行的是专门的《旅游餐饮服务企业会计制度》。(　　)

2. 旅行社在会计核算中涉及人民币业务按人民币记账，涉及外汇业务的应按外币记账。(　　)

3. 组团社组织游客旅游，一般采用先收款、后接待的原则。(　　)

4. 接团社接待游客旅游，一般采用先接待、后向组团社收取款项的原则。(　　)

5. 客房一经出租，不论房租是否收到，都作为已销售处理。(　　)

6. 旅游餐饮服务行业的人员工资，都应通过“制造费用”账户核算，月末分摊计入有关产品成本。(　　)

7. 饮食企业销货款结算方式与商品零售企业相同。(　　)

8. 与其他行业比较，旅游、饮食服务业的营业成本构成较为简单。(　　)

9. 餐饮企业的成本核算一般只需核算原材料总成本，不核算单位成本。(　　)

10. 饮食业采用“永续盘存制”核算材料成本时，因为发出材料时都有账簿记录，则月末不需要盘点。(　　)

11. 餐饮业的生产成本一般只算总成本，不算单位成本。(　　)

12. 宾馆主要是以出租客房的使用权为其主营业务的。(　　)

【会计职业实践能力训练】

以下各旅游企业均为非营业税改增值税单位。具体业务情况如下。

一、国内某旅行社与国外A旅游机构签订合同，预定A一行100人于2016年4月10日至30日在我国境内进行旅游活动，以每人每天收取综合服务费200元人民币计算。根据合同，A在2月10日预付定金10 000元人民币，余款于4月10日支付。接待过程中，支付相关费用共计380 000元。30日旅游活动结束，A旅游机构带团回国。

要求：根据业务国内某旅行社要进行相关的会计处理。

二、某旅游饭店2016年4月发生如下经济业务。

1. 营业部门转来1日营业收入日报表如表8-3所示。

表8-3　营业部门转来的营业收入日报表

项目	应收金额	实收金额	长短款	备注
一楼	2 450	2 452	+2	长短款原因待查
二楼	3 800	3 800		
三楼	4 200	4 190	−10	
合计	10 450	10 442	−8	

2. 将实收款存入银行。
3. 查明 1 日营业收入溢缺的原因是服务员工作差错造成，报经批准由企业列支。
4. 收到预订宴席 10 桌，每桌 1 000 元，预收定金 1 000 元。
5. 宴席如期进行，每桌加酒水 200 元，扣除定金外，补付 11 000 元。
6. 某单位预订宴席 2 桌，预收定金 200 元。
7. 某单位因临时有事取消宴席，没收其定金 200 元。

要求：根据业务编制会计分录。

参考文献

1. 企业会计准则 2006[M]. 北京：经济科学出版社，2006.

2. 财政部会计司编写组. 企业会计准则讲解[M]. 北京：人民出版社，2007.

3. 中华人民共和国财政部制定. 企业会计准则应用指南[M]. 北京：中国财政经济出版社，2006.

4. 企业会计准则讲解 2006[M]. 北京：人民出版社，2011.

5. 刘志翔，赵艳玲. 行业会计比较[M]. 北京：首都经济贸易大学出版社，2015.

6. 黄贤明，周涛. 物业管理企业会计[M]. 北京：中国人民大学出版社，2011.

7. 林云. 建筑企业基础会计[M]. 北京：中国建筑工业出版社，2011.

8. 李海波. 商品流通企业会计[M]. 上海：立信会计出版社，2010.

9. 刘英明，陈艳利. 物流企业会计[M]. 大连：东北财经大学出版社，2013.

10. 李志远. 施工企业会计[M]. 北京：中国市场出版社，2013.

11. 刘德英，邱红. 房地产开发企业会计[M]. 北京：清华大学出版社，2011.

12. 汪锋，张国军. 常见行业会计[M]. 杭州：浙江大学出版社，2005.

13. 黄贤明，周涛. 物业管理企业财务与会计[M]. 北京：中国财政经济出版社，2006.

14. 陈宏. 物流企业财务会计[M]. 北京：中国物资出版社，2002.

15. 耿建新. 行业会计比较[M]. 大连：东北财经大学出版社，2004.

16. 陈玉清，陈颖琼. 物业会计实务[M]. 第一版. 上海：立信会计出版社，2009.

习题答案

第一章

【会计职业判断能力训练答案】

一、填空题

1. 各类商品流通
2. 运输生产　运输生产
3. 货币和信用业务
4. 批发和零售
5. 土木建筑和设备安装工程

二、多项选择题

1. AD　　2. CD

第二章

【会计职业判断能力训练答案】

一、填空题

1. 批发企业　零售企业　　2. 商品购进　商品销售　商品储存
3. 进价核算　售价核算　　4. 进价金额核算　盘存计销
5. “商品进销差价”　“库存商品”

二、单项选择题

1. B　　2. B　　3. D　　4. D　　5. B

三、多项选择题

1. ABCD　　2. ABC　　3. BCD

四、判断题

1. ×【解析】凡是不通过货币结算而收入的商品，或者不是为销售而购进的商品，都不属于商品购进的范围。

2. √【解析】凡是不通过货币结算而发出的商品，都不属于商品销售的范围。

3. ×【解析】数量进价金额核算，是指库存商品总分类账和明细分类账除均按商品进价金额反映外，同时明细分类还必须反映商品实物数量的一种核算方法，进价金额核算是指库存商品总分类账和明细分类账都只反映商品进价金额，不反映实物数量的一种核算方法。

4. ×【解析】“代管商品物资”是表外账户，用以核算企业受托代管的各项商品、物资及借入的包装物等。收进时记入借方，发出时记入贷方。该账户可只记数量，不记金额。因此，“代管商品物资”账户不与其他账户发生对应关系，只进行单式记录。

5. √【解析】采用直运商品销售，商品不通过批发企业仓库的储存环节，因此可以不通过“库存商品”账户，而直接在“在途物资”账户进行核算。

【会计职业实践能力训练答案】

一、批发企业商品购进的核算

1. 借：在途物资——吉安制帽厂　112 500
　　应交税费——应交增值税——进项税额　19 125
　　贷：银行存款　131 625

2. 借：预付账款——吉安运动鞋厂　56 250
　　贷：银行存款　56 250

3. 借：库存商品——帽类　112 500
　　贷：在途物资——吉安制帽厂　112 500

4. 借：在途物资——厦门运动鞋厂　168 293.7
　　应交税费——应交增值税——进项税额　28 596.3
　　(运费按 11%计算抵扣进项税，即 330×11%＝36.3 元)
　　贷：银行存款　196 890

5. ① 借：在途物资——吉安运动鞋厂　187 500
　　　贷：银行存款　131 250
　　　　预付账款——吉安运动鞋厂　56 250
　② 借：应交税费——应交增值税——进项税额　31 875
　　　贷：银行存款　31 875

二、批发企业商品进货退出及购进商品退补价的核算

1. 借：应收账款——吉安电扇厂　5 616
　　应交税费——应交增值税——进项税额　816

贷：在途物资——吉安电扇厂 4 800

2. ① 借：在途物资 4 800

贷：库存商品——台扇类 4 800

② 借：银行存款 5 616

贷：应收账款——吉安电扇厂 5 616

3. 借：库存商品——台灯类 20 500

贷：在途物资——光辉灯具厂 20 500

4. ① 借：应收账款——光辉灯具厂 351

应交税费——应交增值税——进项税额 51

贷：在途物资——光辉灯具厂 300

② 借：在途物资——光辉灯具厂 300

贷：库存商品——台灯类 300

5. 借：银行存款 351

贷：应收账款——光辉灯具厂 351

6. 借：在途物资——吉安自行车厂 27 000

应交税费——应交增值税——进项税额 4 590

贷：应付账款——吉安自行车厂 31 590

7. ① 借：在途物资——吉安自行车厂 200

应交税费——应交增值税——进项税额 34

贷：应付账款——吉安自行车厂 234

② 借：应付账款 31 824

贷：银行存款 31 824

③ 借：库存商品——自行车类 200

贷：在途物资——吉安自行车厂 200

三、批发企业直运商品销售的核算

1. 借：在途物资——杭州造纸厂 50 000

应交税费——应交增值税——进项税额 8 500

应收账款——代垫运费 250

贷：银行存款 58 750

2. ① 借：应收账款——广州百货公司 82 384

贷：主营业务收入——纸类 70 200

应交税费——应交增值税——销项税额 11 934

应收账款——代垫运费 250

② 借：主营业务成本——纸类 50 000

贷：在途物资——杭州造纸厂 50 000

3. 借：银行存款 97 080

贷：应收账款——天津百货公司 54 720

——青岛百货公司 42 360

4. 借：在途物资——杭州造纸厂 55 035.6

应交税费——应交增值税——进项税额 9 354.4

应收账款——代垫运费 360

贷：银行存款 64 750

四、零售企业主营业务收入和主营业务成本的调整

用综合差价率推算法调整：

综合差价率＝192 030÷(329 600＋61 400＋374 000)×100%＝25.1%

本期已销商品进销差价＝374 000×25.1%＝93 874(元)

会计分录如下：

借：商品进销差价 93 874

贷：主营业务成本 93 874

表 2-3 已销商品进销差价计算表

2016 年 3 月 29 日 单位：元

营业柜组	期末“库存商品”账户余额	期末“受托代销商品”账户余额	“主营业务收入”账户余额	本期存销商品合计额	结转前“商品进销”账户余额	差价率	已销商品进销差价	期末商品进销差价
(1)	(2)	(3)	(4)	(5)=(2)+(3)+(4)	(6)	(7)=(6)÷(5)	(8)=(4)×(7)	(9)=(6)−(8)
百货组	123 400	25 400	139 600	288 400	69 620	24.14%	33 699.44	35 920.56
服装组	88 500	36 000	121 200	245 700	61 828	25.18%	30 518.16	31 349.84
食品组	117 700	—	113 200	230 900	60 542	26.22%	29 681.04	30 860.96
合计	329 600	61 400	374 000	765 000	192 030	—	93 898.64	98 131.36

据上表作会计分录如下：

借：商品进销差价——百货组 33 699.44

——服装组 30 518.16

——食品组 29 681.04

贷：主营业务成本——百货组 33 699.44

——服装组 30 518.16

——食品组 29 681.04

用实际进销差价计算法调整

百货组期末商品进销差价=123 400+25 400－112 752=36 048(元)

百货组已销商品进销差价=69 620－36 048=33 572(元)

服装组期末商品进销差价=88 500+36 000－93 045=31 455(元)

服装组已销商品进销差价=61 868－31 455=30 413(元)

食品组期末商品进销差价=117 700－86 918=30 782(元)

食品组已销商品进销差价=60 542－30 782=29 760(元)

会计分录如下：

借：商品进销差价—— 百货组 33 572

—— 服装组 30 413

—— 食品组 29 760

贷：主营业务成本—— 百货组 33 572

—— 服装组 30 413

—— 食品组 29 760

调整主营业务收入

百货组销售额=139 600÷(1+17%)=119 316.24(元)

百货组销项税额=139 600－119 316.24=20 283.76(元)

服装组销售额=121 200÷(1+17%)=103 589.74(元)

服装组销项税额=121 200－103 589.74=17 610.26(元)

食品组销售额=113 200÷(1+17%)=96 752.14(元)

食品组销项税额=113 200－96 752.14=16 447.86(元)

会计分录：

借：主营业务收入——百货组 20 283.76

——服装组 17 610.26

——食品组 16 447.86

贷：应交税费——应交增值税(销项税额) 54 341.88

第三章

【会计职业判断能力训练答案】

一、填空题

1. 运输生产　运输生产
2. 运输生产

3. 生产经营的过程不同　提供的劳动产品不同　对劳动对象影响不同　资产构成内容差异大　产业内部的弱替代性

4. 存货核算特殊性　成本结转直接性　基本业务核算特殊性　收入结算复杂性　计量单位特殊性

5. “满油箱制”　“盘存制”

6. 一般消耗性材料

7. “主营业务成本”

8. 劳动报酬的取得通常在劳务提供之前　收入实现的分散性和收入结算的复杂性

9. 旅客　运费　装卸费　堆存费

10. “劳务成本——营运间接费用”

二、多项选择题

1. AB　2. ABC　3. AD　4. BC

5. CD　6. ABCD　7. ABD　8. BCD

三、判断题

1. √【解析】运输企业没有生产过程，运输过程即销售过程。所以运输企业的运输成本即为销售成本。

2. √【解析】运输企业没有生产过程，没有产品被生产出来，所以不需要核算产成品、在产品成本。

3. √【解析】外胎价值包括外胎的实际成本和使用过程中的翻新费和零星修补费用等。

4. ×【解析】运输企业运输成本包括直接材料、直接人工、其他直接费用和营运间接费用等，而工业企业的产品成本是由直接材料、直接人工和制造费用构成。

5. ×【解析】从整个交通运输企业来看，固定资产比重大，流动资产比重小。

6. √【解析】与工业企业相比运输企业会计的特殊之处，主要在于存货，营运成本、营业收入的核算等方面。

【会计职业实践能力训练答案】

一、东方运输公司业务处理

1. 借：主营业务成本——运输支出——客车(职工薪酬)　136 800
　　主营业务成本——运输支出——货车(职工薪酬)　91 200
　　劳务成本——营运间接费用——职工薪酬　22 800
　　劳务成本——辅助营运费用——职工薪酬　17 100
　　管理费用——职工薪酬　8 550
　　贷：应付职工薪酬——工资　242 500
　　　　　——福利费　33 950

2. 借：主营业务成本——运输支出——客车(燃料)　30 000
　　主营业务成本——运输支出——客车(材料)　6 000
　　主营业务成本——运输支出——货车(燃料)　20 000
　　主营业务成本——运输支出——货车(材料)　4 000
　　劳务成本——辅助营运费用——燃料　5 000
　　劳务成本——辅助营运费用——材料　6 500
　　劳务成本——营运间接费用——燃料　10 000
　　劳务成本——营运间接费用——材料　12 500
　　贷：燃料　65 000
　　　　原材料　29 000

3. 借：主营业务成本——运输支出——客车(折旧)　125 000
　　主营业务成本——运输支出——货车(折旧)　104 000
　　劳务成本——辅助营运费用——折旧　15 500
　　劳务成本——营运间接费用——折旧　26 000
　　管理费用——折旧　12 000
　　贷：累计折旧　282 500

二、长胜运输公司业务处理

1. 借：主营业务成本——运输支出——客车　82 000＋11 480
　　　　　　　　　　　　　　——货车　74 400＋10 416
　　贷：应付职工薪酬——工资　156 400
　　　　　　　　　——福利费　21 896

2. 借：主营业务成本——运输支出——客车　430 000
　　　　　　　　　　　　　　——货车　340 000
　　贷：燃料　770 000

3. 借：主营业务成本——运输支出——客车　4 260
　　　　　　　　　　　　　　——货车　3 440
　　贷：原材料　1 500
　　　　劳务成本——辅助营运费用　6 200

4. 借：主营业务成本——运输支出——客车　160 400(2 005×80)
　　　　　　　　　　　　　　——货车　13 500(180×75)
　　贷：累计折旧　173 900

5. 借：主营业务成本——运输支出——客车　16 040(2 005×8)
　　　　　　　　　　　　　　——货车　1 440(180×8)
　　贷：预提费用——轮胎费用　17 480

6. 借：主营业务成本——运输支出——客车　35 000
　　　　　　　　　　　　　　——货车　25 000
　贷：银行存款　60 000
7. 借：主营业务成本——运输支出——客车　6 000
　　　　　　　　　　　　　　——货车　2 400
　贷：劳务成本——营运间接费用　8 400

第四章

【会计职业判断能力训练答案】

填空题

1. 运输　仓储　装卸　加工　整理
2. 运输(含运输代理、货物快递)　仓储
3. 材料费　机械费　技术费　辅助费　人工费
4. 库存　储备
5. 场地　库房　运输工具
6. 私人运输　合同运输

【会计职业实践能力训练答案】

1. 借：销售费用——装卸搬运费——一队　1 250×6.5
　　　　　　　　　　　　　——二队　6 600×6.5
　贷：燃料　51 025
2. 借：销售费用——装卸搬运费——一队　86 000
　　　　　　　　　　　　　——二队　64 000
　贷：应付职工薪酬　150 000
3. 借：销售费用——装卸搬运费——一队　3 600
　　　　　　　　　　　　　——二队　14 400
　贷：轮胎　18 000
4. 借：销售费用——装卸搬运费——一队　3 360
　　　　　　　　　　　　　——二队　7 240
　　营运间接费用　2 300
　贷：应付账款　12 900

5. 借：销售费用——装卸搬运费——一队　　62 000
——二队　　180 400
贷：累计折旧　　242 400

6. 借：销售费用——装卸搬运费——一队　　2 780
——二队　　6 900
贷：待摊费用——保险费　　9 680

第五章

【会计职业判断能力训练答案】

一、填空题

1. 成本核算对象的单件性　核算周期的长期性　产成品和在产品的划分的特殊性　工程价款结算方式的多样性

2. 档板　模板　架料　其他

3. 构成工程实体　需要安装设备

4. 临时性生产、生活设施

5. 实际成本　预算成本　计划成本

6. 工程价款结算单

7. 人工费　材料费　机械使用费　其他直接费　间接费用

8. 按月定期结算　分段结算　工程竣工后一次结算

9. 项目经理部

10. 工程直接成本

二、单项选择题

1.A　2.D　3.A　4.B　5.C
6.C　7.A　8.D　9.D　10.D

三、多项选择题

1.BCD　2.ABC　3.ACD　4.ABCD　5.AC　6.BC

四、判断题

1. ×【解析】一般来说，期末未完工程量在全期工程量中所占比重较小，而且期初、期末未完工程的数额变化不大，为了简化成本核算手续，通常可以把期末未完工程的预算成本视同它的实际成本，不分摊间接费用。

2. √【解析】虽然周转材料在施工生产过程中起着劳动资料的作用，但是种类较多、用量较大、使用频繁，经常需要补充更换。因此，同低值易耗品一样，把它归入到“存货”项目进行管理和核算。

3. ×【解析】工程成本中的人工费，是指在施工过程中直接从事建筑安装工程施工的建筑安装工人以及在施工现场直接为工程制作构件和运料、配料等人员的工资、奖金、职工福利费、工资性质的津贴、劳动保护费等。而工程项目管理人员的工资应属于工资成本中的间接费用。

4. ×【解析】施工企业的材料，除了主要用于工程外还用于固定资产等专项工程，以及其他非生产性耗用，因此，进行材料费核算，必需严格划分施工生产耗用的界限，只有直接用于工程的材料才能计入工程成本的“材料费”项目中。

5. √【解析】无论周转材料采用哪种摊销方法(一次转销法除外)，由于都具有预计因素，平时计算的摊销额都不可以与实际损耗价值完全一致，所以，须在年度终了或工资竣工时，对周转材料进行盘点，根据实际损耗调整已提摊销额，以保证工程成本和有关费用的正确性。

【会计职业实践能力训练答案】

一、市一建公司的会计分录如下。

1. 借：周转材料——在用周转材料——模板　　32 000
　　贷：周转材料——在库周转材料——模板　　32 000

2. 借：工程施工——合同成本——甲工程　　1 188
　　贷：周转材料——在库周转材料　　1 200
　　　　材料成本差异——周转材料　　12（红字）

3. 借：工程施工——合同成本——甲工程　　1 600
　　贷：周转材料——周转材料摊销——模板　　1 600

4. 退库时：

借：周转材料——在库周转材料——档板　　5 000
　　贷：周转材料——在用周转材料——档板　　5 000

计算应补提摊销额：

应提摊销额=5 000×(1−60%)=2 000(元)

已提摊销额=5 000×26 100÷58 000=2 250(元)

应补提摊销=2 000−2 250=−250(元)

将应补提摊销额计入成本：

借：工程施工——合同成本——甲工程　　250（红字）
　　贷：周转材料——周转材料摊销——挡板　　250（红字）

5. 计算应补提摊销额：

应提摊销额=8 000−1 400=6 600(元)

已提摊销额=8 000×24 000÷30 000=6 400(元)

应补提摊销额=6 600−6 400=200(元)

将补提摊销额计入成本：

借：工程施工——合同成本——甲工程　　200

　　贷：周转材料——周转材料摊销——跳板　　200

残料入库，并结转报废跳板计划成本：

借：原材料　　1 400

　　周转材料——周转材料摊销——跳板　　6 600

　　贷：周转材料——在用周转材料——跳板　　8 000

分摊成本差异：

借：工程施工——合同成本——甲工程　　80

　　贷：材料成本差异——周转材料　　80

6. 计算应补提摊销额：

应提摊销额＝计划成本＝1 000 元

已提摊销额＝1 000×34 200÷45 000＝760(元)

应补提摊销额＝1 000－760＝240(元)

将补提摊销额计入成本：

借：工程施工——合同成本——甲工程　　240

　　贷：周转材料——周转材料摊销——架料　　240

冲销短缺架料的计划成本：

借：周转材料——周转材料摊销——架料　　1 000

　　贷：周转材料——在用周转材料——架料　　1 000

二、市二建公司的会计分录如下。

1. 搭建时发生各项支出：

借：在建工程——临时设施工程　　24 696

　　贷：原材料　　21 000

　　　　应付职工薪酬　　2 400

　　　　材料成本差异　　210

　　　　银行存款　　1 506

2. 完工交付使用：

借：固定资产——临时设施　　24 696

　　贷：在建工程——临时设施工程　　24 696

计提本月临时设施摊销额 1 764 元(24 696÷14)：

借：工程施工——合同成本　　1 764

　　贷：累计折旧——临时设施　　1 764

3. 临时设施拆除，转入清理：

借：固定资产清理——临时设施清理　　3 528

累计折旧——临时设施　21 168
　　贷：固定资产——临时设施　24 696

发生清理费用：

借：固定资产清理——临时设施清理　1 500
　　贷：银行存款　1 500

残料回收：

借：原材料　2 800
　　贷：固定资产清理——临时设施清理　2 800

结转清理后的净损失：

借：营业外支出　2 228
　　贷：固定资产清理——临时设施清理　2 228

三、医学院项目经理部的分计分录如下。

1. 人工费：

借：工程施工——合同成本——教学楼——人工费　76 000
　　　　　　　　　　　——宿舍——人工费　52 000
　　贷：应付职工薪酬　128 000

2. 材料费：

借：工程施工——合同成本——教学楼——材料费　314 000
　　贷：原材料——主要材料　231 000
　　　　　　　——结构件　74 000
　　　　周转材料——周转材料摊销　9 000

借：工程施工——合同成本——宿舍——材料费　251 500
　　贷：原材料——主要材料　184 000
　　　　　　　——结构件　59 000
　　　　周转材料——周转材料摊销　8 500

借：工程施工——合同成本——教学楼——材料费　750
　　贷：材料成本差异——主要材料　10
　　　　　　　　　　——结构件　740

借：工程施工——合同成本——宿舍——材料费　670
　　贷：材料成本差异——主要材料　80
　　　　　　　　　　——结构件　590

3. 机械使用费：

借：工程施工——合同成本——教学楼——机械使用费　4 200
　　　　　　　　　　　——宿舍——机械使用费　2 800
　　贷：应付账款——××内部单位　7 000

4. 其他直接费：

借：工程施工——合同成本——教学楼——其他使用费　　1 300

　　　　　　　　　　　——宿舍——其他使用费　　800

　贷：银行存款　　2 100

5. 施工间接费用：

借：施工间接费用　　28 764

　贷：应付职工薪酬　　22 800

　　　银行存款　　5 964

期末编制“间接费用分配表”分配间接费用，如表5-17所示。

表5-17　间接费用分配表

2016年6月30日　　　　单位：元

成本核算对象	工程直接费	分配率	应分配金额
教学楼	394 750		16 184.75
学生宿舍	306 430		12 579.25
合计	701 180	0.0410	28 764

借：工程施工——合同成本——教学楼——间接费用　　16 184.75

　　　　　　　　　　　——宿舍——间接费用　　12 579.25

　贷：施工间接费用　　28 764

四、市三建公司的会计分录如下。

1. 结算工程价款：

借：应收账款——应收工程款　　2 400 000

　贷：工程结算　　2 400 000

2. 抵扣预收款：

借：预收账款——预收工程款　　480 000

　　　　　　——预收备料款　　720 000

　贷：应收账款——应收工程款　　1 200 000

3. 确认工程合同收入和费用：

借：主营业务成本　　1 920 000

　　工程施工——合同毛利　　480 000

　贷：主营业务收入　　2 400 000

4. 工程完工：

借：工程结算　　2 400 000

　贷：工程施工——合同毛利　　480 000

　　　　　　——合同成本　　1 920 000

收到(发包方支付)剩余工程款：

借：银行存款　　1 200 000

　　贷：应收账款——应收工程款　　1200 000

五、市城建公司的会计分录如下。

1. 借：预付账示——预付分包单位款　　200 000

　　贷：银行存款　　200 000

2. 借：预付账款——预付分包单位款　　400 000

　　贷：银行存款　　400 000

3. 若作为自行完成的工作量：

借：工程施工　　1 100 000

　　贷：应付账款——应付分包单位款　　1 100 000

若不作为自行完成的工作量：

借：主营业务成本　　1 100 000

　　贷：应付账款——应付分包单位款　　1 100 000

4. 借：应付账款——应付分包单位款　　600 000

　　贷：预付账款——预付分包单位款　　600 000

5. 借：应付账款——应付分包单位款　　500 000

　　贷：银行存款　　500 000

第六章

【会计职业判断能力训练答案】

一、填空题

1. 资金筹集渠道的多元性　资金占用形态的多元性　结算业务的频繁性和由此引起的财务关系的复杂性　核算周期具有长期性

2. 土地征用及拆迁补偿费　前期工程费　建筑安装工程费　基础设施费　公共配套设施费　开发间接费用

3. 土地　房屋　配套设施　代建工程

4. 存货

5. 土地转让收入　商品房销售收入　配套设施销售收入　代建工程结算收入　出租开发产品租金收入

6. 企业

7. 实际安置面积

8. 土地和房屋

9. “其他业务成本——出租产品经营成本”账户，或者“主营业务成本——出租产品经营成本”账户。(具体应根据各单位实际情况确定其一)

10. 不能有偿转让　能有偿转让
11. 开发项目成本
12. 内部独立核算单位
13. “开发成本——土地开发”账户
14. 预提方法　实际支出数　已预提
15. 自用固定资产

二、单项选择题

1. B　2. A　3. C　4. A　5. B　6. D

三、多项选择题

1. AC　2. AB　3. BCD　4. BD
5. ACD　6. ABD　7. ABCD

四、判断题

1. ×【解析】按财务制度规定，城市建设规划中的大配套设施项目，不得计入商品房成本。

2. ×【解析】出租的土地虽不会发生损耗，但在批租期限满以后，要将土地归还批租单位，因此也应按批租年限，按月计提其摊销额。

3. ×【解析】如果企业开发自用建设场地的费用支出，能够分清费用负担对象的，应直接计入有关房屋的开发成本，即通过“开发成本——房屋开发”账户核算。

4. √【解析】这样可以及时结转商品房成本。

5. √【解析】因为商品房售后服务收入属于房地产开发企业附加业务所发生的收入。

【会计职业实践能力训练答案】

一、红源房地产开发公司的会计分录如下：

1. 借：开发成本——土地开发　　20 560 000
　　贷：银行存款　　20 560 000

计算商品住宅、邮局成本核算对象应分摊的土地开发成本：

商品住宅土地开发成本分配比例＝31 200÷(31 200＋300)×100%＝99.05%

邮局土地开发成本分配比例＝300÷(31 200＋300)×100%＝0.95%

商品住宅土地开发成本分配额＝20 560 000×99.05%＝20 364 680(元)

邮局土地开发成本分配额＝20 560 000×0.95%＝195 320(元)

(注：因锅炉房的价值也需分摊到商品住宅和邮局的开发成本中，故可不分摊土地开发成本。)

结转土地开发成本：

借：开发成本——房屋开发——商品住宅　　20 364 680
　　　　　　——配套设施开发——邮局　　195 320
　贷：开发成本——土地开发　　20 560 000

2. 1 号楼土地开发成本分配比例＝3 120÷(31 200＋300)×100%＝9.905%

1 号楼土地开发成本分配额＝20 560 000×9.905%＝2 036 468(元)

借：开发成本——房屋开支　　2 560 000

　　贷：银行存款　　560 000

　　　　预付账款　　2 000 000

3. 借：开发间接费用　　501 200

　　贷：银行存款　　501 200

借：开发成本——房屋开发　　8 000

　　贷：开发间接费用　　8 000

借：开发成本——配套设施开发　　350 000

　　贷：应付账款　　350 000

1 号楼应负担的锅炉房开发成本＝350 000×9.905%＝34 667.5(元)

借：开发成本——房屋开发　　34 667.5

　　贷：开发成本——配套设施开发　　34 667.5

4. 1 号楼的开发成本＝2 036 468＋2 560 000＋8 000＋34 667.50＝4 639 135.5(元)

借：开发产品——房屋　　4 639 135.5

　　贷：开发成本——房屋开发　　4 639 135.5

5. 支付开发配套费用

借：开发成本——配套设施开发　　249 600

　　贷：银行存款　　249 600

结转开发成本 444 920 元(195 320＋249 600)：

借：开发产品——配套设施　　444 920

　　贷：开发成本——配套设施开发　　444 920

二、兴华房地产开发公司的会计分录如下。

1. 支出土地征用及拆迁补偿费、前期工程费时：

借：开发成本——代建工程成本　　320 000

　　贷：银行存款　　320 000

2. 结转应付建筑安装工程费时：

借：开发成本——代建工程开发　　4 600 000

　　贷：应付账款　　4 600 000

3. 分配开发间接费用时：

借：开发成本——代建工程开发　　20 000

　　贷：开发间接费用　　20 000

4. 结转实际成本时：

借：开发产品——代建工程　　4 940 000

贷：开发成本——代建工程开发 4 940 000

三、快乐房地产开发公司的会计分录如下。

1. 收到第一次房款时：

借：银行存款 1 800 000

应收账款——江南纺织厂 1 800 000

贷：主营业务收入 3 600 000

同时，结转商品房开发成本 3 000 000 元

借：主营业务成本——商品房销售成本 3 000 000

贷：开发产品——商品房 3 000 000

2. 收到第二次房款时：

借：银行存款 1 080 000

贷：应收账款——江南纺织厂 1 080 000

3. 收到第三次的 20%价款时：

借：银行存款 720 000

贷：应收账款——江南纺织厂 720 000

四、胜利房地产开发公司的会计分录如下。

1. 借：投资性房地产——出租产品 1 500 000

贷：开发产品 1 500 000

2. 借：主营业务成本——出租房摊销 2 000

贷：投资性房地产累计折旧(摊销) 2 000

3. 借：主营业务成本——出租房维修 300 000

贷：银行存款 300 000

4. 借：银行存款 2 000 000

贷：主营业务收入——商品房销售收入 2 000 000

借：主营业务成本 1 486 000

投资性房地产累计折旧(摊销) 14 000

贷：投资性房地产 1 500 000

五、大禹房地产开发公司的会计分录如下。

1. 借：周转房——在用周转房 2 600 000

贷：开发产品 2 600 000

2. 借：开发间接费用(或开发成本) 5 000

贷：周转房——周转房摊销 5 000

3. 借：开发间接费(或开发成本) 20 000

贷：银行存款 20 000

4. 借：银行存款 3 700 000

贷：主营业务收入 3 700 000

借：主营业务成本　　2 480 000
　　周转房——周转房摊销　　120 000
　　贷：周转房——在用周转房　　2 600 000

六、昌盛房地产开发公司的会计分录如下。

1. 借：银行存款　　7 600 000
　　贷：主营业务收入——商品房销售收入　　7 600 000
　借：主营业务成本　　6 200 000
　　贷：开发产品——房屋　　6 200 000

2. 借：银行存款　　100 000
　　贷：主营业务收入——出租房租金收入　　100 000
　借：主营业务成本——出租房摊销　　10 000
　　贷：投资性房地产累计折旧(摊销)　　10 000

3. 借：应收账款——××公司　　3 100 000
　　贷：主营业务收入——代建工程结算收入　　3 100 000
　借：主营业务成本——代建工程结算成本　　2 200 000
　　贷：开发产品——代建工程　　2 200 000

4. 借：银行存款　　45 000
　　贷：其他业务收入——材料销售收入　　45 000
　借：其他业务成本　　40 000
　　贷：原材料　　40 000

七、某房地产开发企业：

扣除项目金额＝600 000＋300 000＋1 300 000＋300 000＝2 500 000(元)

土地增值额＝3 750 000－2 500 000＝1 250 000(元)

土地增值额与扣除项目金额比＝1 250 000÷2 500 000＝50%

由于企业的土地增值额等于 50%，所以其适用的增值税率为 30%。

应交土地增值税＝1 250 000×30%＝375 000(元)

借：营业税金及附加　　375 000
　贷：应交税费——应交土地增值税　　375 000

第七章

【会计职业判断能力训练答案】

一、单项选择题

1. A　　2. D　　3. C　　4. C

二、多项选择题

1. AC　2. ABC　3. AC　4. ABC

三、判断题

1. √【解析】物业管理企业应设置“代管基金”和“代收款项”账户。

2. √【解析】物业管理企业的待售物品，应通过“原材料”账户核算。

3. ×【解析】物业管理企业的应交税金核算包括流转环节税、所得税等，不包括土地使用税。

4. ×【解析】代收代缴业主水电费而取得的手续费收入属于物业管理收入。

5. √【解析】公共性服务成本包括公共设施的使用管理和维修保养费用、清洁费用、绿化费用、保安费用等支出。

【会计职业实践能力训练答案】

一、

借：银行存款——代管基金存款　20 000
　　贷：代管基金——共用设施设备维修基金　20 000
借：在建工程——物业工程　8 000
　　贷：应付职工薪酬　5 000
　　　　原材料　3 000
借：代管基金——共用设施设备维修基金　10 000
　　贷：主营业务收入——物业大修收入　10 000
借：主营业务成本——物业大修成本　8 000
　　贷：在建工程——物业工程　8 000

二、

借：管理费用　28 540
　　贷：应付职工薪酬——工资　16 000
　　　　　　　　　　——福利费　2 240
　　银行存款　1 100
　　累计折旧　8 000
　　低值易耗品摊销　1 200

三、采购业务分录

1. 借：原材料——钢材　18 600
　　贷：银行存款　18 600

2. 借：在途物资　　2 000
　　贷：银行存款　　2 000
16 日　借：原材料——涂料　　2 000
　　贷：在途物资　　2 000
3. 借：在建工程——物业工程　　7 400
　　贷：原材料——钢材　　5 400
　　　　——涂料　　2 000
4. 借：采购保管费　　3 920
　　贷：应付职工薪酬——工资　　3 000
　　　　——福利费　　420
　　累计折旧　　200
　　库存现金　　300

按实际分配率分配法分配采购保管费：

采保费分配率＝3 920÷(18 600＋2 000)×100%＝19.03%

钢材应负担：18 600×19.03%＝3 539　　涂料应负担：2 000×19.03%＝381

借：原材料——钢材　　3 539
　　——涂料　　381
　　贷：采购保管费　　3 920

四、收入业务分录

1. 借：银行存款(或库存现金)　　10 000
　　贷：主营业务收入——物业管理收入——公共服务收入　　10 000
2. 借：银行存款(或库存现金)　　5 000
　　贷：主营业务收入——物业经营收入　　5 000
3. 借：银行存款(或库存现金)　　2 000
　　贷：其他业务收入——中介代销手续费收入　　2 000
4. 借：银行存款　　30 000
　　贷：代收款项　　30 000
　借：代收款项　　30 000
　　贷：银行存款　　29 700
　　　主营业务收入——物业管理收入——代办服务收入　　300

五、各种费用支出分录

1. 借：主营业务成本——物业管理成本——公共服务成本　　2 500
　　贷：原材料　　500
　　　银行存款　　2 000

2. 借：管理费用 2 000

贷：库存现金 2 000

同时增加代管基金：

借：银行存款——代管基金存款 2 000

贷：代管基金 2 000

3. 借：其他业务成本——中介代销费用 500

贷：库存现金 500

第八章

【会计职业判断能力训练答案】

一、单项选择题

1. D　2. C　3. B　4. C　5. D

二、多项选择题

1. ABCD　2. ABC　3. CD

三、判断题

1. ×【解析】为规范旅游餐饮服务行业，实行的是统一的《企业会计制度》。

2. ×【解析】旅行社在会计核算中，应以人民币作为记账本位币。

3. √【解析】组团社组织游客旅游，一般采用先收款、后接待的原则。

4. √【解析】接团社接待游客旅游，一般采用先接待、后向组团社收取款项的原则。

5. √【解析】客房一经出租，不论房租是否收到，都作为已销售处理。

6. ×【解析】旅游餐饮服务行业的人员工资，发生后直接计入当期销售费用，作为期间费用处理。

7. ×【解析】饮食企业销货款结算方式较多，如：柜台统一售票、服务员开票收款、先就餐后结算，一手钱一手货、转账结算、信用卡结算等；而商品零售企业货款结算方式主要是："一手钱、一手货"现销方式和转账结算方式等。

8. √【解析】与其他行业比较，旅游、饮食服务业的营业成本构成较为简单。

9. √【解析】餐饮企业的成本核算一般只需核算原材料总成本，不核算单位成本。

10. ×【解析】实行领料制的饮食业，可采用"永续盘存制"核算材料成本，否则，应采用实地盘存制。

11. √【解析】餐饮业的生产成本一般只算总成本，不算单位成本。

12. √【解析】宾馆主要是以出租客房的使用权为其主营业务的。

【会计职业实践能力训练答案】

一、国内某旅行社业务

1. 2 月 10 日收到预定金 10 000 元，当月市场汇率为 1 美元等于 8.6 人民币。

借：银行存款　　10 000

　　贷：应收账款　　10 000

2. 4 月 10 日收到该旅行团旅费交来余款 390 000 元。

借：银行存款　　390 000

　　贷：应收账款　　390 000

3. 4 月 30 日该团全部旅游活动结束，根据有关记录实际费用为 380 000 元，需退还对方 20 000 元。

借：应收账款　　20 000

　　贷：银行存款　　20 000

4. 将上述结算款项转为主营业务收入。

借：应收账款　　380 000

　　贷：主营业务收入　　380 000

二、旅游饭店业务

1. 根据当日实现的销售收入：

借：应收账款　　10 450

　　贷：主营业务收入——客房收入　　10 450

2. 结账时，将实收款存入银行：

借：银行存款　　10 442

　　贷：应收账款　　10 442

3. 长短款是服务员工作差错造成，列支管理费：

借：管理费用　　8

　　贷：应收账款　　8

4. 收到客人预定宴席定金时：

借：库存现金　　1 000

　　贷：预收账款——预收定金　　1 000

5. 宴席如期进行：

借：库存现金(或银行存款)　　11 000

　　预收账款——预收定金　　1 000

　　贷：主营业务收入——餐饮收入　　12 000

6. 收到某单位预订宴席定金200元：

借：库存现金 200

　　贷：预收账款——预收定金 200

7. 某单位因临时事件取消宴席，没收其定金200元：

借：预收账款——预收定金 200

　　贷：其他业务收入 200